# TRICOLORE Total 2

## Copymasters & Assessment

**Sylvia Honnor**
**Heather Mascie-Taylor**
**Michael Spencer**
Assessments (Épreuves and Contrôle): Terry Murray

Nelson Thornes

*Tricolore 2* first published in 1981 by E J Arnold Limited
*Encore Tricolore 2* first published in 1993 by Thomas Nelson and Sons Limited
*Encore Tricolore 2 nouvelle édition* first published in 2001 by Nelson Thornes Limited

*Tricolore Total 2* published in 2009 by:
Nelson Thornes Ltd
Delta Place
27 Bath Road
CHELTENHAM
GL53 7TH
United Kingdom

11 12 13 / 10 9 8 7 6 5 4 3

A catalogue record for this book is available from the British Library

978-0-4085-0470-3

Illustrations by: Gary Andrews, Mike Bastin, David Birdsall, Ray and Corinne Burrows (c/o Beehive Illustration), Mark Draisey, Richard Duszczak, Tony Forbes, (c/o Sylvie Poggio Artists Agency), Clare Hollyman, David Lock, Judy Musselle, Andy Peters Illustrators, David Russell Illustration, Matt Shelley, Michael Spencer, George Turner, Chuck Whelan, Mike Whelan, Matthew Wilson, John Wood, David Woodroffe

Songs: Hannon-Bray Music, Keith Faulkner, Sheila Blackband, Pascal Bougant

Cover photos by Photolibrary

Page make-up by AMR Design Limited (www.amrdesign.com)

Printed and bound in Great Britain by Berforts Group

**Acknowledgements**
The authors and publisher would like to thank the following for their contribution to this book:
Terry Murray for writing the Assessment worksheets
Kathryn Tate for editing the materials

# Table des matières

# À table

## ❶ Mots croisés en images

*Complète les mots croisés.*

**Horizontalement**

 **2** du ... chaud

 **4** des ...

**6**  du ...

**9** 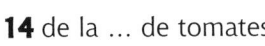 du ... rouge

**11**  de l'... minérale

**12** une ...

**13**  du ...

**14** de la ... de tomates

**Verticalement**

**1** Voilà du ... pour les céréales.

**2**  Au petit déjeuner, je prends du ...

**3** un ...

**4**  du ...

**5** Mon dessert favori est une ... aux pommes.

**7** des ... verts

**8** du ...

**10** du ...

## ❷ Ça, c'est ridicule

*Remplace les mots souligné par les bons mots.*
**Exemple: 1** *rouge*

**1** Une fraise est un fruit bleu. ...................
**2** Une pêche est un légume. ...................
**3** Une carotte est un fruit. ...................
**4** La limonade est une sorte de poisson. ...................
**5** Une pomme de terre est un gâteau. ...................
**6** Le café est une boisson froide. ...................
**7** Le jus de pomme est une boisson chaude. ...................

## ❸ Des phrases

*Complète les phrases avec **du** (masc.), **de la** (fém.), **de l'** ou **des** (pl.).*
**Exemple: 1** *Je prends du sucre dans mon thé.*

**1** Je prends ................... sucre dans mon thé.
**2** J'aime manger ................... salade de tomates.
**3** Quand il fait chaud, j'aime boire ................... eau minérale.
**4** Comme dessert, je prends ................... yaourt.
**5** Comme fruits, je prends souvent ................... fraises ou ................... raisins.
**6** Quelquefois, mes parents prennent ................... vin avec leur dîner.
**7** En été, je préfère boire ................... limonade ou ................... jus de fruit.

Tricolore Total 2 © Honnor, Mascie-Taylor, Spencer, Nelson Thornes 2009

# Les verbes en -er

## ❶ Qu'est-ce qu'on fait?

*Trouve la bonne phrase.*

**1 Ex.** ...c...., **2** ........, **3** ........, **4** ........, **5** ........, **6** ........, **7** ........

**a** Tu ranges ta chambre?
**b** Il saute.
**c** Je déteste les devoirs.
**d** Elles rentrent tard.
**e** Elle cherche sa balle.
**f** Bonjour! Nous parlons votre langue.
**g** Ils achètent des baskets.

## ❷ Le verbe travailler (*to work*)

*Complète le verbe.*

| | | | |
|---|---|---|---|
| **Ex.** je | travaill.*e*.... | nous | travaill...... |
| ...... | travailles | vous | travaill...... |
| il | ............e | ils | ............ent |
| ...... | travaill...... | ......... | travaill...... |
| on | travaill...... | | |

## ❸ Au club des jeunes

**A** *Voici trois membres du club. Ils se présentent. Complète les phrases avec la bonne forme des verbes.*

Je m'appelle Kévin. J'(adorer) **1 Ex.** ...*adore*.... le sport et je (passer) **2** ................ tous les week-ends au stade. Je (jouer) **3** ................ au foot avec mes copains et nous (jouer) **4** ................ quelquefois contre un autre club. Heureusement, nous (gagner) **5** ................ très souvent.

Moi, je suis Lisa Bertrand et j'(adorer) **6** ............ danser. Je (préférer) **7** ............ la danse moderne, mais j'(aimer) **8** ............ aussi le ballet. Ma cousine Tiffaine et moi, nous (travailler) **9** ................ beaucoup pendant nos cours de danse parce que nous (espérer) **10** ................ gagner un prix au Festival de Danse cet été.

Je m'appelle Christophe et j'(habiter) **11** ............ à Paris. En hiver, je (passer) **12** ............ mes soirées devant la télé ou à l'ordinateur. Je (regarder) **13** ................ des films et des comédies et avec Marc, mon frère aîné, nous (essayer) **14** ................ tous les jeux vidéo. Quelquefois, nous (inventer) **15** ................ de nouveaux jeux.

**B** *C'est qui? Complète les verbes et identifie les personnes.*

**1 Ex.** Il regard.*e* souvent la télé. *C'est Christophe.*
**2** Elle aim...... beaucoup la danse moderne. ............
................
**3** Ils invent...... des jeux vidéo. Ce sont ................
................
**4** Avec sa cousine Lisa, elle travaill...... très bien en cours de danse. ................

**5** Il jou...... au football tous les week-ends.
................
**6** Avec son petit frère, il pass...... beaucoup de temps devant l'ordinateur. ................
**7** Ils jou...... dans la même équipe de football que Kévin. Ce sont ................
**8** Elles aim...... le ballet, mais elles préfèr...... la danse moderne. ................

# Les verbes en -re

## ❶ Des verbes utiles

*Complète les verbes.*

**vendre** *(to sell)*                                    **descendre** *(to go down)*

| | | | | |
|---|---|---|---|---|
| **Ex.** je | vend*s*.... | | je | descend............ |
| tu | vend...... | | ............ | d.....................s |
| il/elle/on | ................. | | ............ | descend...... |
| nous | .................ons | | nous | descend.............. |
| ............ | vend................. | | vous | ........................... |
| ils/elles | .................ent | | ............ | descendent |

## ❷ C'est à vendre?

*Il y a une vente de charité au club des jeunes de La Rochelle.*
*Remplis les blancs avec la bonne forme du verbe **vendre**.*
**Exemple: 1** *vends*

– C'est vrai, tu **1** ....................... ta guitare, Mireille?

– Oui, moi, je **2** ....................... ma guitare (c'est ma deuxième guitare, tu sais!) et Stéphanie

 **3** ....................... une calculatrice.

– Qu'est-ce que tu **4** ......................., Sébastien?

 Moi, je **5** ....................... un sac à dos. À 10 euros, ce n'est pas cher. Coralie et Grégor

 **6** ....................... une radio et Vincent **7** ....................... un jean.

– Vous **8** ....................... ce grand sac, Suzanne et Christophe?

– Non, nous ne **9** ....................... pas le sac, c'est pour toutes les choses que nous achetons!

## ❸ Mots croisés

*Complète les mots croisés.*

**Horizontalement**
 **1** Est-ce que vous ... des boissons ici? (vendre)
 **5** Le bus arrive en ville et les garçons ...
  (descendre)
 **7** Tu m'... ? J'arrive dans deux minutes. (attendre)
 **9** – Où est Marie?
  – ... attend le bus avec les autres filles.
 **10** Le téléphone sonne et Philippe ... (répondre)
 **12** Désolé, nous ... vendons pas de boissons.
 **13** Mais ... vendons des sandwichs.
 **14** ... vendent des boissons froides au kiosque.

**Verticalement**
 **2** Voici la gare. Nous ... ici. (descendre)
 **3** Les amis ... Sophie au café. (attendre)
 **4** On ... des timbres au bureau de tabac. (vendre)
 **6** Le téléphone sonne, mais on ne répond ...
 **8** Je ... mon vélo parce qu'il est trop petit
  pour moi. (vendre)
 **11** Et moi, je continue jusqu'à la gare.
  Je ... descends pas ici.

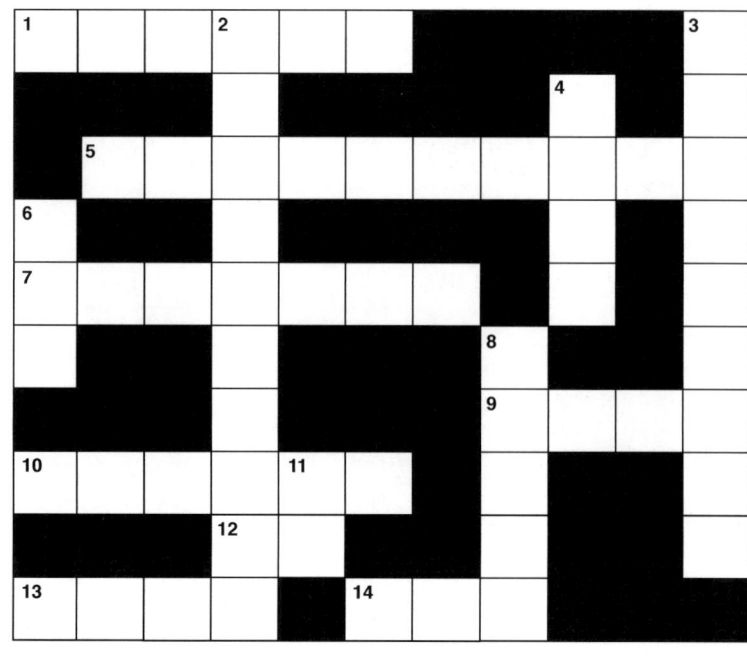

Tricolore Total 2 © Honnor, Mascie-Taylor, Spencer, Nelson Thornes 2009

# Les quantités

| | |
|---|---|
| ①  | ②  |
| ③  | ④  |
| ⑤  | ⑥  |
| ⑦ 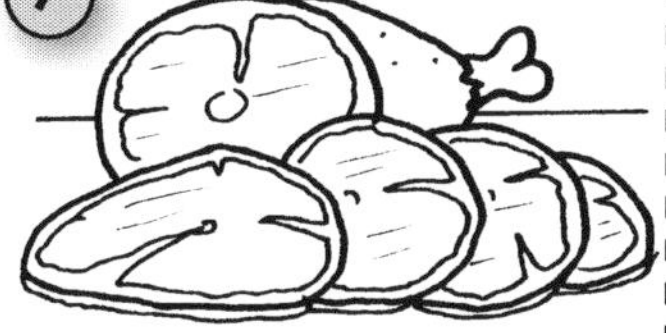 | ⑧  |
| ⑨  | ⑩  |
| ⑪  | ⑫  |

*Écris la bonne expression pour chaque image.*
**Exemple: 1d** (une boîte de pêches)

**a** une bouteille de lait

**b** un pot de confiture

**c** un morceau de pâté

**d** une boîte de pêches

**e** un kilo de pommes

**f** un morceau de fromage

**g** quatre tranches de jambon

**h** cent grammes de saucisson sec

**i** une boîte de thon

**j** un paquet de biscuits

**k** une portion de salade de tomates

**l** deux paquets de chips

# Mon argent

## ① Un acrostiche

*Complète.*

1  Un kilo de pommes, ça coûte ... s'il vous plaît?

2  La ... de deux euros est faite de deux sortes de métal.

3 Voilà six ...

4 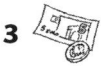 Il y a cent ... dans un euro.

5 Voici un ... de dix euros.

6 Tu as de la ... pour acheter des bonbons?

7 Un croissant, ça ... combien?

8 J'ai de l'... dans ma tirelire.

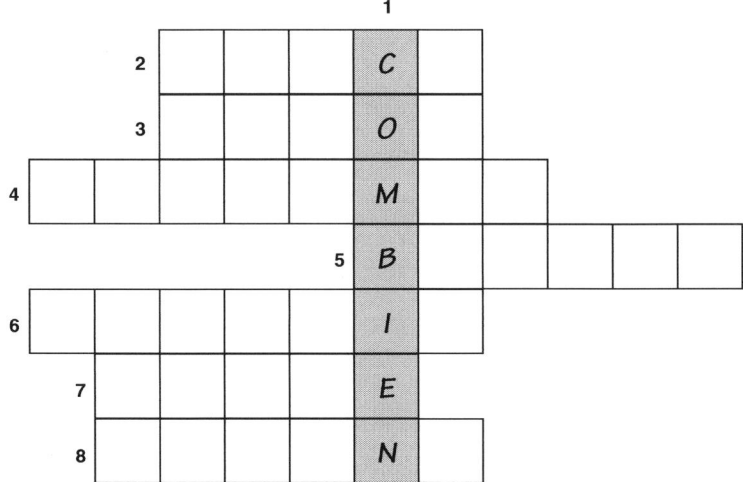

une tirelire = piggy bank

## ② On achète sur Internet

*Travaillez à deux. Regardez la page web.*

**A** *Une personne dit le prix, l'autre personne identifie l'objet à ce prix.*
**Exemple:** – Ça coûte 1,60€.
– C'est la confiture.

**B** *Une personne demande le prix de quelque chose, l'autre personne répond.*
**Exemple:** – La boîte de camembert, c'est combien?
– Ça coûte 2,10€.

## ③ Combien de monnaie?

*Regarde les offres spéciales. Tu as vingt euros. Écris une liste de cinq choses que tu vas acheter.*
*Ça coûte combien? Tu as combien de monnaie?*

Tricolore Total 2 © Honnor, Mascie-Taylor, Spencer, Nelson Thornes 2009

**Unité 1**

# Les verbes en -ir

## ❶ finir *(to finish)*

*Complète le verbe.* **Ex.** *je* finis     nous finissons
     tu ........is     vous fin...............
     il/elle/on fin.........     ........./elles fin...............

## ❷ Les cadeaux de Noël

*Suis les lignes et complète les phrases. Qu'est-ce qu'ils choisissent comme cadeau?*

1 **Ex.** André *choisit un vélo.* ........................

2 Magali .............................................

3 Les jumeaux .......................................

4 Je .................................................

5 Daniel .............................................

6 – Alors Loïc, qu'est-ce que tu
.............................................. enfin?

– Tu sais, le cadeau que je voudrais vraiment, c'est un ....................

## ❸ Complète les bulles

*Complète les bulles avec les mots de la case.*

① **Ex.** Ne ...*remplissez*........ pas trop vos bols.

② les examens

③ Oui, oui. Il m'.......................... toujours.

④ Nous ......................... dans cinq minutes.

⑤ Ils aiment faire la cuisine, mais ils ne .................... pas toujours ce qu'ils font.

⑥ Voici nos gâteaux. ........................!

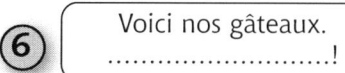

> **Choisissez**   **finissons**   **remplissez**
> **réussissent**   **Abolissez**   **obéit**

**Pour t'aider**

| | |
|---|---|
| abolir | *to abolish, to get rid of* |
| obéir | *to obey* |
| remplir | *to fill* |
| réussir | *to succeed* |

# ne ... pas, ne ... plus

## ❶ Beaucoup ou pas du tout?

*Choisis la bonne description.*

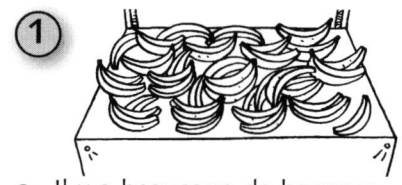

**1**
a  Il y a beaucoup de bananes.
b  Il n'y a pas beaucoup de bananes.
c  Il n'y a pas de bananes.

**2**
a  Il y a beaucoup de bananes.
b  Il n'y a pas beaucoup de bananes.
c  Il n'y a pas de bananes.

**3**
a  Il y a beaucoup de bananes.
b  Il n'y a pas beaucoup de bananes.
c  Il n'y a pas de bananes.

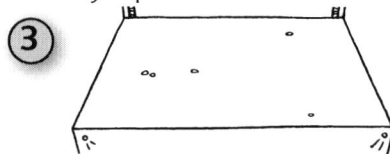

**4**
a  Il n'y a pas beaucoup de sandwichs, mais il y a des gâteaux.
b  Il y a beaucoup de sandwichs, mais il n'y a pas de gâteaux.
c  Il n'y a pas beaucoup de sandwichs et il n'y a plus de gâteaux.

**5**
a  Il ne reste plus de salade de tomates, mais il y a de la quiche et du pâté.
b  Il y a beaucoup de quiche, mais il n'y a pas beaucoup de salade de tomates et il n'y a plus de pâté.
c  Il ne reste plus de salade de tomates, mais il y a beaucoup de quiche et un peu de pâté.

## ❷ Au marché

*Jetez un dé ou choisissez des nombres entre 1 et 6 pour faire des conversations.*
**Exemple:**

 A   B   C   D

- Vous désirez?
- (**A3**) <u>Une boîte de</u> (**B1**) <u>chocolats</u>, s'il vous plaît.
- Oui, et avec ça?
- (**C4**) <u>De la confiture de fraises</u>, s'il vous plaît.
- Ah, je regrette, mais il n'y en a plus. Vous voulez autre chose?
- Oui, donnez-moi (**D5**) <u>un paquet de saucisses</u>.
- Désolé, mais je n'ai pas de <u>saucisses</u> aujourd'hui!

**A**
1  des
2  cent grammes de
3  une boîte de
4  un kilo de
5  un demi-kilo de
6  deux cent cinquante grammes de

**B**
1  chocolats
2  fraises
3  pêches
4  tomates
5  champignons
6  cerises

**C**
1  une pizza au jambon
2  du saucisson sec
3  des yaourts aux fruits
4  de la confiture de fraises
5  du camembert
6  des bonbons à la menthe

**D**
1  un paquet de macaronis
2  un melon
3  un litre d'eau minérale
4  trois tranches de quiche
5  un paquet de saucisses
6  un gâteau au chocolat

## ❸ Un jeu de dés

- **A** demande quelque chose qui est dans une des listes A, B, C et D (en haut).
- **B** jette le dé.
  Si c'est 1, 3 ou 5: il n'y en a plus.
  Si c'est 2, 4 ou 6: **A** peut l'acheter.
- Maintenant, changez de rôle. Chaque personne note ce qu'il/elle a acheté.
- À la fin, on compte. Qui a acheté le plus?

**Exemple:**
**A:** Je voudrais un gâteau au chocolat.

**B:**  Je regrette, mais il n'y en a plus.

**B:** Je voudrais deux cent cinquante grammes de fraises.

**A:** 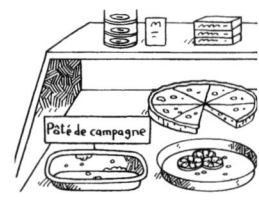 Voilà.

# Les verbes sont utiles

## ❶ Verbena, le serpent français

imangernchoisirffinirivendrenaimeriparlertattendreidescendrefacheter

**A** *Écris les verbes dans la bonne liste.*
**B** *Avec les lettres qui restent, trouve le nom d'une forme importante de chaque verbe.*
l'........................

| -er | -re | -ir |
|---|---|---|
| **Ex.** *manger* | | |
| | | |
| | | |

## ❷ Trois sortes de verbe

*Complète le tableau.*

| chant**er** – *to sing* |
|---|
| **je** chant**e** |
| **tu** chant.............. |
| .........**/elle/on** chant**e** |
| **nous** ....................**ons** |
| **vous** chant................ |
| **ils/**........... chant**ent** |

| chois**ir** – *to choose* |
|---|
| **je** chois**is** |
| ......... chois**is** |
| **il/elle/on** ................**it** |
| ........... chois**issons** |
| **vous** ................**issez** |
| ......../**elles** ................**issent** |

| répond**re** – *to reply* |
|---|
| **je** répond**s** |
| **tu** ................**s** |
| **il/**......... répond |
| **nous** répond......... |
| ........... ................**ez** |
| ......../**elles** répond......... |

## ❸ Comment dit-on cela?

*Écris en français.*
**Exemple: 1** *je travaille*
(*travailler* – to work. Take off -*er*, add ending for *je*)

**1** I am working   ........................................
**2** he asks   ........................................
**3** he succeeds   ........................................
**4** we are counting   ........................................
**5** they (fem.) wait   ........................................
**6** I prefer   ........................................
**7** she explains   ........................................
**8** we finish   ........................................
**9** she chooses   ........................................
**10** they (masc.) buy   ........................................

### Pour t'aider
Voici l'infinitif des verbes:
attendre   finir   préférer   acheter   expliquer
compter   choisir   demander   réussir   travailler

## ❹ Dans l'Arctique

*Complète l'histoire avec les verbes de la case ci-dessous.*

Ici, l'hiver **1 Ex.**.....*dure*....... six mois, la mer est gelée et il fait toujours nuit. Mais pendant l'hiver, les animaux **2** .......................................... à exister, surtout les animaux aquatiques comme les baleines  , les phoques et les ours polaires . L'ours polaire est plus adapté que les autres à la vie dans l'Arctique et son manteau blanc le **3** ..................... (rendre) invisible dans la neige. C'est le plus gros carnivore du monde – il **4** ..................... plus de 50 phoques par an!

Tous les animaux **5** ..................................................... le printemps, et quand l'hiver **6** ......................... et le soleil **7** ....................., les animaux de l'Arctique sortent. Ils **8** ...................................... de nouveaux compagnons, l'ours polaire **9** ......................... à chasser et on dit que les baleines **10** ................................ dans la mer!

> continuent   finit   dure   mange   brille
> dansent   attendent   rend
> choisissent   commence

# C'est utile, le dictionnaire!

## What is a bilingual dictionary?

It is a dictionary which gives lists of words and their translations into a different language. A French bilingual dictionary has two sections: French–English; English–French. Sometimes there are other pages containing notes about how to use the dictionary, verb tables etc.

The words in each section are listed in alphabetical order.

What are the words at the top of each page?

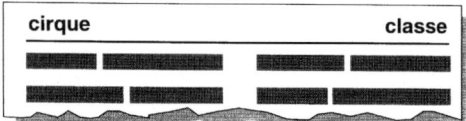

The word at the top of the page on the left (*cirque*) shows the first word that appears on the page.

The word at the top of the page on the right (*classe*) shows the last word that appears on the page. They should help you find the word you are looking for.

## Looking up French nouns

A noun is the name of someone or something or the word for a thing (e.g. box, pencil). All nouns in French are either masculine (*le, un*) or feminine (*la, une*).

If you come across a French word that you don't understand and that you can't work out, look it up in the French–English section. You might also want to check whether a noun is masculine or feminine.

This is what you might find if you looked up the French word *pays*.

This tells you how to pronounce the word using symbols (International Phonetic Alphabet), but you needn't worry about these.

*n*
This tells you that the word is a noun.

*m*
This tells you that the noun is masculine (*le, un*).

**(a), (b), (c)**
These are different meanings of the word; the most common is usually given first.

To check that you have chosen the correct meaning, look up the English word in the English–French section and see if the French word given there is the one you first looked up.

**pays** [pei] *nm* **(a)** country; land **p. étranger** foreign country **(b)** region, district, locality; **vin du p.** local wine **(c)** native land; home; **avoir le mal du p.** to be homesick

This is an example of how the word is used (to help you understand the meaning). To save space, p. is used in this example instead of repeating the word *pays*. Sometimes you will find this symbol used: ~.

## Looking up English words

You have to be very careful when looking up the translation of an English word as it's easy to make mistakes. It is best to use the dictionary just to check on a word which you may have forgotten or to check the spelling or gender.

This is what you might find if you looked up the English word 'mountain'.

*n* This tells you that it is a noun.

*f*
This tells you that the French word is feminine (*la, une*).

**mountain** [mauntın] *n* montagne *f*; **to make a m. out of a molehill** se faire une montagne de qch; **m. range** chaîne de montagnes; **m. rescue** secours en montagne.

Other words and phrases are listed under the headword 'mountain'.

## ❶ Dans l'ordre alphabétique

*Écris ces mots dans l'ordre alphabétique:*

cheval    champignon
cerise    chemise
canard    Canada
camion

*Puis trouve la bonne catégorie pour chaque mot.*

un véhicule   un fruit
un animal     un pays
un oiseau     un légume
un vêtement

| | français | anglais | catégorie |
|---|---|---|---|
| 1 Ex. | camion | lorry | un véhicule |
| 2 | .................. | .................. | .................. |
| 3 | .................. | .................. | .................. |
| 4 | .................. | .................. | .................. |
| 5 | .................. | .................. | .................. |
| 6 | .................. | .................. | .................. |
| 7 | .................. | .................. | .................. |

## ❷ Sur cette page

<u>Souligne</u> *les mots qu'on trouve sur cette page.*

1 chat      3 cheveu    5 choix
2 cheval    4 chien     6 cascade

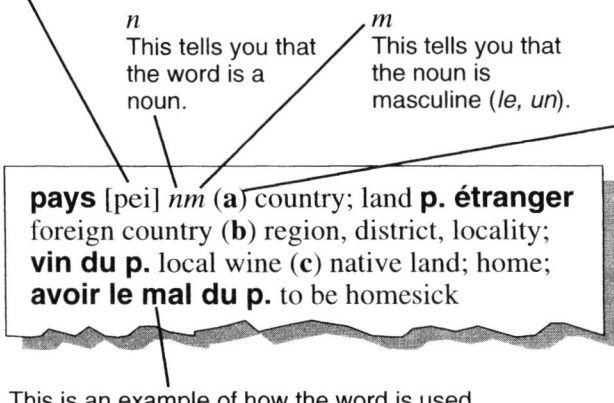

Tricolore Total 2 © Honnor, Mascie-Taylor, Spencer, Nelson Thornes 2009

# Tu comprends?

## ❶ Où vont-ils?

*Aujourd'hui, Luc et Sandrine vont en ville. Où vont-ils? Écoute et écris les bonnes lettres.*

(a)

(b)

(c)

(d)

(e)

(f)

(g)

| Luc va ici: | Sandrine va ici: | Ils vont tous les deux ici: |
|---|---|---|
| **1** Ex. ...*b*.., | **2** ............ | **7** ............ |
| **3** ............ | **4** ............ | |
| **5** ............ | **6** ............ | |

## ❷ Qu'est-ce qu'ils font?

*Écoute et écris la bonne lettre.*
**1** Ex. ...*b*.., **2** ......, **3** ......, **4** ......, **5** ......, **6** ......

**1 a** Ils vont en ville.
  **b** Ils restent à la maison.
  **c** Ils font des courses.

**2** Ils …
  **a** mangent des fruits.
  **b** achètent des fruits.
  **c** détestent des fruits.

**3** Ils …
  **a** montent dans l'autobus.
  **b** descendent de l'autobus.
  **c** attendent l'autobus.

**4** Caroline …
  **a** n'aime pas les bananes.
  **b** aime bien les pommes, mais préfère les bananes.
  **c** n'aime pas les pommes.

**5 a** Mme Dumas achète des croissants.
  **b** Elle n'aime pas les croissants.
  **c** Elle mange des croissants.

**6** Ils …
  **a** n'aiment pas beaucoup les pique-niques.
  **b** choisissent des choses pour un pique-nique.
  **c** finissent leur pique-nique.

## ❸ On va acheter ça

*Écoute la conversation.*
*Coche les six autres choses qu'ils vont acheter.*

| | | |
|---|---|---|
| **1** du pain | **Ex.** ...✔.. |
| **2** de la confiture | ............ |
| **3** du beurre | ............ |
| **4** des tomates | ............ |
| **5** des pommes | ............ |
| **6** du jambon | ............ |
| **7** du fromage | ............ |
| **8** du lait | ............ |
| **9** du café | ............ |
| **10** des chips | ............ |
| **11** des biscuits | ............ |

# Sommaire

*Now I can ...*

■ **identify some French shops**

| | |
|---|---|
| la boucherie | butcher's |
| la boulangerie | baker's |
| la charcuterie | pork butcher's/ delicatessen |
| l'épicerie (f) | grocer's |
| la librairie | bookshop |
| le marchand de glaces | ice cream seller |
| le marchand de légumes/ de fruits | greengrocer |
| la papeterie | stationer's |
| la pâtisserie | cake shop |
| la pharmacie | chemist's |
| la poissonnerie | fish shop |
| le (bureau de) tabac | tobacconist's |

■ **shop for food**

| | |
|---|---|
| Je voudrais ... | I'd like ... |
| Avez-vous ...? | Have you ...? |
| Donnez-moi ... | Give me ... |
| C'est combien? | How much is it? |

■ **understand what the shopkeeper says**

| | |
|---|---|
| Vous désirez? | What would you like? |
| C'est tout? | Is that all? |
| Et avec ça? | Anything else? |
| Je regrette, mais je n'ai pas de ... | I'm sorry, but I haven't any ... |
| Je suis désolé(e), mais il n'y a plus de ... | I'm very sorry, but there isn't any more ... |

■ **discuss where to go shopping**

| | |
|---|---|
| Où est-ce qu'on peut acheter des timbres? | Where can you buy stamps? |
| On peut acheter des timbres au tabac. | You can buy stamps at the tobacconist's |

■ **say there isn't any or there is no more of something**

| | |
|---|---|
| Il n'y a pas de fruits. | There's no fruit. |
| Il n'y a plus de légumes. | There aren't any vegetables left. |

■ **identify food and things to buy**

| | |
|---|---|
| une aspirine | aspirin |
| une baguette | long French loaf |
| un biscuit | plain biscuit |
| des bonbons (m) | sweets |
| des chips (f) | crisps |
| un concombre | cucumber |
| des champignons (m) | mushrooms |
| une quiche | quiche |
| un pain au chocolat | pastry with chocolate inside |
| du saucisson | continental sausage |
| une glace | ice cream |
| un timbre | stamp |
| un journal (des journaux) | newspaper |
| un magazine | magazine |

■ **say how much of something you want to buy**

| | |
|---|---|
| une boîte de | a box of, a tin of |
| une bouteille de | a bottle of |
| une brique de | a carton of |
| 100 grammes de | 100g of |
| 250 grammes de | 250g of |
| un kilo de | 1kg of |
| un demi-kilo de | half a kilo of |
| un litre de | 1 litre of |
| un morceau de | a piece of |
| un paquet de | a packet of |
| une portion de | a portion of |
| une tranche de | a slice of |

■ **talk about money and prices**

| | |
|---|---|
| l'argent (m) | money |
| un billet | banknote |
| un centime | cent |
| un euro | euro |
| la monnaie | small change |
| une pièce | coin |
| un porte-monnaie | purse |
| une livre | pound (sterling) |

■ **use acheter (to buy) and préférer (to prefer) (see page 7)**

■ **use vendre (to sell) and some other verbs ending in -re (see page 8)**

| | |
|---|---|
| attendre | to wait (for) |
| descendre | to go down, to get off |
| répondre | to reply |

■ **use choisir (to choose) and some other verbs ending in -ir (see page 12)**

| | |
|---|---|
| finir | to finish |
| remplir | to fill |
| réussir | to succeed |
| obéir | to obey |

Tricolore Total 2 © Honnor, Mascie-Taylor, Spencer, Nelson Thornes 2009

# Révision

## ❶ Questions et réponses

**A** *Complète les questions et les réponses.*

| Les questions |
| --- |
| 1 **Ex.** ...*Comment*... tu t'appelles? |
| 2 Quel âge ................. -tu? |
| 3 ................. habites-tu? |
| 4 C'est une ................. ou un village? |
| 5 Est-ce que tu ................. la télé dans ta chambre? |
| 6 Tu as des ................. et sœurs? |
| 7 ................. jour sommes-nous? |
| 8 Est-ce ................. tu as un animal à la maison? |

| Les réponses |
| --- |
| a J'habite ................. Lodève. |
| b Je ............ 'appelle ........................ (*écris ton nom*). |
| c Non, je n'ai pas de télé, mais ............... un baladeur. |
| d Oui, ................. un hamster et deux oiseaux. |
| e Aujourd'hui, c'............... jeudi. |
| f Lodève est une petite ................. en France. |
| g Non, je suis ................. unique. |
| h J'ai treize ................. |

**B** *Trouve les paires.*

1 **Ex.** .....*b*...., 2 ......., 3 ......., 4 ......., 5 ......., 6 ......., 7 ......., 8 ......

## ❷ Dans la chambre

*Trouve dix choses qui commencent par un 't'.*
**Exemple:** *une télévision*

.................................................. ..................................................
.................................................. ..................................................
.................................................. ..................................................
.................................................. ..................................................
.................................................. ..................................................

## ❸ Mots croisés (les animaux)

**Horizontalement**

1 Des ...

5 Une ...

6 Regarde ... chien, il est adorable!

7 Un ...

10 Donne ces biscuits ... chien.

11 Le perroquet est ... la chaise.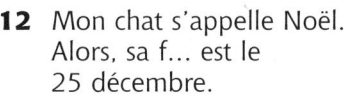

12 Mon chat s'appelle Noël. Alors, sa f... est le 25 décembre.

**Verticalement**

2 Un ...

3 Attention! Il y a un serpent ... la table.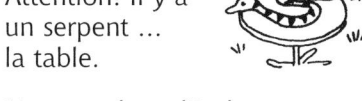

4 Notre cochon d'Inde mange ... fleurs.

6 Un ...

8 Le lapin ... blanc, tout blanc.

9 Mangetout est dans la ...

## Épreuve: **Écouter**

### **A** Marie fait les courses

*Qu'est-ce qu'elle achète?*
*Écoute Marie et choisis la bonne lettre.*

**1 Ex.** ..*a*.., **2** ......., **3** ......., **4** ......., **5** ......., **6** ......., **7** ......

**6**

### **B** Les quantités

*Marie va au marché. Elle achète quelles quantités?*
*Écoute et choisis la bonne lettre.*

**1 Ex.** ...*a*.. de chips
**2** ............ de fromage
**3** ............ de jambon
**4** ............ de pommes de terre
**5** ............ de quiche
**6** ............ de vin
**7** ............ de confiture

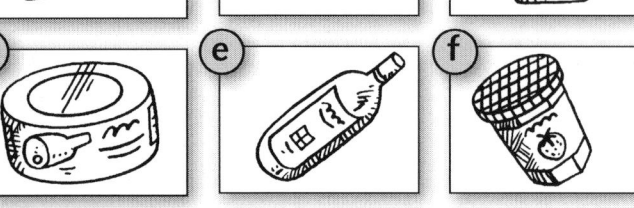

**6**

### **C** Ça coûte combien?

*Écoute les phrases et coche la bonne case.*

| | | | | | | |
|---|---|---|---|---|---|---|
| **1** | **a** 2,30€ ☐ | **b** 1,20€ ✔ | **Ex.** | **c** 3,20€ ☐ |
| **2** | **a** 3,20€ ☐ | **b** 4,30€ ☐ | | **c** 2,30€ ☐ |
| **3** | **a** 3,60€ ☐ | **b** 4,30€ ☐ | | **c** 2,30€ ☐ |
| **4** | **a** 2,80€ ☐ | **b** 1,70€ ☐ | | **c** 5,20€ ☐ |
| **5** | **a** 3,30€ ☐ | **b** 1,10€ ☐ | | **c** 2,10€ ☐ |
| **6** | **a** 5,90€ ☐ | **b** 4,20€ ☐ | | **c** 2,60€ ☐ |
| **7** | **a** 3,30€ ☐ | **b** 7,90€ ☐ | | **c** 0,50€ ☐ |

**6**

### **D** Marie est dans quel magasin?

*Écoute et choisis la bonne lettre.*

**1 Ex.** ...*a*, **2** ...., **3** ...., **4** ...., **5** ...., **6** ...., **7** ...., **8** ....

**TOTAL**

 **7**    **25**

Tricolore Total 2 © Honnor, Mascie-Taylor, Spencer, Nelson Thornes 2009

# Épreuve: **Parler**

**A** *Choisis une conversation: 1 ou 2. Prépare la conversation avec un(e) partenaire, puis travaille avec ton professeur.*

**1** *Tu es au marché. Réponds aux questions.*

**2** *Tu es à l'épicerie. Réponds aux questions.*

## Pour t'aider

Je voudrais    du/de la/de l'/des …
            un kilo de/100 grammes de/une boîte de/une bouteille de/un litre de/un paquet de/…
C'est/Ça fait … euros.

**B** *Maintenant, prépare une conversation avec un(e) partenaire. Ensuite, travaille avec ton professeur.*

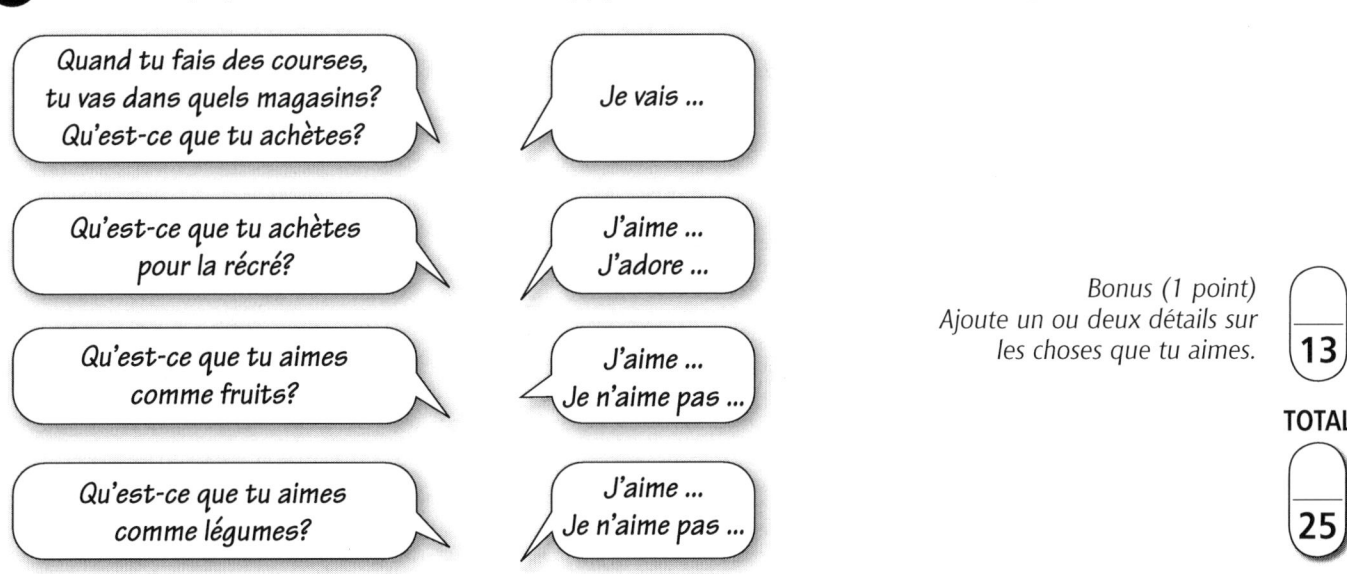

*Bonus (1 point)*
*Ajoute un ou deux détails sur*
*les choses que tu aimes.*  13

TOTAL

25

# Épreuve: **Lire**

## **A** Au supermarché

*Écris la bonne lettre.*

**1 Ex.** ...*f*.., **2** ......, **3** ......, **4** ......, **5** ......, **6** ......, **7** ......

| | | |
|---|---|---|
| **1** | **confiture,** fraises 370 g | 1,60 € |
| **2** | **poulet fermier** | 5,20 € le kilo |
| **3** | **concombre,** la pièce | 2,50 € |
| **4** | **jambon,** 12 tranches 265 g | 6,70 € |
| **5** | **champignons** | 8,70 € le kilo |
| **6** | **chou-fleur,** la pièce | 1,75 € |
| **7** | **thon au naturel,** 3 × 150 g | 4,00 € |

a [image: thon en boîte] b [image: chou-fleur] c [image: champignons] d [image: concombre]

e [image: jambon] f [image: confiture] g [image: poulet]

**6**

## **C** C'est bon?

<u>Souligne</u> le bon mot.

**1** Je n'aime pas les fruits, alors je prends un morceau de ...
 **a** pomme. **b** melon. **c** **Ex.** <u>fromage</u>.

**2** Est-ce que vous ...
 **a** achetez **b** entendez **c** remplissez
 ... des haricots au marché?

**3** Il n'y a plus de pain, alors je vais acheter ...
 **a** un chou-fleur **b** une baguette **c** un poulet
 ... à la boulangerie.

**4** Mon frère aime les légumes, alors il va acheter ...
 **a** des carottes **b** des bonbons **c** des timbres
 ... au marché.

**5** Ma sœur n'aime pas les chips, alors elle ...
 **a** choisit **b** écoute **c** réussit
 ... une pomme.

**6** À la récré, nous mangeons ...
 **a** de la **b** de l' **c** des
 ... pains au chocolat.

**7** Vous ne mangez pas de viande? Alors voilà ...
 **a** du saucisson. **b** du poisson.
 **c** du jambon.

**6**

## **B** Quel magasin?

*Trouve les paires.*

**1 Ex.** ...*e*.., **2** ......, **3** ......, **4** ......, **5** ......, **6** ......, **7** ......

| | |
|---|---|
| **1** Si vous voulez du pain, | **a** allez à l'épicerie. |
| **2** Si vous cherchez quelque chose à lire, | **b** allez au tabac. |
| **3** Pour acheter des fruits et des légumes, | **c** allez à la librairie. |
| **4** Pour un timbre, | **d** allez à la charcuterie. |
| **5** Si vous voulez du pâté, | **e** allez à la boulangerie. |
| **6** Si vous voulez acheter du sucre, du beurre etc., | **f** allez à la boucherie. |
| **7** Pour acheter un poulet, | **g** allez au marché. |

**6**

## **D** L'anniversaire de Paul

*Lis le texte et encercle la bonne réponse.*

Jean, Alain, Pierre et Paul fêtent l'anniversaire de Paul. Jean, Pierre et Alain achètent des provisions pour la fête.

**Jean:** Je vais acheter des fruits. Paul n'aime pas les pommes et il n'aime pas les poires, mais il aime les bananes. Je vais acheter des bananes.

**Alain:** Moi, je vais choisir les boissons. Paul n'aime pas le coca. Alors, je vais acheter de la limonade.

**Jean:** Tu achètes combien de bouteilles? On est quatre.

**Alain:** J'achète trois bouteilles.

**Jean:** On prend des sandwichs et des chips?

**Pierre:** Non. Paul adore les hot-dogs et les frites. Je vais acheter quatre hot-dogs et des frites.

**Alain:** Et il adore le fromage. Je vais acheter deux cent cinquante grammes de fromage.

**1** C'est quelle occasion spéciale?
 **a** [image] **(b)Ex.** 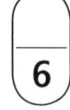 **c** [image]

**2** Qui achète des fruits?
 **a** Jean **b** Alain **c** Pierre

**3** Il achète quels fruits?
 **a** [image: pomme] **b** [image: poire] **c**

**4** Qui achète les boissons?
 **a** Jean **b** Alain **c** Pierre

**5** Il achète quelle boisson?
 **a**  **b**  **c**

**6** Combien de bouteilles achète-t-il?
 **a** 2 **b** 3 **c** 4

**7** Qu'est-ce que Pierre achète?
 **a**  **b**  **c**

**8** Alain achète quelle quantité de fromage?
 **a** 150 g **b** 200 g **c** 250 g

**7**

**TOTAL**

**25**

## Épreuve: **Écrire et Grammaire**

### Ⓐ Au club des jeunes

*Pour chaque phrase, écris la forme correcte du verbe.*

1  Je **Ex.** .....*trouve*..................................... le club agréable. (trouve / trouvons / trouvez)

2  Il ............................................. la musique. (entends / entend / entendent)

3  Ils ............................................ les jeux. (finis / finissez / finissent)

4  Elle .......................................... les verres. (remplis / remplit / remplissez)

5  Ils ........................................... des boissons. (vendent / vend / vendons)

6  Vous ........................................ une activité. (choisis / choisit / choisissez)

7  Elle .......................................... avec ses amis. (parle / parlons / parlez)

8  Tu ............................................ une autre activité. (préfère / préfères / préférez)

9  Vous ........................................ des boissons. (achète / achetons / achetez)

⎡8⎤

### Ⓑ Une liste

*Write a shopping list in French of 5 items for a picnic.*
*List the 5 different shops where you can buy each item.*

Liste                    Magasin

I **Ex.** .du pain.....     .la boulangerie

2  ......................     ......................

3  ......................     ......................

4  ......................     ......................

5  ......................     ......................

⎡8⎤

### Ⓒ Samedi matin

*You go shopping on Saturday mornings. Write 5 or 6 sentences in French. For instance, you could explain which shops you go to, what you buy, what you choose, what you like, what you do not like, what you prefer.*
**Exemple:**
*Samedi matin, je vais en ville. Je vais à la boulangerie. J'achète ...*

.......................................................................

.......................................................................

.......................................................................

.......................................................................

.......................................................................

.......................................................................

.......................................................................

.......................................................................

.......................................................................

.......................................................................

.......................................................................

.......................................................................

.......................................................................

.......................................................................

.......................................................................

.......................................................................

⎡9⎤

**TOTAL**

.......................................................................

⎡25⎤

# L'Europe

**A**  *Complète la carte avec le nom des pays.*

**B**  *C'est dans quel pays?*
**Exemple:** *Amsterdam est aux Pays-Bas.*

## Les pays

| | | |
|---|---|---|
| le Royaume-Uni | l'Allemagne | la Grèce |
| l'Angleterre | l'Autriche | l'Italie |
| l'Écosse | la Belgique | le Luxembourg |
| le pays de Galles | le Danemark | les Pays-Bas |
| l'Irlande du Nord | l'Espagne | le Portugal |
| l'Irlande | la France | la Suisse |

## Les villes

| | | |
|---|---|---|
| Amsterdam | Copenhague | Luxembourg |
| Athènes | Dublin | Madrid |
| Belfast | Édimbourg | Paris |
| Berlin | Genève | Rome |
| Bruxelles | Lisbonne | Vienne |
| Cardiff | Londres | |

nord
ouest — est
sud

# Les transports

| | | | |
|---|---|---|---|
|  ① | |  ② | |
|  ③ | |  ④ | |
|  ⑤ | |  ⑥ | |
|  ⑦ | |  ⑧ | |
|  ⑨ | |  ⑩ | |
|  ⑪ | |  ⑫ | |

*Écris la bonne expression pour chaque image.*
**Exemple: 1e** (en bus)

a   en avion
b   en train
c   en bateau
d   en moto
e   en bus

f   en voiture
g   en car
h   en métro
i   à pied
j   à vélo
k   à mobylette
l   en tramway

# Des mots croisés (partir, venir)

## ❶ Des mots croisés (partir)

**Horizontalement**

1 Quand est-ce qu'ils ... en vacances?

4 Et vous, vous ... samedi prochain?

6 ... partons pour la Suisse le 15 juillet.

7 ... partent à 8 heures pour aller au collège.

**Verticalement**

1 Nous ... à 7 heures et demie.

2 Et toi, quand est-ce que ... pars pour l'Allemagne?

3 Je ... le 25 avril.

5 Lucie? ... part plus tard, en juin.

## ❷ Des mots croisés (venir)

**Horizontalement**

1 Est-ce que tes cousins ... au concert ce soir?

4 ... vient en voiture.

5 D'où ...-tu?

7 Les autres, comment viennent-... au concert?

8 Moi, ... viens de Bruxelles, en Belgique.

9 Est-ce que vous ... de Bordeaux?

**Verticalement**

1 Nous ... au match cet après-midi.

2 Et tes sœurs, ... viennent aussi?

3 Et toi, ... viens avec nous?

5 Luc ne ... pas, il est malade.

6 Et ton frère, comment vient-... au stade?

8 Moi, ... viens samedi, mais après le concert.

Tricolore Total 2 © Honnor, Mascie-Taylor, Spencer, Nelson Thornes 2009

# Des activités

| | | | |
|---|---|---|---|
| ① |   | ② |  |
| ③ |  | ④ |  |
| ⑤ |  | ⑥ |  |
| ⑦ |  | ⑧ |  |
| ⑨ |  | ⑩ |  |
| ⑪ |  | ⑫ | |

*Écris la bonne expression pour chaque image.*
**Exemple: 1c** (aller à la pêche)

a  faire du camping
b  visiter des monuments
c  aller à la pêche
d  visiter un château
e  faire des excursions en car
f  jouer au golf

g  aller au cinéma
h  faire du vélo
i  jouer au tennis
j  faire de l'équitation
k  prendre des photos
l  faire des promenades

# Projets de vacances

## ❶ aller

*Complète le tableau avec le verbe aller.*

| Je | .............................. | faire du camping | en Allemagne. |
|---|---|---|---|
| Tu | .............................. | faire de l'équitation | en Espagne. |
| Il/Elle | .............................. | faire de la voile | en Italie. |
| Nous | .............................. | faire un stage de musique | en Suisse. |
| Vous | .............................. | jouer au golf | au Canada. |
| Ils/Elles | .............................. | chanter avec une chorale | au Maroc. |

## ❷ Qu'est-ce qu'on va faire?

*Complète les phrases. Pour t'aider, regarde la case de l'activité 1.*

1 Nous **Ex.** *allons faire du...*
*camping en Italie.*

2 Je ..................................
..................................
..................................

3 Il..................................
..................................
..................................

4 Ils..................................
..................................
..................................

5 Tu..................................
..................................
..................................

6 Elles..................................
..................................
..................................

## ❸ On pense aux vacances

*Remplis les blancs.*

1 Qu'est-ce que tu **Ex.** *..vas...........* faire pendant les vacances?
2 Où .................vous exactement?
3 Je ................. rendre visite à mon correspondant en Écosse.
4 En février, mes amis ................. partir à la montagne.
5 En août, nous ................. passer trois semaines à la campagne.
6 Mon correspondant ................. venir avec nous.
7 Ma sœur ................. travailler dans un hôtel.
8 Est-ce que vous ................. au bord de la mer cet été?
9 Je ................. acheter un nouveau maillot de bain pour les vacances.
10 Est-ce que tu ................. faire du vélo pendant les vacances?

## ❹ Du plus tôt au plus tard

*Mets les expressions dans l'ordre (du plus tôt au plus tard).*

**Ex.** *.d.,* ..., ..., ..., ..., ..., ...

a demain matin
b la semaine prochaine
c le mois prochain
d ce soir
e l'été prochain
f samedi prochain
g demain après-midi

Tricolore Total 2 © Honnor, Mascie-Taylor, Spencer, Nelson Thornes 2009

# Dans le Val de Loire

**1** *Écoute la conversation et coche les activités pour chaque ville.*

| Distractions | | Chambord | Chaumont | St-Aignan | Montrichard |
|---|---|---|---|---|---|
| | visiter des caves | | | | |
| | aller à la pêche | | | | |
| | faire des promenades dans la forêt | | | | |
| | jouer au tennis | | | | |
| | aller à la piscine | | | | |
| | faire du camping | | | | |
| | jouer au golf | | | | |
| | louer des vélos | | | | |
| | visiter un château | Ex. ✔ | | | |
| | faire de l'équitation | | | | |
| | faire de la voile | | | | |

## **2** Un résumé

*Remplis les blancs avec les mots de la case.*
**Exemple: 1** *vont*

Les Lambert **1** ........................ partir en vacances dans le Val de Loire. Ils
**2** ........................ faire du camping. Ils **3** ........................... les brochures.
Ils cherchent une petite ville où il y a une piscine et où on **4** ........................
jouer au tennis. Enfin, ils décident d' **5** ........................ à Montrichard.

Là-bas, ils **6** ........................ faire beaucoup d'activités et, en plus, ils
**7** ........................ visiter le **8** ........................ de Chenonceaux.

> vont    château    peuvent
> regardent    aller    vont    peut    peuvent

## **3** Des activités sportives

*Quelles sont les activités sportives?*
**Exemple:** *A*
**A** faire de l'équitation
**B** faire des courses
**C** faire de la voile
**D** faire la cuisine
**E** faire du vélo
**F** se reposer
**G** jouer aux échecs
**H** jouer au volley
**I** aller à la pêche
**J** manger des crêpes

# Des mots croisés (aller, pouvoir)

## ❶ Des mots croisés (aller)

### Horizontalement

**1** Où …-vous ce matin?

**4** Nous … à la patinoire.

**6** Moi, je … faire du ski en février.

**8** Et toi, … vas partir en vacances en août, non?

### Verticalement

**2** Les filles, … vont au bowling ce soir.

**3** Et les garçons, où vont-…?

**5** … allons tous à la piscine plus tard.

**6** Des touristes … souvent au marché le jeudi.

**7** Et ton frère, est-ce qu'… va au match de football?

## ❷ Des mots croisés (pouvoir)

### Horizontalement

**1** Est-ce que nous … jouer sur l'ordinateur?

**4** … peut prendre l'avion de Dublin à Paris.

**5** Et toi, … peux m'aider avec ces mots croisés?

**7** Hélène et Sika, est-ce qu'… peuvent venir à la maison samedi?

**8** Est-ce que je … téléphoner à mes parents?

**10** Mon ami ne … pas aller au match samedi.

### Verticalement

**1** Vous … prendre l'Eurostar à Paris.

**2** … peut monter au sommet de la montagne en téléphérique.

**3** Et … pouvons descendre la montagne en skis.

**6** Les garçons … jouer au football cet après-midi.

**9** Je regrette, mais … ne peux pas venir.

Tricolore Total 2 © Honnor, Mascie-Taylor, Spencer, Nelson Thornes 2009

# Voici la France

## ❶ Écris les noms

| **Les villes** | **Les pays** | **Les fleuves** | **Les montagnes** |
|---|---|---|---|
| Paris | l'Allemagne | la Garonne | les Alpes |
| Strasbourg | la Belgique | la Loire | les Pyrénées |
| Nice | l'Espagne | le Rhône | |
| Bordeaux | l'Italie | la Seine | |
| Lyon | la Suisse | | |
| Lille | | | |

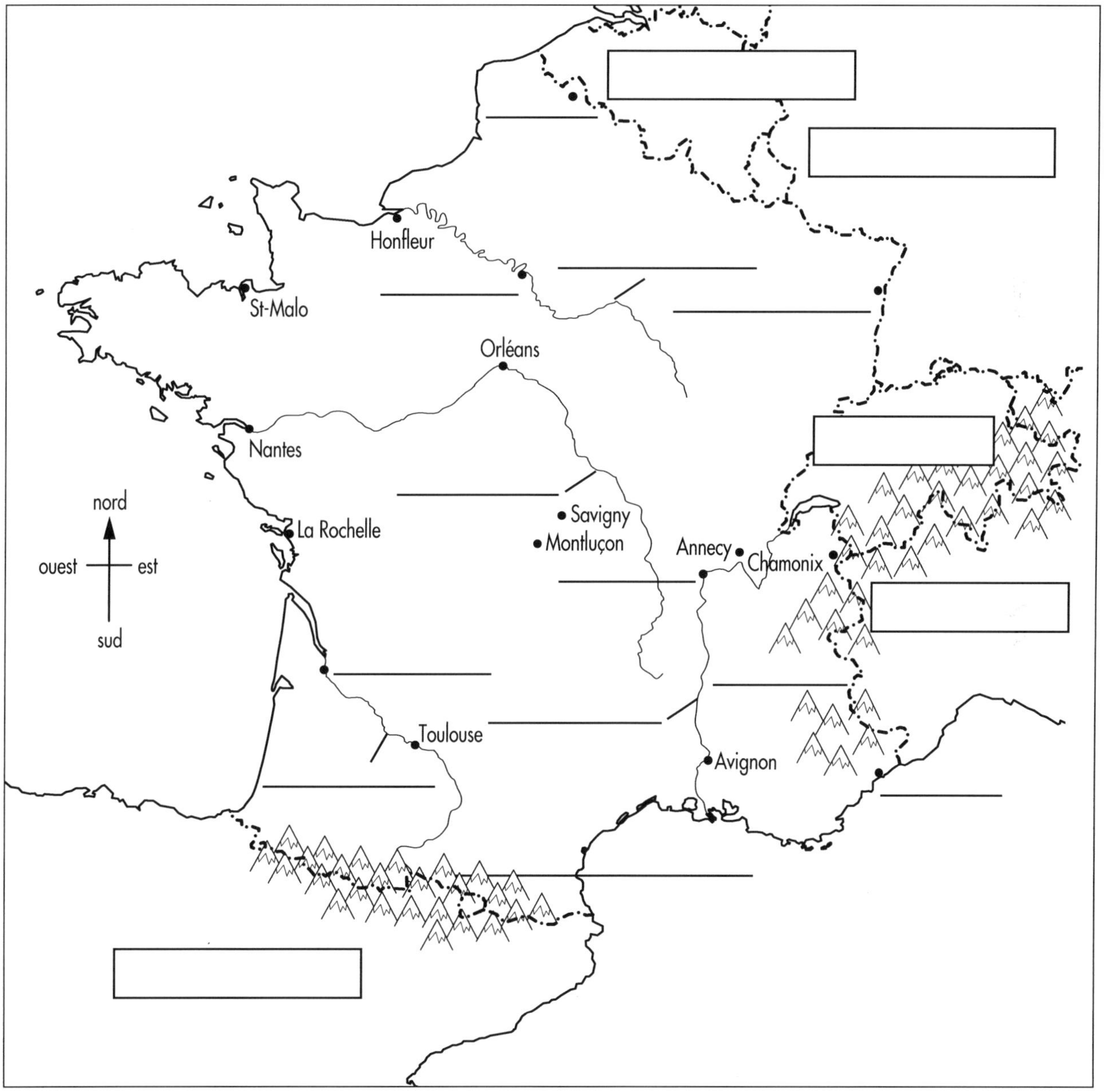

Honfleur

St-Malo

Orléans

Nantes

nord

ouest ← → est

sud

La Rochelle

Savigny

Montluçon

Annecy  Chamonix

Toulouse

Avignon

## ❷ Où habitent-ils?

*Écoute et complète les phrases.*

1  Émilie habite à ........................

2  Mathieu habite à ........................

3  Dominique habite à ........................

4  Lucie habite à ........................

5  Pierre habite à ........................

# Le Tour de France

## ① Lucien parle du Tour

*Complète le texte. Écoute et vérifie.*

Alpes
cycliste
Espagne
finit
habite
jaune
journée
juillet
petites
peuvent
si
très
va
village

Je m'appelle Lucien Legrand et j'**Ex. 1** ......*habite*.... à Châteauroux dans le Val de Loire. Je suis très content parce qu'aujourd'hui le Tour de France **2** ......................... passer par ma ville. En France, le cyclisme est **3** ....................... populaire. On voit souvent des courses cyclistes dans les **4** ........................ villes et les villages et au vélodrome.

Le Tour de France est la course **5** ........................ la plus célèbre au monde. C'est une course difficile et très longue. Chaque année le Tour commence dans une ville différente, mais il **6** .................... toujours à Paris. On peut regarder le Tour à la télé, bien sûr, mais les gens sont très contents **7** .................... le Tour passe par leur ville ou leur **8** ..................... Comme ça, ils **9** ........................ voir les coureurs et, en plus, ça va être un vrai jour de fête.

Le Tour est divisé en étapes. Chaque étape dure une **10** ........................ et il y a environ vingt et une étapes. Donc le Tour dure environ trois semaines.

Quelquefois, il y a des étapes en Belgique, au Luxembourg, en Italie, en **11** ........................ ou même en Angleterre. Il y a toujours des étapes à la montagne, dans les **12** ..................... ou dans les Pyrénées – ça, c'est dur.

Le leader (le coureur qui est en première position) porte un maillot spécial: le maillot **13** ........................ . Le coureur qui a le plus de points porte le maillot vert.

Au mois de **14** ........................, on parle beaucoup du Tour. Il y a des reportages à la télé, à la radio, sur Internet et dans les journaux. Des coureurs de beaucoup de nations différentes participent au Tour, alors c'est vraiment une course cycliste internationale.

## ② Un acrostiche

**1** Il y a des reportages à la ... dans plus de 150 pays.

**2** Beaucoup de Français s'intéressent au ... de France.

**3** C'est une course très ...

**4** Chaque coureur a un ...

**5** Il y a des étapes à la montagne dans les ...

**6** C'est la course cycliste la plus célèbre au ...

**Ex. 1**

2  T
   É
3  L
   É
4  V
   I
5     S
      I
6     O
      N

Tricolore Total 2 © Honnor, Mascie-Taylor, Spencer, Nelson Thornes 2009

# C'est utile, le dictionnaire!

## ❶ Qu'est-ce que c'est en anglais?

*Cherche ces mots dans le dictionnaire et complète la liste.*
*Puis souligne le mot qui ne va pas avec les autres.*

| | français | anglais |
|---|---|---|
| 1 | une main | Ex. ............... *hand* ........................ |
| 2 | un doigt | ....................................................... |
| 3 | un hérisson | ....................................................... |
| 4 | une jambe | ....................................................... |
| 5 | un genou | ....................................................... |
| 6 | un bras | ....................................................... |

## ❷ C'est quoi en français?

*Cherche ces mots dans le dictionnaire et complète la liste.*
*Puis souligne le mot qui ne va pas avec les autres.*

| | anglais | français |
|---|---|---|
| 1 | an apricot | Ex. ............... *un abricot* ................ |
| 2 | a peach | ....................................................... |
| 3 | a cherry | ....................................................... |
| 4 | a mushroom | ....................................................... |
| 5 | a pineapple | ....................................................... |
| 6 | a raspberry | ....................................................... |

## ❸ C'est masculin ou féminin?

1 *Normalement, les mots qui se terminent en -eau sont masculins, mais il y a une exception dans cette liste. Cherche dans le dictionnaire et souligne le mot féminin.*

| | français | m/f | anglais |
|---|---|---|---|
| a | oiseau | Ex. ......... *m* ......... | ........ *bird* ........... |
| b | cadeau | ..................... | ..................... |
| c | eau | ..................... | ..................... |
| d | manteau | ..................... | ..................... |

2 *Normalement, les mots qui se terminent en -ée sont féminins, mais il y a une exception parmi ces mots. Cherche dans le dictionnaire et souligne le mot masculin.*

| | français | m/f | anglais |
|---|---|---|---|
| a | journée | ..................... | ..................... |
| b | année | ..................... | ..................... |
| c | mosquée | ..................... | ..................... |
| d | lycée | ..................... | ..................... |

## ❹ Singulier et pluriel

*Most nouns form the plural (more than one) by adding -s. Words which already end in -s do not change. However, some words form the plural in a different way. These exceptions are normally shown in the dictionary.*

Here is an example:

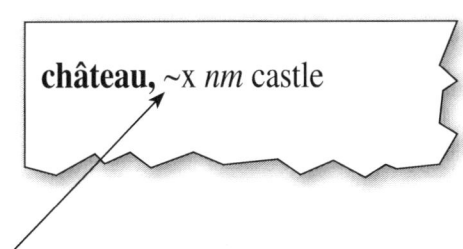

**château,** ~x *nm* castle

~ This symbol is often used to avoid repeating parts of the word which are the same. The plural in full would be written *châteaux*.

Many words ending in *-eau* form the plural in this way.

*Note down the plural of the words in the list. Can you find other patterns?*

| singulier | pluriel | anglais |
|---|---|---|
| chapeau | Ex. ..... *chapeaux* .. | ........... *hats* .......... |
| tableau | ........................... | ........................... |
| animal | ........................... | ........................... |
| cheval | ........................... | ........................... |
| journal | ........................... | ........................... |
| œil | ........................... | ........................... |
| grand-père | ........................... | ........................... |
| petit-enfant | ........................... | ........................... |

# Tu comprends?

## ❶ Où sont-ils?

*Marion et Sébastien sont à la maison, mais tous leurs amis sont en vacances.*
*Où sont-ils? Écoute leur conversation et complète la grille.*

| les pays / les personnes | Allemagne | Écosse | Espagne | États-Unis | Irlande | Maroc | pays de Galles | Suisse |
|---|---|---|---|---|---|---|---|---|
| **1** André et Lucie | | | ✓ | | | | | |
| **2** Jean-Pierre | | | | | | | | |
| **3** Alice | | | | | | | | |
| **4** Les Simon | | | | | | | | |
| **5** Luc | | | | | | | | |
| **6** Magali | | | | | | | | |
| **7** Daniel | | | | | | | | |
| **8** Sophie et Claire | | | | | | | | |

## ❷ Quand vont-ils rentrer?

*Marion et Sébastien parlent de leurs amis qui sont en vacances. Écoute leur conversation et trouve les paires.*

**1 Ex.** ...*d*..., **2** ......., **3** ......., **4** ......., **5** ......,

**6** ......., **7** ......., **8** .........

| | | | |
|---|---|---|---|
| **1** André et Lucie | | **a** | demain |
| **2** Jean-Pierre | | **b** | mardi matin |
| **3** Alice | | **c** | mercredi après-midi |
| **4** les Simon | | **d** | jeudi prochain |
| **5** Luc | | **e** | vendredi soir |
| **6** Magali | | **f** | samedi prochain |
| **7** Daniel | | **g** | dimanche prochain |
| **8** Sophie et Claire | | **h** | la semaine prochaine |

## ❸ Les transports au Canada

*Écoute et complète le texte.*

Salut! Je m'appelle Martin et j'habite à Montréal au
**1 Ex.** .........*Canada*..........

Comme transports en commun à Montréal, nous
avons le **2** ......................... le **3** .............................
et le **4** ......................... Beaucoup de personnes
prennent le **5** ..........................., surtout en hiver
quand il fait très froid et qu'il neige.

Moi, j'ai un **6** ..........................., alors j'aime bien
prendre mon **7** .......................... en été.

C'est bien, parce qu'il y a beaucoup de pistes
cyclables ici. Pendant certaines périodes, on peut aussi
transporter son vélo dans le **8** ..........................

Je ne prends pas mon vélo pour aller au
**9** ........................... – c'est trop loin. Je prends le

**10** ........................... C'est pratique et beaucoup de
mes amis prennent le **11** ........................... aussi.

Quand je vais chez mes grands-parents dans le nord
du Québec, je prends le **12** ........................... ou le
**13** ........................... Il faut environ trois heures pour
faire le voyage. J'aime bien prendre le
**14** ........................... parce qu'on peut se déplacer
pendant le voyage. On peut lire ou on peut regarder par
la fenêtre.

Cet été, nous allons à Vancouver dans
l'**15** ........................... du Canada et je vais prendre
l'**16** ........................... pour la première fois.

Tricolore Total 2 © Honnor, Mascie-Taylor, Spencer, Nelson Thornes 2009

# Sommaire

*Now I can ...*

■ *talk about different countries in Europe ...*

| | |
|---|---|
| l'Allemagne (f) | Germany |
| l'Angleterre (f) | England |
| l'Autriche (f) | Austria |
| la Belgique | Belgium |
| le Danemark | Denmark |
| l'Écosse (f) | Scotland |
| l'Espagne (f) | Spain |
| la France | France |
| la Grèce | Greece |
| l'Irlande (f) | Ireland |
| l'Irlande du Nord (f) | Northern Ireland |
| l'Italie (f) | Italy |
| les Pays-Bas (m pl) | the Netherlands |
| le pays de Galles | Wales |
| le Portugal | Portugal |
| le Royaume-Uni | UK |
| la Suisse | Switzerland |

■ *... and elsewhere*

| | |
|---|---|
| le Canada | Canada |
| les États-Unis (m pl) | USA |
| le Maroc | Morocco |
| le Sénégal | Senegal |
| l'Afrique (f) | Africa |
| l'Amérique (f) du Nord/ du Sud | North/South America |
| l'Asie (f) | Asia |
| l'Australie (f) | Australia |
| l'Europe (f) | Europe |
| le monde | world |

■ *talk about different means of transport*

| | |
|---|---|
| (en) avion (m) | (by) plane |
| (en) bateau (m) | (by) boat |
| (en) bus (m) | (by) bus |
| (en) car (m) | (by) coach |
| (en) métro (m) | (by) underground |
| (en) taxi (m) | (by) taxi |
| (en) train (m) | (by) train |
| (en) tramway (m) | (by) tram |
| (en) voiture (f) | (by) car |
| (à/en) moto (f) | (by) motorbike |
| (à) pied (m) | (on) foot |
| (à) vélo (m) | (by) bike |
| (à) mobylette (f) | (by) moped |

■ *use the correct preposition*

| | |
|---|---|
| au pays de Galles | in Wales |
| au monde | in the world |
| en Belgique | in Belgium |
| en Afrique | in Africa |
| aux États-Unis | in the USA |

■ *say what you are going (or not going) to do*

| | |
|---|---|
| Je vais passer une semaine en Écosse. | I'm going to spend a week in Scotland. |
| On ne va pas prendre la voiture. | We're not going to take the car. |

■ *say when you are going to do something*

| | |
|---|---|
| demain | tomorrow |
| ce soir | this evening |
| lundi (mardi, etc.) prochain | next Monday (Tuesday, etc.) |
| la semaine prochaine | next week |

■ *talk about what you can (or can't) do*

| | |
|---|---|
| Qu'est-ce qu'on peut faire ici/dans la ville/dans la région? | What can you do here/ in the town/in the region? |
| On peut visiter le château. | You can visit the castle. |
| Est-ce qu'on peut faire du ski? | Can you go skiing? |
| Non, on ne peut pas faire ça. | No, you can't do that. |

■ *ask permission*

| | |
|---|---|
| Est-ce que je peux jouer sur l'ordinateur? | Can I play on the computer? |

■ *use the correct preposition with towns, countries and continents (see page 24)*

■ *use the verb partir (to leave) (see page 25)*

■ *use the verb venir (to come) (see page 27)*

■ *use the verb aller + infinitive (see page 28)*

■ *use the verb pouvoir + infinitive (see page 30)*

# Révision

## ❶ C'est quel numéro?

*Écris le bon numéro en chiffres.*

**1** Il y a **Ex.** ....*60*.... minutes dans une heure.

**2** Il y a ............ jours dans une semaine.

**3** Il y a ............ mois dans l'année.

**4** Il y a ............ heures dans un jour.

**5** Il y a ............ lettres dans l'alphabet.

**6** Il y a ............ mètres dans un kilomètre.

**7** Il y a ............ trous sur un terrain de golf.

**8** Il y a ............ joueurs dans une équipe de football.

## ❷ Et ensuite?

*Écris en chiffres le nombre qui suit.*

trois **Ex.** ...*4*....., sept ........., dix ........., quinze .........,
dix-neuf ........., vingt-cinq ........., quarante et un
........., cinquante-six ........., quatre-vingt-treize .........,
quatre-vingt-dix-neuf .........

## ❸ Un ordinateur

*Complète les mots.*

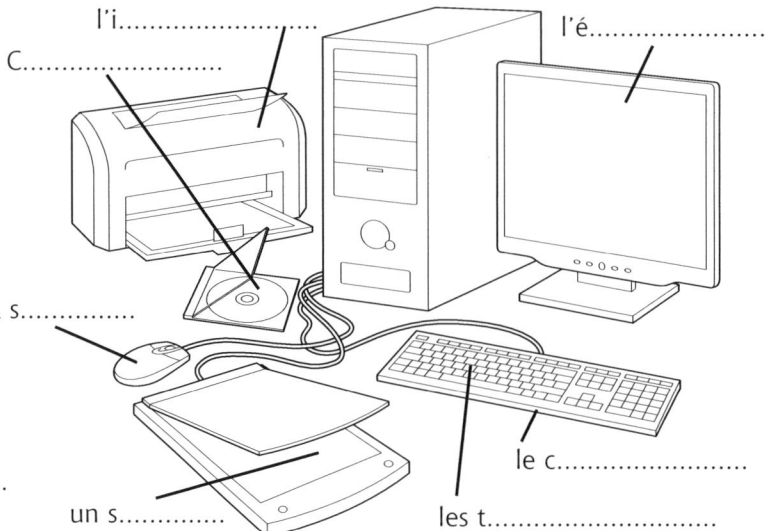

l'i....................

l'é....................

un C....................

la s................

un s.............

le c....................

les t............................

## ❹ Un message

*Barre les nombres pour trouver le message.*

**cinqdixrendez-vousneufseizeàtrente-troislaquarante-deuxcantinequatre-vingt-deuxàcentcinquante-neuflavingtrécré**

.........................................................................

## ❺ Mots croisés (au collège)

**Horizontalement**

**1** On va au collège après l'... primaire, à l'âge de onze ans.

**3** Le basket est mon ... préféré.

**5** C'est pour garder les feuilles.

**9** Le prof ... «bonjour» quand il entre dans la salle de classe.

**11** ... y a beaucoup de livres dans la bibliothèque.

**13** Il y a une grande ... dans la salle de classe.

**15** ... livre est sur la table.

**17** Pour les cours de sciences, nous allons dans le ...

**Verticalement**

**2** ... cours commencement à 8 heures.

**4** Nous travaillons souvent sur ...

**5** On écrit des notes dans un ...

**6** Pour faire de la gymnastique nous allons ... gymnase.

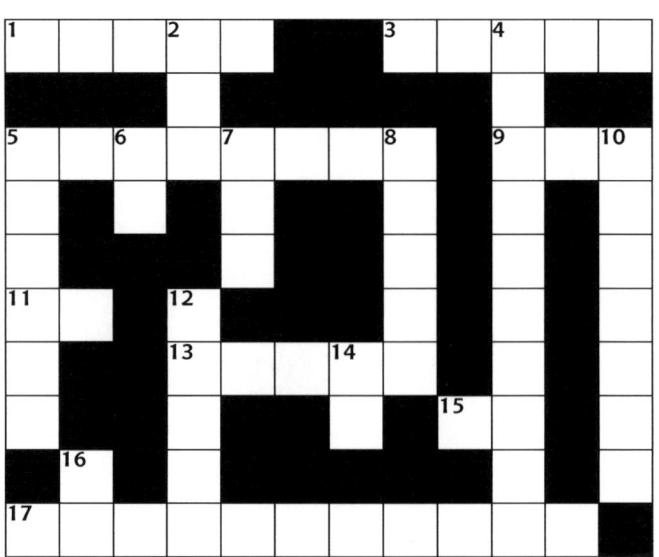

**7** J'ai toutes mes affaires scolaires dans un grand ... à dos.

**8** Pour souligner des mots, j'utilise une ...

**10** Le prof écrit une liste de mots au ...

**12** Pour écrire, j'utilise un ...

**14** Pendant la récréation, nous sortons dans ... cour.

**16** Quand on fait trop de bruit, le prof dit «... suffit!»

## Épreuve: **Écouter**

### (A) Les moyens de transport

*Écoute. C'est quel moyen de transport? Écris la bonne lettre.*

**1 Ex.** ..*a*., **2** ...., **3** ...., **4** ...., **5** ...., **6** ...., **7** ....

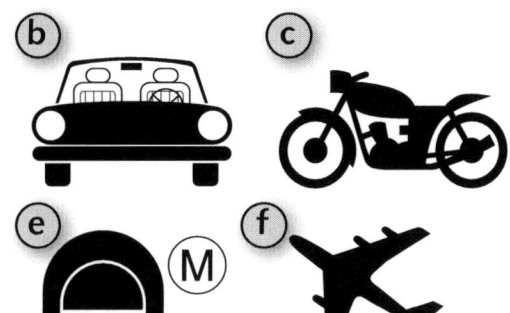

6

### (B) Nos vacances en France

*Écoute. C'est quelle activité? Écris la bonne lettre.*

**1** lundi **Ex.** ...*f*..

**2** mardi ......

**3** mercredi ......

**4** jeudi ......

**5** vendredi ......

**6** samedi ......

**7** dimanche ......

6

### (C) C'est quelle ville/quel village?

*Écoute et écris la bonne lettre dans la case.*

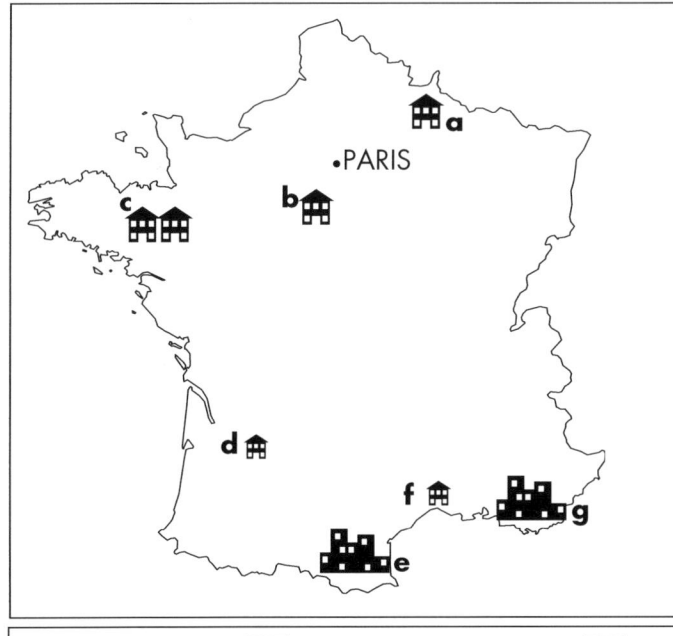

•PARIS

| | | | |
|---|---|---|---|
| **1** Marseille = **Ex.** | *a* | **5** Beaugency = | |
| **2** Lorient = | | **6** Palavas = | |
| **3** Perpignan = | | **7** Montflanquin = | |
| **4** Charleville-Mézières = | | | |

6

### (D) Un coup de téléphone

*Annette reçoit un coup de téléphone de son amie française, Sylvie.*
*Écoute et coche la bonne case.*

**1** Sylvie dit qu' …
   **a** il fait beau. ☐  **b** il pleut. ☐
   **c** il fait froid. **Ex.** ☑

**2** Annette va en France …
   **a** demain. ☐  **b** la semaine prochaine. ☐
   **c** le week-end. ☐

**3** Senez est …
   **a** un village à la montagne. ☐
   **b** une ville dans le sud. ☐  **c** près de l'Espagne. ☐

**4** Annette peut …
   **a** aller à la plage. ☐  **b** ranger sa chambre. ☐
   **c** faire du ski. ☐

**5** Annette ne peut pas …
   **a** aller à la plage. ☐  **b** ranger sa chambre. ☐
   **c** faire du ski. ☐

**6** Annette va aller …
   **a** en Italie. ☐  **b** à Rome. ☐  **c** à la plage. ☐

**7** Annette et Sylvie vont voyager …
   **a** en car. ☐  **b** en train. ☐  **c** en voiture. ☐

**8** Annette ne va pas …
   **a** en Italie. ☐
   **b** à Rome. ☐
   **c** faire du ski. ☐

**TOTAL**

7   25

## Épreuve: **Parler**

**A** *Choisis une conversation: 1 ou 2. Prépare la conversation avec un(e) partenaire, puis travaille avec ton professeur.*

**1** *Tu parles de tes vacances à un ami.*
*Réponds aux questions.*

**2** *Tu parles avec un ami. Réponds aux questions.*

Quand vas-tu partir en vacances? Avec qui?

Je vais partir en vacances en juin/ août etc. avec ma famille/mes amis etc.

Tu viens d'où?

Je viens de York, en Angleterre etc.

Où vas-tu aller?

On va aller à Paris/en France/à New York/ aux États-Unis etc.

C'est comment?

C'est une grande ville historique dans le nord de l'Angleterre.

Qu'est-ce que tu vas faire?

On va faire des promenades/visiter des châteaux etc.

Qu'est-ce qu'on peut faire chez toi?

On peut faire du sport etc.

Et les vacances? Ça va être comment?

Ça va être amusant/cool etc.

Qu'est-ce que tu vas faire ce week-end?

Je vais sortir avec mes amis.

⎛ ⎞
⎝ **12** ⎠

⎛ ⎞
⎝ **12** ⎠

**B** *Maintenant, prépare une conversation avec un(e) partenaire. Ensuite, travaille avec ton professeur.*

Les élèves de ce collège, comment viennent-ils au collège?

Ils viennent au collège ...

Quel moyen de transport préfères-tu? Quand?

Je préfère ... quand ...

Qu'est-ce qu'on peut faire dans ta ville/région?

Dans ma ville/région, on peut ...

Qu'est-ce que tu vas faire ce week-end?

Je vais ...

**TOTAL**

*Bonus (1 point)*
*Ajoute un ou deux détails sur ta*
*ville/région ou ton week-end.*

 **13**    **25**

Tricolore Total 2 © Honnor, Mascie-Taylor, Spencer, Nelson Thornes 2009

## Épreuve: **Lire**

### **A** Mes projets de vacances

*Lis cette carte postale.*

> *Lundi, 10 juin, 11h du matin*
>
> Salut!
>
> Me voici en Espagne. C'est super! Il fait beau et il y a beaucoup de choses à faire! Ce matin, je suis à la piscine et cet après-midi, je vais faire de l'équitation. Ce soir, je vais jouer au golf. Demain matin, je vais faire de la voile – j'adore la voile – et l'après-midi, je vais aller à la pêche. Mercredi matin, je vais jouer au tennis et plus tard, on va regarder un match de football etc. etc. Quelles vacances!
>
> Adèle

*Complète le programme d'Adèle.*

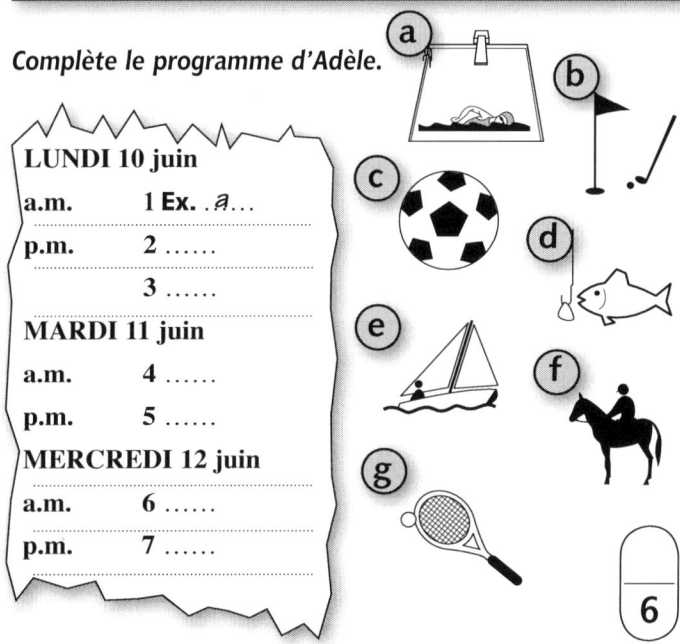

**LUNDI 10 juin**

a.m.      **1 Ex.** ..*a*...

p.m.      2 ......

           3 ......

**MARDI 11 juin**

a.m.      4 ......

p.m.      5 ......

**MERCREDI 12 juin**

a.m.      6 ......

p.m.      7 ......

**6**

### **B** Des questions et des réponses

*Trouve les paires.*

**Ex. 1** ..*b*.., **2** ...., **3** ...., **4** ...., **5** ...., **6** ...., **7** ....

1 Quand vas-tu louer un vélo?
2 Où va Marc pour faire de la voile?
3 Tu vas téléphoner à ta copine?
4 Tu peux venir me voir dimanche?
5 Qu'est-ce que tu vas faire vendredi?
6 Est-ce qu'on peut jouer au golf à Amboise?
7 Françoise et Luc restent à la maison?

a Il va à la mer.
b Demain matin.
c Non, ils vont jouer au tennis.
d Oui, je vais appeler ce soir.
e Bien sûr. Vers trois heures?
f Je vais aller à la pêche.
g Oui, on peut faire tous les sports dans cette ville.

**6**

### **C** On cherche des correspondant(e)s

**Bonjour!** Je m'appelle Marc et j'habite aux États-Unis. Je recherche des correspondants dans le monde entier.

**Salut.** Je m'appelle Sandrine. Mon meilleur ami, c'est mon cheval. Je l'adore. J'ai aussi un serpent.

**Bonjour.** Je m'appelle Jean. J'adore le basket et le foot. Et le hockey et le cricket. Je cherche des copains et des copines comme moi.

**Salut.** Je m'appelle Christine. Je recherche des correspondants dans le monde entier. J'aime visiter les pays étrangers.

**Bonjour.** Je m'appelle Pierre. J'adore le chant et je joue de la trompette. Je cherche des amis. À vos claviers!

**Salut.** Je m'appelle Sophie et je parle français, espagnol et russe. Je veux correspondre avec des jeunes d'Allemagne parce que je veux apprendre l'allemand.

**Bonjour.** Je m'appelle Marie et je passe mes journées à lire. Des magazines, des journaux, des romans. Si tu es comme moi, écris-moi!

*Écris le nom de la bonne personne.*

1 Qui aime le sport? **Ex.** ....*Jean*...
2 Qui aime la lecture? ...........
3 Qui aime les animaux? ...........
4 Qui habite en Amérique du Nord? ...........
5 Qui aime la musique? ...........
6 Qui aime voyager? ...........
7 Qui aime les langues? ...........

**6**

### **D** Monsieur Giroux part en vacances

*Remplis les blancs avec un mot de la liste.*

La semaine **1 Ex.** ..*prochaine*.. Monsieur Giroux part en vacances! Formidable! Il va **2** ............... Paris. Paris est **3** ............... France. Il va à la gare en taxi, puis il prend le train pour Douvres. Il traverse la Manche en **4** ............... À Calais, il va **5** ............... une voiture et il part pour Paris. À Paris, il **6** ............... voir des monuments fantastiques. Sa copine habite à Tours et elle **7** ............... le voir à Paris. Ils **8** ............... visiter la tour Eiffel ensemble.

> prochaine   dernière   viens
> vient   à   en   au   bateau
> vélo   louer   vendre
> vais   va   vont

**7**

**TOTAL**

**25**

# Épreuve: **Écrire et Grammaire**

## **A** Les activités

*Pour chaque phrase, copie la bonne forme du verbe.*

**Exemple:**

**1** Je ......*vais*......... jouer sur l'ordinateur. (vais / allez)

**2** Nous .................... en vacances en avion. (va / allons)

**3** Ils .......................... jouer au football. (va / vont)

**4** Il .......................... demain en car. (viens / vient)

**5** Tu .......................... lundi à trois heures? (viens / venez)

**6** Elles ..................... à la fête. (venons / viennent)

**7** Je .......................... téléphoner? (peux / peut)

**8** Vous .................... visiter la ville. (pouvons / pouvez / peuvent)

**9** Ils ....................... aller au parc à vélo. (peut / peuvent)

⏹ 8

## **B** Le week-end

*Write 6 sentences in French about your activities this coming weekend.*

• *Write 3 things that you are going to do.*
 **Exemple:** *Je vais faire du vélo ...*
• *Write 3 things that you can do.*
 **Exemple:** *Je peux aller à la pêche ...*

.................................................................
.................................................................
.................................................................
.................................................................
.................................................................
.................................................................
.................................................................
.................................................................

⏹ 8

## **C** Mes vacances

*You are on holiday in Europe. Write a postcard in French of about 40 or 50 words to your French friend.*

*Mention:*

• *who you are with; the weather; the place where you are (plus two details, e.g. its size, is it north or south etc.); one activity that you can do and one you are going to do.*

.................................................................
.................................................................
.................................................................
.................................................................
.................................................................
.................................................................
.................................................................
.................................................................
.................................................................
.................................................................

⏹ 9

**TOTAL**

⏹ 25

Tricolore Total 2 © Honnor, Mascie-Taylor, Spencer, Nelson Thornes 2009

# Un guide du collège

## ❶ Des renseignements généraux

*Tu écris un guide sur ton école pour des visiteurs français. Commence avec des informations générales. C'est comment, ton école?*

(Nom de l'école) est une école mixte/de filles/de garçons pour les élèves de … à … ans à (ville)/près de (ville).

Il y a environ … élèves.

Nous portons un uniforme scolaire: pour les filles, c'est une chemise, un polo, un pull, un sweat-shirt, une jupe (etc.); pour les garçons, c'est un polo, une chemise, une cravate, un pull, un pantalon (etc.).

Nous n'avons pas d'uniforme scolaire.

À l'école, il y a une bibliothèque, un gymnase, un laboratoire de sciences, une salle de technologie, un terrain de sports/cricket/football/hockey (etc.), une piscine et un court de tennis/netball (etc.).

**Exemple:**
King Henry's School est une école mixte pour les élèves de 11 à 18 ans près de Londres. Il y a environ 900 élèves. Nous portons un uniforme scolaire. Pour les filles, c'est une jupe grise etc.

À l'école, il y a deux gymnases, trois laboratoires de science etc.

..................................................................................
..................................................................................
..................................................................................
..................................................................................
..................................................................................
..................................................................................

## ❷ Les matières

*Fais une liste des matières que tu apprends/fais cette année, avec le nombre de cours par semaine.*
*Un cours dure combien de temps?*
*Qu'est-ce que tu apprends comme langues vivantes?*

**Exemple:** les maths (5 cours)
le français (4 cours)
ou

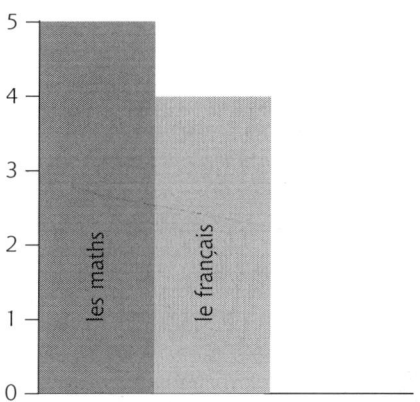

Un cours dure … (heure(s)/minutes)
Comme langues vivantes, nous apprenons …

..................................................................................
..................................................................................
..................................................................................
..................................................................................
..................................................................................
..................................................................................

## ❸ La journée scolaire

*C'est comment, la journée scolaire?*

Les cours commencent à ................

La pause-déjeuner est entre ................ et ................

Les cours finissent à ................

## ❹ Le sport au collège

*Qu'est-ce qu'on fait comme sports?*

Comme sports, nous faisons ........................................

En hiver, on fait ................................................................

En été on fait ...................................................................

Nous avons ........................ cours de sport par semaine.

## ❺ Internet au collège

*Comment est-ce qu'on utilise la technologie?*

On utilise souvent les ordis au collège, surtout en cours de ...........................

Le collège a un/n'a pas de site web.

# Unité 3

## La page des jeux

### ❶ Une règle

**ginformatiqueyfrançaismsciencesngéographieatechnologiesmathse**

**A** *Trouve six matières.*

**1 Ex.** *informatique* .............................

**4** .............................

**2** .............................

**5** .............................

**3** .............................

**6** .............................

**B** *Avec les lettres qui restent écris le nom d'une salle.* .............................

### ❷ Les mots mêlés

*Trouve ces mots en français dans la grille et complète la liste.*

|  | anglais | français |
|---|---|---|
| **1** | lesson | **Ex.** ..*le cours*.......... |
| **2** | homework | ............................. |
| **3** | school | ............................. |
| **4** | pupil | ............................. |
| **5** | gym (room) | ............................. |
| **6** | computer | ............................. |
| **7** | swimming pool | ............................. |
| **8** | teacher | ............................. |
| **9** | (morning or afternoon) break | ............................. |
| **10** | uniform | ............................. |

| R | É | C | R | É | A | T | I | O | N | O |
|---|---|---|---|---|---|---|---|---|---|---|
| A | L | U | H | C | F | D | N | R | A | R |
| W | È | Ç | B | O | I | U | É | S | G | D |
| O | V | G | T | L | À | C | P | R | Y | I |
| N | E | Q | U | E | L | O | Y | O | M | N |
| C | M | Y | A | D | È | U | A | Z | N | A |
| A | U | N | I | F | O | R | M | E | A | T |
| D | E | V | O | I | R | S | U | J | S | E |
| R | Ê | P | I | S | C | I | N | E | E | U |
| S | P | R | O | F | E | S | S | E | U | R |

### ❸ Deux acrostiches

**A** *Écris le mot français.*

**Ex. 1**

**2** B
I
**3** B
L
**4** I
O
**5** T
H
**6** È
Q
**7** U
E

1 library
2 science lab.
3 club
4 canteen
5 (sports)ground
6 school for pupils aged 11–15
7 school yard, grounds

**B** *Écris le mot français.*

1 classroom
2 music
3 English
4 art
5 science
6 German
7 history
8 chemistry

Tricolore Total 2 © Honnor, Mascie-Taylor, Spencer, Nelson Thornes 2009

# L'emploi du temps

## ❶ L'emploi du temps de Michel

*Michel est en cinquième. Voici son emploi du temps.*

|  | LUNDI | MARDI | MERCREDI | JEUDI | VENDREDI | SAMEDI |
|---|---|---|---|---|---|---|
| 8h | - | physique | - | technologie | - | instruction civique |
| 9h | *anglais | maths | - | technologie | anglais | anglais |
| 10h–10h10 | RÉCRÉATION | | | | | |
| 10h10 | biologie | dessin | - | anglais | maths | français |
| 11h10 | biologie | musique | - | - | - | - |
| 12h | DÉJEUNER | | | | | |
| 14h | français | - | - | maths | français | - |
| 15h | EPS | histoire | - | EPS | français | - |
| 16h–16h10 | RÉCRÉATION | | | | | |
| 16h10 | - | géographie | - | EPS | biologie | - |

\* Les élèves peuvent choisir entre anglais et allemand comme première langue vivante.

**A** *Complète les phrases.*

1 Le premier cours de la semaine, c'est **Ex.** ..*anglais*....

2 Le dernier cours de la semaine, c'est .....................

3 Le jeudi, le premier cours est .........................

4 Le ......................................., Michel n'a pas cours.

5 Comme langues vivantes, Michel apprend ................

6 Comme sciences, il apprend ...............................

7 Il a ........................... heures de technologie par semaine.

8 Il finit à ....................................... le samedi.

9 En France, il n'y a ......................... d'instruction religieuse au collège.

**B** *Écris 1–6. Écoute les conversations et regarde l'emploi du temps. Décide de quel jour on parle.*
**Exemple: 1** *mardi*

## ❷ Un emploi du temps idéal

*Fais ton emploi du temps idéal pour un vendredi.*
*Tu dois avoir six heures de cours et six matières différentes.*
*Tu peux commencer tôt (à 7h00) ou tard (à 10h00).*
*Tu peux finir tôt (à 13h30) ou tard (à 19h00).*
*Tu peux prendre une longue pause-déjeuner (2h) ou une courte pause-déjeuner (30 min.).*
*À toi de décider!*
**Exemple:**

```
Vendredi
9h30     Maths
10h30    Géographie
11h30    Sciences physiques
12h30    Déjeuner
13h00    EPS
14h00    Anglais
15h00    Technologie
```

## ❸ C'est lundi – un jeu de logique

**A** *Lis la description et complète l'emploi du temps de Lucie pour lundi.*

C'est aujourd'hui lundi. Au collège Voltaire, les cours commencent à 8h40 et finissent l'après-midi à 17h15. Le premier cours dure une heure. Le matin, il y a dix minutes pour la récréation, qui commence à 10h40. Le troisième cours dure une heure. La pause-déjeuner commence à 12h45 et dure une heure et demie. Le cours suivant dure une heure.
La récré de l'après-midi dure aussi dix minutes et commence à 16h05.
Le lundi, Lucie a français comme premier cours. Son dernier cours de la journée est biologie, mais elle rentre à la maison juste après, quand commence la récré de l'après-midi. Avant la biologie elle a son cours préféré – c'est technologie. Elle n'aime pas beaucoup le matin parce que, après la récréation, elle a presque deux heures de maths. Il y a un autre cours qu'elle aime le lundi: c'est l'EPS, juste avant la récréation du matin.

|  | LUNDI |  |
|---|---|---|
| 8h40 | – **Ex.** .*9h40*. | ..................................... |
| ......... | – ................ | ..................................... |
| 10h40 | – ................ | ..................................... |
| ......... | – ................ | ..................................... |
| 12h45 | – ................ | ..................................... |
| ......... | – ................ | ..................................... |
| ......... | – ................ | ..................................... |
| 16h05 | – ................ | ..................................... |
| ......... | – ................ | ..................................... |

**B** *Réponds aux questions.*
1 Le français finit à quelle heure? ...........
2 À quelle heure finissent les cours de maths? ...........
3 Lucie a combien de cours différents le lundi? .........
4 La technologie finit à quelle heure? ...........
5 Il y a combien de récréations le lundi? ...........
6 Qu'est-ce que Lucie préfère: la technologie ou les maths? ........................

# Deux mots croisés

## 1 prendre, apprendre, comprendre

**Horizontalement**
1 Ils a… le piano.
5 Vous p… le bus en ville?
8 Moi, … prends le tramway.
9 Tu prends un … à dos ou une valise pour le voyage?
11 Vous comprenez le français? Oui, nous c… un peu.
14 Vous c… la question?
15 Elle prend … taxi à la gare.
16 Nous p… le train pour aller à Bruxelles.

**Verticalement**
1 Mon frère a… la trompette.
2 Je p… mon vélo pour aller en ville.
3 Mais mon ami … prend pas son vélo.
4 Est-ce que tu a… un instrument de musique?
6 Qu'est-ce que vous a… comme sciences au collège?
7 Nous a… la biologie, la chimie et la physique.
10 Mon amie est belge et elle c… le français et l'anglais.
12 … prenons l'avion pour Rome cet été.
13 On prend le tramway … (*here*)

## 2 dire, lire, écrire

**Horizontalement**
1 Nous … un e-mail à nos amis au Canada. (écrire)
5 Les élèves, est-ce qu'… lisent des magazines en français?
6 Ils … leurs messages. (lire)
7 Qu'est-ce qu'ils …? (dire)
11 En ville, il y a … bibliothèque avec Internet.
12 Les filles, est-ce qu'… écrivent des cartes postales?
14 Nous … des poèmes en anglais. (lire)

**Verticalement**
1 Les élèves … les réponses aux questions dans leur cahier. (écrire)
2 … décrit son collège dans sa lettre.
3 … lisons un article sur l'histoire de France.
4 Qu'est-ce que vous …? (dire)
6 Tu … ce livre d'Astérix? (lire)
8 … écrivons un guide de notre collège en français.
9 Moi, … t'écris un texto.
10 Et moi, … lis mes messages.
13 Tu … mon texto aussi? (lire)

# Reflexive verbs

| | |
|---|---|
| ① | ② ? |
| ③ | ④ |
| ⑤ | ⑥ |
| ⑦ ? | ⑧ |
| ⑨ | ⑩ |

*Écris la bonne expression pour chaque image.*
**Exemple: 1b** (je me réveille)

**a** tu te lèves?

**b** je me réveille

**c** elles s'ennuient

**d** ils se baignent

**e** il s'arrête

**f** nous nous reposons

**g** elle s'habille

**h** vous vous dépêchez?

**i** il se lave

**j** ils s'amusent

# La famille Guille

## ❶ Benoît et Fabien

> Je m'appelle Karine Guille et j'ai deux frères. Je m'entends bien avec mes frères, mais ils sont très différents.
> Mon frère aîné, Benoît, est fermier et il aime bien la vie à la campagne. Il se couche tôt et il se lève tôt.
> Mon autre frère s'appelle Fabien. Il est étudiant et il préfère la ville.
> Fabien et moi, nous passons nos vacances à la ferme de Benoît.

*Lis les phrases et décide si on parle de Benoît (B) ou de Fabien (F). Puis souligne les verbes pronominaux (reflexive verbs).*

**Exemple: 1** Il <u>s'ennuie</u> à la campagne. ☐F

**1** Il s'ennuie à la campagne. ☐

**2** Il se réveille très tôt et il se lève vite parce qu'il y a beaucoup de travail à la ferme. ☐

**3** Il se lève tard parce qu'il est en vacances. ☐

**4** Il s'intéresse beaucoup à la ferme. ☐

**5** Il se couche tôt ..., entre neuf heures et neuf heures et demie. ☐

**6** Le soir, il regarde la télé jusqu'à minuit ou plus tard. ☐

**7** Il se couche tard, souvent après minuit. ☐

**8** Le soir, il se repose un peu, mais souvent, il répare ses machines. ☐

**9** Avant le petit déjeuner, il s'occupe des animaux de la ferme. ☐

## ❷ Complète les phrases

**A** *Karine*

**1** Chez moi, je **Ex.** *me réveille* normalement vers sept heures et demie. (se réveiller)

**2** Je ............................. vers sept heures cinquante, je ............................. et je ............................. (se lever, se laver, s'habiller)

**3** Je ............................. pour arriver au collège à l'heure. (se dépêcher)

**4** Je ............................. bien à la ferme. (s'amuser)

**B** *Fabien*

**1** À la maison, Fabien **Ex.** *se lève* vers huit heures. (se lever)

**2** Il ............................. et il ............................. en jean et en pull. (se laver, s'habiller)

**3** Le soir, il ............................. vers onze heures. (se coucher)

**4** Mais pendant les vacances, il ............................. et il ............................. beaucoup plus tard. (se lever, se coucher)

## ❸ Complète le tableau

| je ............... repose | nous nous reposons |
|---|---|
| tu ............... reposes | vous vous ................. |
| il se ....................... | ils ................. reposent |
| elle ....................... | elles se ....................... |

## ❹ Une liste de verbes

*Complète la liste. Cherche dans le dictionnaire si nécessaire.*

| français | anglais |
|---|---|
| s'amuser | ..................................... |
| s'appeler | ..................................... |
| s'arrêter | ..................................... |
| s'ennuyer | ..................................... |
| s'entendre | ..................................... |
| se dépêcher | ..................................... |
| ................................. | *to go to bed* |
| s'habiller | ..................................... |
| s'intéresser à | ..................................... |
| ................................. | *to get washed* |
| se lever | ..................................... |
| s'occuper de | ..................................... |
| se promener | *to go for a walk* |
| se reposer | ..................................... |
| ................................. | *to wake up* |

# vouloir et pouvoir

## ❶ Le jeu des définitions

> la bibliothèque   le café
> le cinéma   un gymnase
> New York   une pâtisserie
> la plage   le supermarché

**A** *Complète la définition.*

**B** *Souligne les infinitifs.*

**C** *Trouve la bonne réponse dans la case.*

**1** On **Ex.** ..*peut*.. <u>faire</u> de la gymnastique ici. **Ex.** ..*un gymnase*.....

**2** On va là-bas si on v................................ acheter un gâteau. ................................

**3** Dans cette ville, vous p................................ voir la statue de la Liberté. ................................

**4** Si vous v................................ voir un film, venez ici. ................................

**5** Les touristes p................................ se baigner et se reposer au soleil ici. ................................

**6** Les élèves viennent ici s'ils v................................ consulter ou lire des livres. ................................

**7** Si vous v................................ acheter des provisions, nous p................................ aller là-bas.
................................

**8** Si nous ne v................................ pas manger à la cantine, nous p................................ manger un sandwich
ici. ................................

## ❷ Des expressions utiles

*Complète les phrases.*

**A** *Avec pouvoir*

**1** Est-ce que je .................... ................................ la télé?                *Can I watch TV?*

**2** Est-ce que tu ................................ m'aider?                *Can you help me?*

**3** P................................-vous me ................................?                *Can you phone me?*

**4** Désolé, mais je ne ........................ pas ........................                *Sorry, but I can't come.*

**5** Est-ce qu'on ........................ aller à Paris en train d'ici?                *Can you go to Paris by train from here?*

**B** *Avec vouloir*

**1** Qu'est-ce que vous .................... faire ........................?                *What do you want to do tomorrow?*

**2** Qu'est-ce que tu ................................ .................... ce soir?                *What do you want to do this evening?*

**3** Je voudrais .................... le nouveau ........................                *I would like to see the new film.*

**4** Qui .................... ................................ au cinéma?                *Who wants to go to the cinema?*

**5** Moi, je ................................ bien.                *I want to. (I'd really like to.)*

**6** Les autres ................ v.................... .................... faire ça.                *The others don't want to do that.*

## ❸ Des phrases

*Invente des phrases.*

**1** Je ne peux pas ................................

**2** Je ne veux pas aller ................................

**3** Est-ce que je peux sortir ................................

**4** Si tu veux faire du shopping, nous pouvons aller ................................

**5** S'il fait beau, nous pouvons jouer au ................................

**6** Les autres ne veulent pas ................................

# Salut!

**LUNDI**
Salade composée

Steak haché
Haricots au beurre

Fromage
Fruits

**MARDI**
Crudités

Kebab d'agneau
Petits pois

Salade

Yaourt

**JEUDI**
Charcuterie

Filet de poisson
Lentilles

Fromage

Tarte aux pommes

**VENDREDI**
Potage

Poulet rôti
Pommes frites

Fromage blanc

Biscuit

---

Je m'appelle Nicolas Thomas, j'ai 12 ans et je suis en cinquième. Je vais au collège à Paris. Le collège est à environ 30 minutes de chez moi. Le matin, je me lève à sept heures moins dix et je quitte la maison à huit heures moins le quart. Pour aller au collège, je prends le bus. Les cours commencent à huit heures et finissent à cinq heures. Pendant la journée de classe, il y a trois pauses. Le matin, il y a la récréation de 10h à 10h10. Pendant la récréation, on vend des pains au chocolat.

Le mercredi et le samedi, je n'ai pas cours l'après-midi, et le jeudi, je finis à trois heures.
Je suis demi-pensionnaire c'est-à-dire que je déjeune au collège. On mange assez bien en général et le vendredi il y a des frites au menu.

En classe, j'aime beaucoup l'histoire et la technologie. En technologie on travaille sur ordi et c'est toujours intéressant. En histoire, nous faisons un dossier sur Louis XIV. La semaine prochaine on va faire un voyage scolaire à Versailles. Ça va être intéressant.

À la fin des cours, je rentre chez moi. D'habitude je prends un goûter (quelque chose à manger) puis je fais mes devoirs sur la table de la cuisine. J'ai à peu près une heure de travail normalement. Après le repas du soir, je lis un magazine ou je regarde la télé. Vers neuf heures et demie, je me couche.

Comment ça se passe chez toi, une journée scolaire?

À bientôt,
Nicolas

---

**A** *Lis le message et réponds aux questions.*
**Exemple: 1** *Nicolas se lève avant sept heures.*

**1** Est-ce que Nicolas se lève avant ou après sept heures le matin? ...........................................................

**2** Comment va-t-il au collège? ....................................................................................................................

**3** Est-ce que les cours commencent avant huit heures? ...........................................................................

**4** Il va au collège combien de jours par semaine? ....................................................................................

**5** Le jeudi, il finit à quelle heure? ..............................................................................................................

**6** Qu'est-ce qu'il aime comme matières? ..................................................................................................

**7** Qu'est-ce qu'il lit quelquefois? ...............................................................................................................

**8** Quand est-ce qu'il se couche? ...............................................................................................................

**B** *Écris un message pour répondre à Nicolas.*

..................................................................................................................................................................

..................................................................................................................................................................

..................................................................................................................................................................

..................................................................................................................................................................

..................................................................................................................................................................

..................................................................................................................................................................

..................................................................................................................................................................

# devoir

## ❶ Qui va au cinéma?

*Lis la conversation et réponds aux questions.*

**Marc:** Claire, est-ce que tu vas au cinéma samedi?

**Claire:** Non, Marc, je dois rester à la maison avec ma petite sœur.

**Marc:** Et toi, Jonathan, tu dois rester à la maison aussi?

**Jonathan:** Non, Marc. Moi, je peux aller au cinéma avec toi. Est-ce que Nicole vient aussi?

**Marc:** Non, elle doit aller chez le dentiste.

**Jonathan:** Et Luc et André, est-ce qu'ils viennent?

**Marc:** Non, ils doivent aller chez leurs grands-parents.

**Jonathan:** Et Lucie et Sophie?

**Marc:** Non, elles doivent finir leurs devoirs. Et vous, Thomas et Camille, vous devez travailler aussi?

**Thomas:** Oui, nous devons travailler au supermarché.

1 Qui doit travailler au supermarché?

   **Ex.** *Thomas et Camille* .............................................

2 Qui doit aller chez ses grands-parents?

   .................................................................

3 Qui doit faire du baby-sitting?

   .................................................................

4 Qui doit aller chez le dentiste?

   .................................................................

5 Qui doit faire ses devoirs?

   .................................................................

6 Qui peut aller au cinéma? (deux personnes)

   .................................................................

## ❷ Dossier-langue

The verb *devoir* means 'to have to, must'. It also has a second meaning 'to owe'.

*Tu me dois 3 euros pour la place de cinéma.*
You owe me 3 euros for the cinema ticket.

Look at **1 Qui va au cinéma?** again and see what you can find out about *devoir*.
Is it a regular verb?
What is it often followed by?

Find the missing parts to complete this table.

| je ............................... | nous ............................... |
|---|---|
| tu ............................... | vous ............................... |
| il/elle/on ....................... | ils/elles ....................... |

## ❸ Français–anglais

*Trouve les paires.*

1 Tu dois absolument voir ce film.
2 Je dois rentrer à dix heures.
3 On doit apprendre ce vocabulaire pour un contrôle mardi.
4 Il n'y a plus de lait, alors nous devons passer au supermarché.
5 Ils doivent ranger leur chambre.
6 Vous devez descendre ici pour le cinéma.
7 Elles doivent rendre leurs livres à la bibliothèque.

---

a *There's no more milk so we'll have to stop at the supermarket.*
b *You have to get off here for the cinema.*
c *We have to learn this vocabulary for a test on Tuesday.*
d *They have to tidy their room.*
e *I have to be home at ten o'clock.*
f *They have to return their books to the library.*
g *You really must see this film.*

## ❹ Au travail!

*Tout le monde doit aider à la maison. Mais qui fait quoi?*
**Exemple: 1** *Papa doit laver la voiture.*

1 Papa  laver la voiture.

2 Maman  faire la cuisine.

3 Moi, je  ranger ma chambre.

4 Mes sœurs  préparer le pique-nique.

5 Nous  travailler dans le jardin.

6 Toi, tu  aider à la cuisine.

# C'est utile, le dictionnaire!

## ❶ Looking up verbs

A verb is a word that describes what things or people are doing, such as 'she plays' (*elle joue*), 'he works' (*il travaille*). Verbs can also describe the state of things, e.g. 'it's fine' (*il fait beau*), 'they are French' (*ils sont français*), 'I have two brothers' (*j'ai deux frères*).

In a dictionary, verbs are listed under the infinitive. This is the standard form of the verb, the part that never changes. It is translated by 'to ...' in English, e.g. to play, to eat.

This is the infinitive of the verb, so you need to know how the verb goes in different forms in order to use it.

This is what you might find if you looked up the regular French verb *jouer*.

*vi*
This tells you that the word is a verb. You might also see *vtr*. Don't worry about the extra letters; as long as there's a *v*, it's a verb.

**(a), (b), (c)**
These are slightly different meanings of the word; the most common is usually given first. To check that you have chosen the correct meaning, look up the English word in the English–French section.

**jouer** [ʒwe] *vi* **(a)** to play; **(b) j. aux cartes, au tennis** to play cards, tennis; **(c) j. du piano** to play the piano

Often there is an example of how the word is used to help you understand the meaning. In order to save space, **j.** is used in this example instead of repeating the word **jouer**. Sometimes you will find this symbol used: ~

If you look up an irregular verb, you are given more information about how the verb goes, e.g.

**pouvoir** [puvwar] *vtr* (*pr* **je peux, tu peux, il peut, ils peuvent**) to be able, can, **je ne peux pas le faire** I can't do it; **on n'y peut rien** it can't be helped; **il n'en peut plus** he's exhausted

*pr*
You are given the irregular forms of the present tense (you are often given examples of other tenses as well).

*vtr*
This tells you it is a verb. It's important to find this symbol, because there is also a word *le pouvoir*, a noun, meaning 'power'.

Now imagine that you wanted to use the verb 'to sing' in French, but you couldn't remember it. If you look it up in the English–French section, this is what you might find:

sing (...) *v* (**sang**; **sung**) *v* chanter; **to s. out of tune** chanter faux.

## ❷ Regular verbs

Many verbs in French have an infinitive which ends in *-er*, *-re* or *-ir* and follow a regular pattern. In order to work out the infinitive, you have to find the stem of the verb and add the ending *-er*, *-re* or *-ir*.

Here is the present tense of each type of regular verb with the endings shown in bold.

| chant**er** | attend**re** | fin**ir** |
|---|---|---|
| je chant**e** | j' attend**s** | je fin**is** |
| tu chant**es** | tu attend**s** | tu fin**is** |
| il/elle/on chant**e** | il/elle/on attend | il/elle/on fin**it** |
| nous chant**ons** | nous attend**ons** | nous fin**issons** |
| vous chant**ez** | vous attend**ez** | vous fin**issez** |
| ils/elles chant**ent** | ils/elles attend**ent** | ils/elles fin**issent** |

*Écris l'infinitif de ces verbes.*

| | | infinitif | anglais |
|---|---|---|---|
| **1** | je travaille | Ex. *travailler* | *I work* |
| **2** | j'entends | ..................... | ..................... |
| **3** | je choisis | ..................... | ..................... |
| **4** | tu joues | ..................... | ..................... |
| **5** | tu vends | ..................... | ..................... |
| **6** | il demande | ..................... | ..................... |
| **7** | elle attend | ..................... | ..................... |
| **8** | nous remplissons | ..................... | ..................... |
| **9** | vous parlez | ..................... | ..................... |
| **10** | vous finissez | ..................... | ..................... |
| **11** | ils choisissent | ..................... | ..................... |
| **12** | elles expliquent | ..................... | ..................... |

## ❸ Irregular verbs

The verbs in the list opposite are irregular and don't follow any specific pattern. You have been using many of them since you started learning French, but you may not know the infinitive. Look at the list of irregular verbs in *Tricolore Total* to help you.

*Écris l'infinitif de ces verbes.*

| | | infinitif | anglais |
|---|---|---|---|
| **1** | je vais | *aller* | Ex. *to go* |
| **2** | tu prends | ..................... | ..................... |
| **3** | il peut | ..................... | ..................... |
| **4** | elle a | ..................... | ..................... |
| **5** | nous sommes | ..................... | ..................... |
| **6** | vous faites | ..................... | ..................... |
| **7** | ils veulent | ..................... | ..................... |
| **8** | elles partent | ..................... | ..................... |

# Tu comprends?

## ❶ La routine chez nous

*Écoute et complète chaque phrase avec l'heure.*
**Exemple: 1** Moi, je me lève à *7h15.*

**1** Moi, je me lève à .........................

**2** Mon frère aîné se lève à .........................

**3** Nous quittons la maison à .........................

**4** L'école finit à .........................

**5** Le soir, nous mangeons à .........................

**6** Je me couche à .........................

**7** Mon frère se couche à .........................

## ❷ Ma journée préférée

*Écoute et complète le texte avec les mots de la case.*

> anglais   ennuyeux   flûte   jeudi
> maths   musique   ordinateurs
> technologie   travail   utile

Ma journée préférée, c'est le **1 Ex.** ..*jeudi*..... Comme

matières, on a français, **2** ......................................,

chimie, biologie, histoire et **3** ...................................

On n'a pas **4** ...................................... – c'est bien,

parce que je n'aime pas les maths. Je trouve ça difficile

et **5** ...................................... J'aime bien les sciences,

c'est intéressant. J'aime l'anglais aussi parce que c'est

**6** ......................................

J'aime assez bien la **7** ...................................... Cette

année, j'apprends le violon et mon frère apprend la

**8** ......................................

Le jeudi, je vais au club d'informatique pendant la

pause-déjeuner. Nous pouvons utiliser des

**9** ...................................... qui sont connectés à

Internet et faire des recherches pour notre

**10** ...................................... scolaire.

## ❸ Une journée de vacances

*Écoute le texte et écris la bonne lettre dans chaque case.*

**1** ☐   **2** ☐   **3** ☐   **4** ☐   **5** ☐   **6** ☐   **7** ☐   **8** ☐

## ❹ Le week-end

*Écoute, et pour chaque personne, ...*
- *mets un ✔ pour l'activité qu'ils veulent faire.*
- *mets un ✗ pour l'activité qu'ils ne veulent pas faire.*

L'activité la plus populaire, c'est ................................

| | 💻 | ⚽ | 🏸 | 🚢 | 🏊 |
|---|---|---|---|---|---|
| **1** Sophie | | | | | |
| **2** Corinne | | | | | |
| **3** Luc | | | | | |
| **4 a** André | | | | | |
| **b** Karim | | | | | |
| **5 a** Mélanie | | | | | |
| **b** Sika | | | | | |
| **6 a** Pierre | | | | | |
| **b** Magali | | | | | |

# Sommaire

**Now I can ...**

## ■ describe my school

| | |
|---|---|
| la bibliothèque | library |
| la cantine | canteen |
| la cour | playground |
| un demi-pensionnaire | day pupil who has lunch at school |
| le gymnase | gym |
| un internat | boarding school |
| un laboratoire | laboratory |
| la salle de classe | classroom |
| le terrain de sport | sports ground |

## ■ talk about the school day

| | |
|---|---|
| le cours | lesson |
| l'emploi du temps (m) | timetable |
| la pause-déjeuner | lunch break |
| la récréation | break |

## ■ talk about school subjects

| | |
|---|---|
| les matières (f pl) | subjects |
| l'allemand (m) | German |
| l'anglais (m) | English |
| la biologie | biology |
| la chimie | chemistry |
| le dessin | art |
| l'EPS (l'éducation physique et sportive) (f) | P.E. |
| l'espagnol (m) | Spanish |
| le français | French |
| la géographie | geography |
| l'histoire (f) | history |
| l'informatique (f) | ICT |
| l'instruction civique (f) | citizenship and PSHE |
| l'instruction religieuse (f) | religious education |
| les langues vivantes (f pl) | modern languages |
| le latin | latin |
| les maths (f pl) | maths |
| la physique | physics |
| les sciences (f pl) | science |
| la technologie | technology |

## ■ make comparisons using plus + adjective (see page 41)

## ■ talk about morning and evening routines

| | |
|---|---|
| Le matin, ... | In the morning … |
| Je me lève à ... | I get up at … |
| Je me lave ... | I get washed … |
| Je porte mon uniforme scolaire/un polo et un pantalon, etc. | I wear my school uniform/a polo shirt and trousers, etc. |
| Au petit déjeuner, je mange (prends) ... | For breakfast, I have … |
| Je quitte la maison à ... | I leave the house at … |

| | |
|---|---|
| Je vais au collège en bus/ en train/en voiture, etc. | I go to school by bus/ by train/by car, etc. |
| Le soir, ... | In the evening … |
| Je rentre vers ... | I get home at about … |
| Normalement, je mange | Normally I eat … |
| Je me couche vers ... | I go to bed at about … |

## ■ ask about and give an opinion on school subjects (see also page 41)

| | |
|---|---|
| C'est ... | It's |
| Ce n'est pas ... | It's not … |
| C'est plus ... | It's more … |
| amusant | fun |
| difficile | difficult |
| facile | easy |
| fatigant | tiring |
| intéressant | interesting |
| utile | useful |
| nul | useless |
| Quelle est ta (votre) matière préférée? | What is your favourite subject? |
| Qu'est-ce que tu aimes (vous aimez) comme matières? | Which subjects do you like? |
| J'aime beaucoup ... | I like … very much |
| Je préfère ... | I prefer … |
| Je n'aime pas ... | I don't like … |

## ■ use the verbs apprendre and comprendre (see page 40)

## ■ use reflexive verbs (see also pages 42 and 44)

| | |
|---|---|
| s'amuser | to have fun, have a good time |
| s'arrêter | to stop |
| se baigner | to bathe, swim |
| se coucher | to go to bed |
| se dépêcher | to hurry |
| s'ennuyer | to be bored |
| s'habiller | to get dressed |
| s'intéresser à | to be interested in |
| se laver | to get washed |
| se lever | to get up |
| s'occuper de | to be busy with |
| se passer | to happen |
| se reposer | to rest |
| se réveiller | to wake up |

## ■ use the verb vouloir (see page 46)

## ■ use the verbs dire, lire, écrire (see page 48)

# Révision

## ❶ Des mots mêlés

*Trouve les sept jours de la semaine et écris-les dans l'ordre.*

1 **Ex.** dimanche
2 .....................
3 .....................
4 .....................
5 .....................
6 .....................
7 .....................

| A | L | O | U | V | E | R | I | M |
|---|---|---|---|---|---|---|---|---|
| V | S | A | M | E | D | I | E | A |
| D | I | M | A | N | C | H | E | R |
| C | V | D | I | D | A | T | J | D |
| M | E | R | C | R | E | D | I | I |
| N | L | U | R | E | P | C | U | S |
| A | J | E | U | D | I | E | T | R |
| L | U | N | D | I | M | O | A | N |

## ❷ Un acrostiche

1 Il ne fait pas mauvais aujourd'hui, au contraire, il fait b...
2 Il y a du ...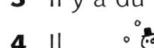
3 Il y a du ...
4 Il ...
5 Il ne fait pas beau aujourd'hui, au contraire, il fait m...
6 Et il ...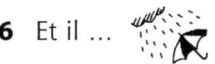
7 Regarde, il y a du ...
8 La température est de 35 degrés, il fait très ...
9 Ici, la température est de moins 5 degrés, il fait très ...
10 La m... dit qu'il va faire beau demain.
11 Regarde, le c... est bleu.

## ❸ Les vœux

**A** *Complète les mots.*
**B** *Trouve les paires.*
**Exemple: 1** *Bonne année!* d

1 B _ n n _ _ n n _ _! .........
2 J _ y _ _ s _ s  P _ q _ _ s! .........
3 B _ n  v _ y g _! .........
4 B _ n  _ n n _ v _ r s _ _ r _! .........
5 B _ n n _  f _ t _ .........
6 J _ y _ _ x  N _ _ l! .........
7 B _ n n _  n _ _ t .........
8 A _  r _ v _ _ r .........

a Happy Birthday!
b Have a good journey!
c Happy Christmas!
d Happy New Year!
e Best Wishes on your Saint's Day
f Happy Easter!
g Goodbye
h Good night

## ❹ Les mois de l'année

1 C'est le premier mois de l'année. **Ex.** janvier .......
2 Noël est pendant ce mois. .....................
3 Le mois avec vingt-huit ou vingt-neuf jours. .....................
4 Un mois de printemps avec cinq lettres. ..............
5 Un mois avec trois lettres. .....................
6 Un mois d'été qui commence par un 'a'. ..............
7 Le troisième mois. .....................
8 Souvent on doit passer des examens pendant ce mois d'été. .....................
9 Les grandes vacances commencent pendant ce mois. .....................
10 C'est le mois de la rentrée scolaire en France. .....................
11 C'est le onzième mois, un mois d'automne qui commence par un 'n'. .....................
12 Le dixième mois. .....................

## Épreuve: Écouter

### A Mon emploi du temps

Marc parle de son emploi du temps. Écoute et écris le nom des matières dans les blancs.

|  | LUNDI | MARDI |
|---|---|---|
| 8h00 | anglais | 5 ..................... |
| 9h00 | 1 Ex. *chimie* | anglais |
| 10h00–10h10 | *récré* | *récré* |
| 10h10 | 2 ..................... | 6 ..................... |
| 11h10 | maths | biologie |
| 12h00 | *déjeuner* | *déjeuner* |
| 14h00 | 3 ..................... | 7 ..................... |
| 15h00 | géographie | histoire |
| 16h00–16h10 | *récré* | *récré* |
| 16h10 | 4 ..................... | EPS |

**6**

### B La journée de Roselyne

Écoute et encercle la bonne réponse.

1 Âge de Roselyne:
a 11 **Ex.(b)** 12 c 13

2 Année scolaire:
a 6e b 5e c 4e

3 Jours d'école par semaine:
a 5 b 4 c 6

4 La récréation dure …
a 10 minutes. b 15 minutes. c 20 minutes.

5 La pause-déjeuner commence à …
a 13h00. b 12h00. c 14h00.

6 Elle aime les repas?
a elle ne le dit pas b non c oui

7 Fin de la journée:
a 16h00 b 16h30 c 17h00

**6**

### C Je déteste le vendredi, mais j'adore le samedi

Écoute et écris la bonne lettre dans la case.

1 vendredi 6h00 **Ex.** [c]
2 vendredi 6h30 [ ]
3 vendredi 7h00 [ ]
4 vendredi au bureau [ ]
5 samedi matin [ ]
6 samedi 10h00 [ ]
7 samedi (le reste) [ ]

**6**

### D Ma routine

Écoute et encercle la bonne réponse.

1 Qui se lève le premier chez Daniel?
**Ex.(a)** son père b sa mère c Daniel

2 Le petit déjeuner de Daniel:
a des céréales et du jus de fruit
b des tartines et du chocolat chaud
c un œuf et du lait

3 Que fait Daniel à huit heures?
a il quitte la maison
b il prend le bus
c il arrive au collège

4 L'opinion de Daniel sur le collège:
a ça va b c'est super c c'est fatigant

5 Que fait Daniel à cinq heures?
a il rentre b il va à la piscine
c il regarde la télé

6 Que fait Daniel à six heures?
a il rentre b il fait ses devoirs
c il regarde la télé

7 Daniel mange à quelle heure?
a 21h00 b 20h00 c 21h30

8 Que fait Daniel à 21h30?
a il se couche b il fait ses devoirs
c il regarde la télé

**7**

TOTAL

**25**

# Épreuve: **Parler**

**A** *Choisis une conversation: 1 ou 2. Prépare la conversation avec un(e) partenaire, puis travaille avec ton professeur.*

**1** *Tu parles à un ami français. Réponds aux questions.*

> Le vendredi, tu commences les cours à quelle heure?

> Je commence les cours à neuf heures/neuf heures dix/neuf heures et quart etc.

> Tu as quelles matières le vendredi?

> Le vendredi, j'ai/je fais allemand/dessin/EPS/ géographie/informatique/ maths etc.

> Donne ton opinion sur 3 des matières.

> J'aime | la physique.
> Je n'aime pas | la chimie.
> Je déteste | etc.

> Le vendredi, tu finis les cours à quelle heure?

> Le vendredi, je finis les cours à trois heures vingt/trois heures et demie/quatre heures moins vingt etc.

**12**

**2** *Tu parles à un ami français. Réponds aux questions.*

> Ton collège est comment?

> Mon collège est moderne/vieux/bien équipé/confortable.

> C'est pour les élèves de quel âge?

> C'est pour les élèves de … à … ans.

> Qu'est-ce qu'il y a dans ton collège?

> Dans mon collège, il y a un laboratoire/un terrain de sport/une piscine/ une bibliothèque/ une cantine etc.

> Qu'est-ce qu'il y a comme clubs?

> Il y a un club d'informatique/de théâtre/de gym etc.

**12**

**B** *Maintenant, prépare une conversation avec un(e) partenaire. Ensuite, travaille avec ton professeur.*

> Tu te réveilles à quelle heure?

> Je me réveille à sept heures/ sept heures dix/sept heures et quart/sept heures et demie etc.

> Tu t'amuses le week-end? Qu'est-ce que tu fais?

> Le week-end, | je joue au football/regarde un film/joue aux cartes/fais du vélo/joue au tennis/lis ma BD/dors toute la journée etc. j'écoute de la musique etc.

> Tu te lèves à quelle heure?

> Je me lève à huit heures moins le quart/huit heures moins dix etc.

> Tu te laves où?

> Je me lave dans ma chambre/la salle de bains.

*Bonus (1 point)*
*Ajoute un ou deux détails sur ton week-end.* **13**

**TOTAL**

**25**

## Épreuve: **Lire**

### Ⓐ Des verbes

*Écris la bonne lettre pour chaque phrase.*

**1 Ex.** ..*a*.., **2** ...., **3** ...., **4** ...., **5** ...., **6** ...., **7** ....

**1** Je me réveille.
**2** Ils se dépêchent.
**3** On se baigne.
**4** Annette s'habille.
**5** Les filles s'ennuient.
**6** On s'amuse.
**7** Il se lave.

⑥

### Ⓑ Mon collège

*Trouve la fin de chaque phrase.*

**1 Ex.** ..*b*.., **2** ...., **3** ...., **4** ...., **5** ...., **6** ...., **7** ...., **8** ....

| | | | |
|---|---|---|---|
| **1** Le premier cours commence … | **a** | 40 professeurs au collège. |
| **2** Les élèves portent … | **b** | à neuf heures. |
| **3** Dans le laboratoire de langues, … | **c** | sur le terrain de sports. |
| **4** Il y a environ … | **d** | finissent à quatre heures. |
| **5** On joue au foot … | **e** | de piscine dans notre collège. |
| **6** Il n'y a pas … | **f** | un uniforme scolaire. |
| **7** Pendant la pause, … | **g** | je mange un sandwich. |
| **8** Les cours … | **h** | on apprend le français. |

⑦

### Ⓒ Tous les jours

*Remplis les blancs avec les mots de la case ci-dessous.*

Tous les jours, je me **1 Ex.** ....*lève*... à sept heures et je **2** ................................ la maison à huit heures et demie.

Je **3** ............ au collège à pied. À midi, je **4** .............. à la cantine et à cinq heures, je **5** .................. à la maison. Je **6** .................. mes devoirs, puis je me **7** ..................

> **lève  mange  fais  couche  quitte  vais  rentre**

### Ⓓ Des opinions

⑥

*Lis le point de vue de ces élèves.*

**Luc**  Mon collège est très bien, très moderne, très bien équipé. Mais il y a un problème: il n'y a pas de piscine.

**André**  Je n'aime pas du tout l'histoire. Ce n'est pas intéressant et les cours sont trop difficiles.

**Sophie**  Au collège, je fais treize matières. Comme langues vivantes, je fais anglais et espagnol. J'adore les langues. Mon père va travailler en Allemagne l'année prochaine et maintenant, je veux apprendre l'allemand.

**Pierre**  Les terrains de sport sont petits, les labos sont vieux et il n'y a pas d'ordinateurs.

**Léa**  Mon ami anglais ne va pas au collège le samedi. Pourquoi? Parce que le collège est fermé! Je sais que chez nous, on n'a pas cours le mercredi après-midi, mais je préfère le système anglais.

**Bruno**  Les profs me donnent trop de devoirs. Je travaille toute la journée au collège. Pourquoi travailler à la maison?

**Emma**  J'ai changé d'école cette année et mon nouveau collège est plus moderne, mais la pause-déjeuner est plus courte. À midi, je rentre à la maison pour manger. Je mange vite, mais je n'ai pas assez de temps.

*Écris le bon nom.*

**1** Qui parle d'une matière qu'il déteste? **Ex.** ..*André*....
**2** Qui dit que la pause-déjeuner est trop courte? ............
**3** Qui veut apprendre une langue différente? ...........
**4** Qui dit que son collège n'est pas bien équipé? .........
**5** Qui veut se reposer le soir? ...................................
**6** Qui ne veut pas aller au collège six jours par semaine? ...........................................
**7** Qui veut avoir une piscine au collège? ...................................

**TOTAL**

⑥  ㉕

Tricolore Total 2 © Honnor, Mascie-Taylor, Spencer, Nelson Thornes 2009

## Épreuve: **Écrire et Grammaire**

### Ⓐ Mes matières

*Complète les phrases.*

**1** 2 + 2 = 4. C'est le cours de **Ex.** ..*maths*.

**2** Comme langue vivante, j'apprends le

.................................................................

**3** Ma matière préférée est

.................................................................

**4** J'aime aussi ...............................................

**5** J'apprends aussi ............................... et

**6** ................................................ et

**7** .....................................................................

**8** Je fais du sport dans le cours d'

.................................................................

**9** Ma science préférée est

.................................................................

( 8 )

### Ⓑ Les activités

*Pour chaque phrase, copie la bonne forme du verbe.*

**1** Je **Ex.** ..*dis*.. «Bonjour» à mon professeur.
(dis / dit / dites)

**2** Il ............................ des magazines tous les
jours. (lis / lit / lisons)

**3** Nous ........................ des e-mails le soir.
(écrivons / écrivez / écrivent)

**4** Vous ........................ le car à huit
heures? (prends / prend / prenez)

**5** Ils ........................ le français depuis un
an. (apprenons / apprenez / apprennent)

**6** Elles ........................ le français.
(comprenons / comprenez / comprennent)

**7** Je .............. ........................ à sept
heures. (me lève / te lèves / se lève)

**8** Vous .............. ........................ à quelle
heure? (me couche / se couche / vous couchez)

**9** Tu ........................ manger?
(veux / veut / voulez)

( 8 )

### Ⓒ Le matin

*Write 6 sentences in French about what you do before
school.*
**Mention:**
* **getting up; getting washed; what you wear.**
  **Exemple:** *Je me lève à ...*

*Then mention:*
* **having breakfast; going to school; how you get there.**
  **Exemple:** *Pour mon petit déjeuner, je prends ...*

.................................................................................
.................................................................................
.................................................................................
.................................................................................
.................................................................................
.................................................................................
.................................................................................
.................................................................................
.................................................................................
.................................................................................
.................................................................................
.................................................................................
.................................................................................
.................................................................................
.................................................................................
.................................................................................
.................................................................................
.................................................................................
.................................................................................
.................................................................................
.................................................................................
.................................................................................
.................................................................................
.................................................................................
.................................................................................
.................................................................................
.................................................................................

( 9 )

**TOTAL**

( 25 )

# La famille et les amis

## ❶ Complète les listes

**Masculin**

Ex. ....*le grand-père*...... grandfather

.................................. father

le mari ..................................

.................................. uncle

le fils ..................................

le frère (aîné) ..................................

le beau-frère ..................................

le demi-frère ..................................

le cousin ..................................

le bébé ..................................

.................................. friend

un copain ..................................

un camarade ..................................

**Pluriel**

les grands-parents ..................................

.................................. parents

.................................. children

les jumeaux ..................................

les jumelles ..................................

**Féminin**

la grand-mère ..................................

.................................. mother

la femme ..................................

la tante ..................................

.................................. daughter

.................................. (older) sister

.................................. sister-in-law, stepsister

la demi-sœur half-sister

.................................. cousin

une amie ..................................

une copine ..................................

une camarade ..................................

## ❷ Qui est-ce?

**1** Le père de mon père est mon
..................................

**2** La sœur de ma mère est ma
..................................

**3** Le frère de ma mère est mon
..................................

**4** La fille de ma tante est ma
..................................

**5** Le fils unique de mes grands-parents est mon
..................................

**6** La fille de mes parents est ma
..................................

**Stratégies**

The word *né* is the French for 'born'. In the birth announcements and the questions it is spelt in different ways: *né, née, nés, nées*. Why do you think this is?

## ❸ Naissances

Je m'appelle Lucie.
Je suis née le 3 janvier.
Je pèse 3,4 kg.
Mes parents sont très heureux.

Nous sommes fiers et heureux de vous faire part de la naissance de notre premier fils Kévin, né le 23 janvier.
Jacqueline et Adrien Dupont

Luc, le fils de M. et Mme Marc Robert, est fier d'annoncer l'arrivée de sa sœur. Elle s'appelle Nicole et elle est arrivée le 13 janvier.

*Lis les annonces et réponds aux questions.*

**1** Combien de garçons sont nés? ..........................

**2** Combien de filles sont nées? ..........................

**3** Le treize janvier, c'est l'anniversaire de qui?
..........................

**4** C'est quand, l'anniversaire des autres bébés?
.........................., ..........................

**5** Est-ce que Nicole est enfant unique?
..........................

**6** Est-ce que Kévin a des frères? ..........................

Tricolore Total 2 © Honnor, Mascie-Taylor, Spencer, Nelson Thornes 2009

# Chez la famille de Nicole

## ❶ Où sont les questions?

*Copie la bonne question dans le texte, puis écoute la conversation pour vérifier.*

### Des questions

**a** À quelle heure est-ce que tu te couches d'habitude, Julie?

**b** Est-ce que je peux charger mon portable?

**c** Et où sont les toilettes et la salle de bains?

**d** Quand est-ce qu'on se lève ici normalement?

**e** Est-ce que tu as une serviette?

**f** Alors, où est-ce que je peux mettre mes vêtements?

## ❷ À la maison

*Trouve:*

- 5 pièces de la maison.............................................
  ....................................................................................

- 4 meubles................................................................
  ....................................................................................

- 3 membres de la famille........................................
  ....................................................................................

- 2 appareils électriques...........................................
  ....................................................................................

- 1 chose qu'on trouve dans la salle de bains .............
  ....................................................................................

> une grand-mère    une chaise
> la cuisine    un téléphone portable
> une chambre    un oncle
> la salle à manger    un lit
> le salon un ordinateur
> une tante    une salle de bains
> une armoire    une serviette    une table

---

**Julie passe des vacances chez la famille Lebois.**

**Nicole:** Viens, Julie, je vais te montrer ta chambre.

**Julie:** Elle est jolie, la chambre.

**Ex.** *Alors, où est-ce que je peux mettre mes vêtements?*
........................................................

**Nicole:** Il y a de la place dans l'armoire. Oui, voilà.

**Julie:** D'accord. **1** .....................................................

**Nicole:** C'est juste en face.

**Julie:** Ah oui.

**Nicole: 2** ..........................................................................

**Julie:** Ah non.

**Nicole:** Il y a des serviettes dans ce placard.

**Julie:** Bon, merci.

**Nicole:** Ça va?

**Julie: 3** ............................................................................

**Nicole:** Oui, bien sûr. Tu peux le brancher dans ta chambre.

### Après le dîner

**Nicole: 4** ..........................................................................

**Julie:** Ça dépend. D'habitude, je me couche vers dix heures, mais ce soir, je suis très fatiguée, alors je vais me coucher très tôt.

**Nicole:** Bonne idée!

**Julie: 5** ............................................................................

**Nicole:** Mes parents se lèvent assez tôt, vers sept heures, mais pendant les vacances, je me lève assez tard, vers neuf heures et demie, dix heures.

## ❸ Un acrostiche

*Écris le mot français.*

**1** towel
**2** suitcase
**3** wardrobe
**4** bed
**5** clothes
**6** luggage

# À la maison

## ❶ Au travail!

*Trouve les paires.*
**Exemple: 1b** («Je lave la voiture.»)

**a** «Tu ranges ta chambre?»
**b** «Je lave la voiture.»
**c** Elles promènent le chien.
**d** Ils travaillent dans le jardin.
**e** «Nous faisons les courses.»
**f** Elle passe l'aspirateur.
**g** «Vous faites la cuisine?»
**h** Il fait la vaisselle.

## ❷ Inventez des conversations

*Travaillez à deux. Lisez la conversation, puis inventez d'autres conversations. Utilisez les mots des cases.*

- Est-ce que tu aides à la maison?
- (**A**) Non, pas beaucoup.
- Est-ce que (**B**) tu fais la vaisselle?
- (**C**) Non, je déteste ça.
- Tu fais autre chose?
- Oui, quelquefois (**D**) je travaille dans le jardin.

| A |
|---|
| Oui, beaucoup. |
| Oui, un peu. |
| Oui, quelquefois … |
| Non, pas beaucoup. |

| B | C | D |
|---|---|---|
| tu fais la vaisselle | Non, je n'aime pas ça. | je fais la vaisselle |
| tu fais les courses | Non, je déteste ça. | je fais les courses |
| tu fais la cuisine | Non, c'est ennuyeux. | je fais la cuisine |
| tu travailles dans le jardin | Oui, ça va. | je travaille dans le jardin |
| tu ranges ta chambre | Oui, j'aime ça. | je range ma chambre |
| tu passes l'aspirateur | Oui, j'adore ça. | je passe l'aspirateur |
| tu laves la voiture | Oui, c'est amusant. | je lave la voiture |

# Une lettre

## ① Complète la lettre

*Remplis les blancs avec les mots de la case.*

```
jour  vacances
ton  repas
football  minuit
matin  poulet
```

La Rochelle, le 20 février

Cher Thomas,

Comment ça va? Est-ce que 1 Ex. ........ton............ ami canadien est chez toi maintenant?

Moi, j'ai passé de très bonnes 2 .............................. à la montagne. J'ai aimé le ski, mais il a neigé tous les jours.

Le dernier 3 .............................. des vacances, nous avons organisé une petite fête. Les garçons ont préparé un bon 4 .............................. pour tout le monde. Pour commencer, nous avons mangé du melon, puis du 5 .............................. et des frites. Comme dessert, nous avons mangé des glaces. Après le repas, on a écouté de la musique jusqu'à 6 ..............................! Puis, le lendemain, nous avons commencé le voyage du retour à sept heures du 7 ..............................

Et toi? Est-ce que tu as joué au 8 .............................. avec ton ami? Dans ta prochaine lettre, raconte-moi tout ce que tu as fait.

Amitiés,

Philippe

## ② Un résumé

*Relis la lettre et <u>souligne</u> les erreurs dans ce résumé.*
*Écris les mots corrects.*

1  Philippe a passé de bonnes vacances **Ex.** <u>au bord de la mer</u>. .....*à la montagne*........

2  Il a aimé la voile. ....................................

3  Le dernier jour, les filles ont préparé le repas. ....................................

4  Pour commencer, ils ont mangé du pâté, puis du poulet et des frites. ....................................

5  Comme dessert, ils ont mangé des fruits. ....................................

6  Après le repas, ils ont joué aux cartes. ....................................

7  Ils ont commencé le voyage du retour à six heures du matin. ....................................

## ③ Les verbes au passé composé

*Il y a dix verbes au passé composé dans la lettre.*
*<u>Souligne</u> les verbes de la lettre qui sont au passé composé.*

# Des activités

| | | | |
|---|---|---|---|
| ① | | ② | |
| ③ | | ④ | |
| ⑤ | | ⑥ | |
| ⑦ | | ⑧ | |
| ⑨ | | ⑩ | |
| ⑪ | | ⑫ | |

Tricolore Total 2 © Honnor, Mascie-Taylor, Spencer, Nelson Thornes 2009

# Des souvenirs et des cadeaux

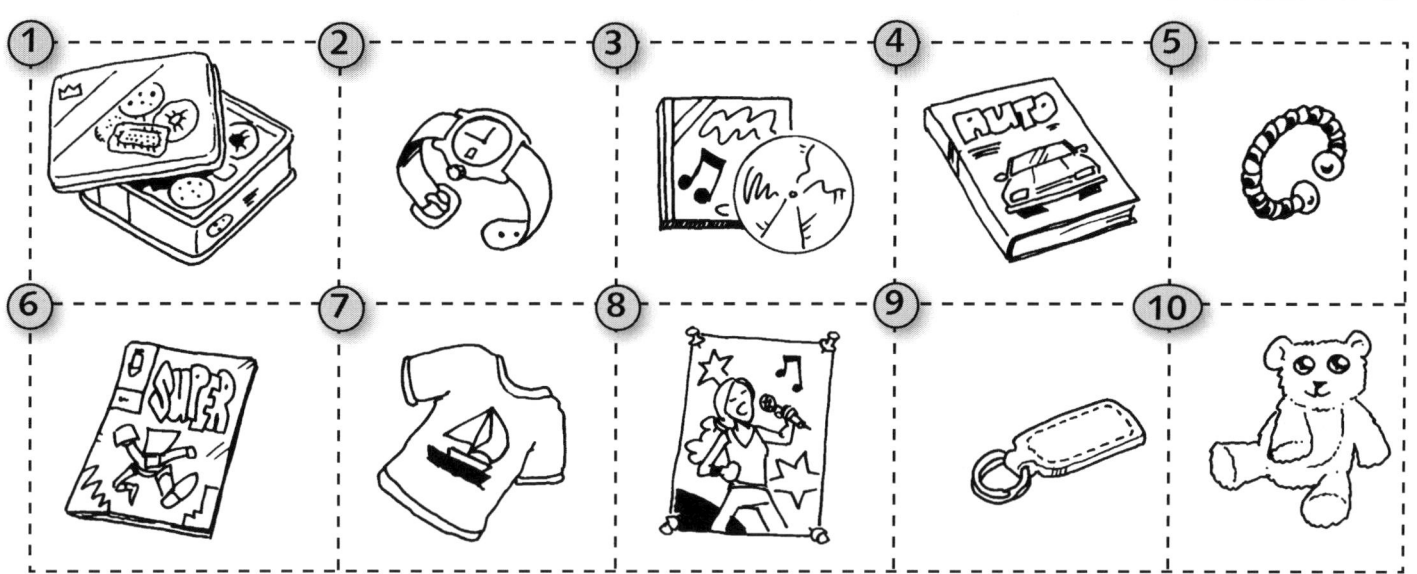

## ❶ Idées cadeaux

*Écris les bons mots pour chaque image.*
**Exemple: 1c** (une boîte de petits gâteaux)

**a**  une affiche
**b**  une bande dessinée (BD)
**c**  une boîte de petits gâteaux
**d**  un CD
**e**  un bracelet
**f**  un livre sur les voitures
**g**  une peluche
**h**  un porte-clés
**i**  un t-shirt
**j**  une montre

## ❷ Des cadeaux

*Travaillez à deux. Lisez la conversation, puis changez les mots <u>soulignés</u> et changez de rôle.*

– Je cherche un cadeau pour <u>ma mère</u>.
– Nous avons <u>cette boîte de petits gâteaux</u> ou bien <u>ce livre</u>.
– Je voudrais <u>le livre</u>, s'il vous plaît.

## ❸ Qu'est-ce qu'ils ont oublié?

1 bracelet (pour Lucie)
1 BD (pour Henri)
1 montre (pour oncle Julien)
1 affiche (pour tante Mathilde)

un dictionnaire
une règle
une gomme
un cahier

**A  Laura et Marion achètent des cadeaux.**
*   *Qu'est-ce qu'elles ont acheté?*
*   *Qu'est-ce qu'elles ont oublié?*

**B  Marc achète des choses pour la rentrée.**
*   *Qu'est-ce qu'il a acheté?*
*   *Qu'est-ce qu'il a oublié?*

# ce, cet, cette, ces

## ❶ Le jeu des définitions

**A** *Complète les phrases avec: ce/cet/cette/ces.*

**1 Ex.** ...*Cet*.... animal est souvent noir, gris ou blanc.
C............ animal est très populaire comme animal
domestique, mais ce n'est pas un chien.

**2** C............ personne travaille dans un collège ou un
lycée. C............ homme ou c............ femme aide
les élèves à apprendre.

**3** On trouve c............ machine dans tous les collèges
et dans beaucoup de maisons. C............ appareil est
très utile pour travailler, pour s'informer et pour
s'amuser.

**4** En été, on mange ............ fruit jaune et rose qui est
cultivé dans le sud de la France. Le nom de ............
fruit commence par un p.

**5** ............ légumes sont longs et oranges. Les lapins
aiment beaucoup ............ légumes.

**B** *Lis les phrases et devine les réponses.*

**1 Ex.** *un chat*............    **4** ...............................

**2** ...............................    **5** ...............................

**3** ...............................

> ### Pour t'aider
> **ce** (masc.): ce garçon
> **cet** (masc. before a vowel): cet enfant
> **cette** (fem.): cette fille
> **ces** (plural): ces personnes

## ❷ Qui parle?

*Voici six jeunes en vacances.*

> Sophie envoie toujours beaucoup de cartes postales.
>
> Jean-Marc adore les chaussettes avec des animaux
> dessus.
>
> Christophe n'aime pas les vêtements de couleur très
> foncée.
>
> Olivier cherche une ceinture pour son jean.
>
> Anne-Marie cherche un t-shirt amusant pour son petit
> frère.
>
> Richard va acheter des chaussures, mais il n'aime pas
> prendre de décisions.

**A** *Remplis les blancs.*

**B** *Décide qui parle.*

**①** Je prends **Ex.** ....*ces*.... chaussettes.

**Ex.** .*C'est Jean-Marc.*...............................

**②** Ah, voilà. Je prends c............ t-shirt
pour Joël.

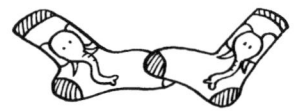

**③** C............ cartes postales, s'il vous plaît.

...................................................

**④** C............ anorak, vous l'avez en plus clair?

...................................................

**⑤** C............ ceinture n'est pas mal.
Je vais la prendre.

...................................................

**⑥** Je ne sais pas si je vais acheter c............
baskets ou c............ sandales.

...................................................

# Une journée difficile

*Écoute l'histoire et regarde les images.*

## Le matin

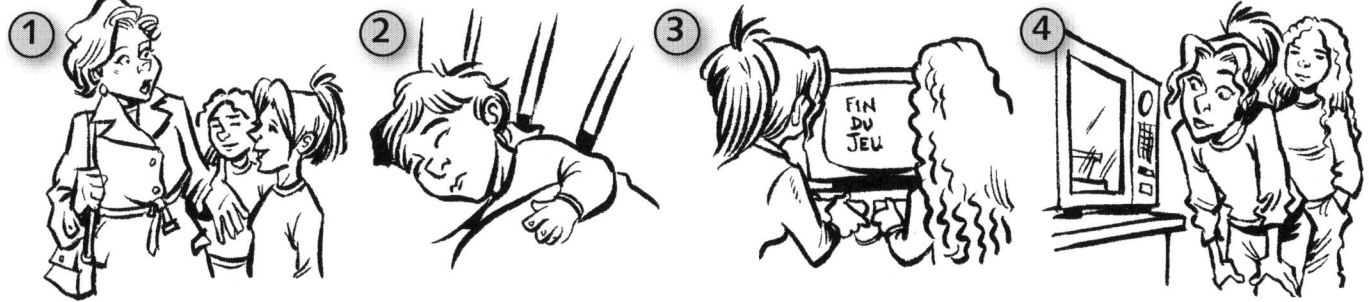

## Le déjeuner

## L'après-midi

**A  Le matin**
*Trouve le bon texte pour les images 1–4.*

**a**  Sophie et Mélanie ont joué sur l'ordinateur. Après une heure, elles ont fini leur jeu. ☐

**b**  Puis elles ont réussi à préparer le déjeuner dans le four à micro-ondes. ☐

**c**  Le matin, elles ont trouvé ça facile. Robert a dormi jusqu'à midi. ☐

**d**  Samedi dernier, tante Marie a demandé à Sophie et à Mélanie de garder son fils, Robert, pour la journée. ☐

**B  Le déjeuner**
*Complète le texte pour les images 5–8 avec les mots de la case.*

> **rempli    continué**
> **refusé    manger**

**e**  Robert a refusé de .......... Puis, il a perdu sa petite voiture et il a pleuré.

**f**  Sophie a rendu la voiture à Robert, mais il a ............ à pleurer.

**g**  Mélanie a ................... une bouteille avec du lait.

**h**  Mais Robert a ................ de boire.

**C  L'après-midi**
*Trouve le bon texte pour les images 9–12.*

**i**  Les deux filles ont attendu leur tante avec impatience. ☐

**j**  Sophie a téléphoné à tante Marie sur son téléphone portable, mais elle n'a pas répondu. ☐

**k**  Robert a cessé de pleurer et il a commencé à rire. ☐

**l**  Soudain, Robert a entendu un bruit: le chat du voisin a sauté par la fenêtre. ☐

# Des verbes au passé composé

## A Regular -er verbs
*Complète les phrases.*

J'........................ joué au football.

Tu as ........................ au golf?

Il a l........................ la voiture.

Nous avons d...........................

Vous ........................ travaillé sur l'ordinateur?

Ils ont ........................ un film.

## B Regular -ir verbs
*Complète les phrases.*

J'ai rem........................ le verre.

Tu as ch........................?

Il ........................... rougi.

Nous ........................... réussi.

Vous avez f...........................?

Ils ............ pâli.

> *pâlir* = to go pale

## C Regular -re verbs
*Complète les phrases.*

J'.................... rendu les livres.

Tu ............ rép........................ à mon e-mail?

Elle a per................ un bouton.

Nous avons v........................... beaucoup de glaces.

Vous ........................... entendu quelque chose?

Elles .................................. attendu une heure au cinéma.

# Des mots croisés

## ❶ Des verbes au passé composé (-er)

## ❷ Des verbes au passé composé (-ir, -re)

### Horizontalement

**1** Nous avons ... le film hier. (regarder)

**4** Tu ... visité la ville hier matin?

**7** Et toi, ... as chanté au concert?

**8** On a ... le concert à la radio. (écouter)

**9** ... mère de Nicole a parlé au prof.

**10** Mon père est sympa, ... a acheté des billets pour le grand match.

**12** ... avez préparé un pique-nique?

**14** J'ai ... à la cuisine. (aider)

**16** Ils ont ... le week-end chez l'oncle de Thomas. (passer)

### Verticalement

**1** Ma sœur a ... sa chambre. (ranger)

**2** Ils ont ... le match. (gagner)

**3** Qu'est-ce que tu ... mangé au restaurant?

**5** Vous avez ... au basket, hier? (jouer)

**6** Mon père a ... dans le jardin. (travailler)

**7** Ma cousine a ... son téléphone portable au café. (trouver)

**11** Hier, nous avons ... la voiture. (laver)

**13** J'ai trouvé sa montre ... la table. (*under*)

**15** Elle a acheté ... légumes au marché.

### Horizontalement

**2** Elle a ... la bouteille avec d'eau. (remplir)

**5** Les garçons ... perdu leur ballon au parc.

**6** Mon oncle a ... sa voiture. (vendre)

**7** Comme cadeau, nous avons choisi ... chocolats.

**10** J'ai répondu à ... e-mail de mon correspondant.

**11** ... as choisi ton gâteau?

**12** Nous avons ... à finir les mots croisés. (réussir)

**14** ... n'ai pas entendu le téléphone.

**15** Mon frère a fini toute ... boîte de petits gâteaux!

**17** Ils ont ... des souvenirs. (choisir)

**19** Nous avons répondu ... messages de nos amis.

### Verticalement

**1** Nous avons ... le train de dix heures. (attendre)

**2** Tu m'as ... le CD. Le voici. (rendre)

**3** Ma cousine a ... son portable. (perdre)

**4** ... a rougi quand il a entendu la question.

**8** Tu as ... sa nouvelle chanson? (entendre)

**9** À Paris, on a attendu le train à la ... du Nord.

**13** ... n'ont pas répondu à ma lettre.

**16** J'... fini mes devoirs.

**17** Vous avez fini ... livre sur la Normandie?

**18** ... a attendu longtemps devant le cinéma.

# Tu comprends?

## ❶ Aurélie arrive en France

*Écoute la conversation et note la bonne réponse.*

**1** Aurélie est de quelle nationalité?

   **a** française ☐   **b** anglais ☐   **c** canadienne **Ex.** ☑

**2** Elle habite où? ......................................................

**3** Dans sa famille, il y a …

**4** Comme animaux, il y a …

**5** Elle va passer combien de temps en France?

   **a** 7 jours      **b** 10 jours      **c** 15 jours

## ❷ Hier matin

*Écoute les phrases et trouve le dessin qui correspond.*

**1 Ex.** ..d..... , **2** ......... , **3** ......... , **4** ......... , **5** ......... ,

**6** ......... , **7** ......... , **8** .........

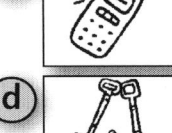

## ❸ Un écrivain anglais

*Écoute et complète le texte.*

Dick King-Smith **1 Ex.** ...habite..... dans une ferme. Il **2** ................. fermier et il **3** ................. aussi écrivain. Il **4** .................
beaucoup les animaux, surtout les cochons.

   Il **5** ......... ..................................... dans une école primaire pendant sept ans.

   Il **6** ......... ................................................. à écrire des livres à l'âge de 54 ans. En 1984, il **7** ......... .................
   un prix pour le livre «Le Cochon devenu berger» (*The Sheep-Pig*).

Dans cette histoire, un cochon **8** ..................................... à garder les moutons. On **9** ................. .....................................
un film de cette histoire. Le film **10** ................................. «Babe». Moi, j'**11** ......... bien **12** ................................. ce film.

## ❹ Des cadeaux

*Écoute la conversation et indique quel cadeau correspond à chaque personne.*
*Si possible, indique pourquoi ou donne un autre détail.*

         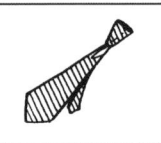    

| | | |
|---|---|---|
| **1** mon grand-père | **Ex.** *c* | *il aime les cravates* |
| **2** ma grand-mère | | |
| **3** mon oncle | | |
| **4** ma tante | | |
| **5** Jonathan | | |
| **6** Nathalie | | |
| **7** ma sœur | | |
| **8** moi | | |

Tricolore Total 2 © Honnor, Mascie-Taylor, Spencer, Nelson Thornes 2009

# Sommaire

## Now I can ...

### ■ introduce people

| | |
|---|---|
| Je te présente ... | May I introduce ... |
| Et voici mes deux sœurs. | These are my two sisters. |

### ■ talk about families (see also Vocabulaire par thèmes, page 149)

| | |
|---|---|
| beau-père (m) | stepfather, father-in-law |
| bébé (m) | baby |
| belle-mère (f) | stepmother, mother-in-law |
| cousin (m), cousine (f) | cousin |
| (demi-)frère (m) | (half-/step)brother |
| (demi-)sœur (f) | (half-/step)sister |
| enfant (m/f) | child |
| fille (f) | daughter, girl |
| fils (m) | son |
| grand-mère (f) | grandmother |
| grand-père (m) | grandfather |
| jumeau(x) (m) | boy twin(s) |
| jumelle (f) | girl twin |
| oncle (m) | uncle |
| parent (m) | parent, relative |
| tante (f) | aunt |

### ■ understand and answer questions when staying with a French family

| | |
|---|---|
| On peut te tutoyer? | Can we call you 'tu'? |
| Tu as beaucoup de bagages? | Do you have much luggage? |
| C'est ton premier séjour en France? | Is it your first stay in France? |
| Tu as fait bon voyage? | Did you have a good journey? |
| Est-ce que je peux charger mon portable? | Can I charge my mobile? |
| Tu peux le brancher dans ta chambre. | You can plug it in in your room. |
| Où est-ce que je peux mettre mes vêtements? | Where can I put my clothes? |
| Il y a de la place dans l'armoire. | There's some room in the wardrobe. |
| Quand est-ce qu'on se lève ici normalement? | When do people normally get up here? |
| Normalement, on se lève vers 7h30. | We usually get up around 7.30. |
| Où sont les toilettes et la salle de bains? | Where's the toilet and the bathroom? |
| Est-ce que tu as une serviette? | Do you have a towel? |
| À quelle heure est-ce que tu te couches d'habitude? | When do you normally go to bed? |

### ■ talk about helping at home

| | |
|---|---|
| faire la cuisine | to cook |
| faire la vaisselle | to wash up |
| faire les courses | to do the shopping |
| laver la voiture | to wash the car |
| passer l'aspirateur | to do the hoovering |
| promener le chien | to walk the dog |
| ranger la chambre | to tidy the bedroom |
| travailler dans le jardin | to work in the garden |

### ■ talk about what you have done recently

| | |
|---|---|
| Qu'est-ce que tu as fait ce matin? | What did you do this morning? |
| Ce matin, j'ai visité la ville. | This morning I visited the town. |

### ■ talk about presents and souvenirs (see also page 61)

| | |
|---|---|
| Nicole a acheté ce livre. | Nicole bought this book. |
| Luc a choisi cet appareil pour son anniversaire. | Luke chose this camera for his birthday. |
| J'ai choisi cette carte pour Thomas. | I chose this card for Thomas. |
| Daniel a acheté ces fleurs pour Mme Martin. | Daniel bought these flowers for Mme Martin. |

### ■ say goodbye and thank you

| | |
|---|---|
| Au revoir. | Goodbye. |
| Merci pour tout. | Thank you for everything. |
| J'ai passé des vacances merveilleuses. | I've had a great holiday. |
| Bon retour en France/ au Canada. | Have a good journey back to France/ Canada. |

### ■ use the perfect tense of regular verbs (with avoir)

| | -er | -ir | -re |
|---|---|---|---|
| e.g. | travailler | finir | perdre |
| | j'ai travaillé | j'ai fini | j'ai perdu |

(see also pages 60, 63, 64, 65)

### ■ use expressions of past time

| | |
|---|---|
| hier | yesterday |
| hier après-midi | yesterday afternoon |
| hier soir | last night |
| dimanche dernier | last Sunday |
| samedi matin | Saturday morning |
| la semaine dernière | last week |
| le week-end dernier | last weekend |

### ■ use ce, cet, cette, ces + noun (this ...) (see page 62)

 Unité 4

# Révision

## ❶ Des mots mêlés

*Dans la grille, trouve:*

- 4 sports

  .............................  .............................

- 4 lieux où on peut faire du sport

  .............................  .............................

- 4 instruments de musique

  .............................  .............................

  .............................  .............................

| E | B | S | K | I | Û | P | È | T | I | N |
|---|---|---|---|---|---|---|---|---|---|---|
| P | A | T | I | N | O | I | R | E | A | C |
| É | D | E | H | Y | T | S | T | A | D | E |
| G | M | D | M | O | A | C | G | D | F | B |
| U | I | E | N | P | Q | I | S | F | L | V |
| I | N | Ç | Û | R | T | N | D | H | Û | I |
| T | T | V | O | I | L | E | L | M | T | O |
| A | O | B | A | T | T | E | R | I | E | L |
| R | N | G | Y | M | N | A | S | E | A | O |
| E | É | Q | U | I | T | A | T | I | O | N |

## ❷ 5–4–3–2–1

une fête foraine
ennuyeux
la gymnastique
un feu d'artifice
facile
l'athlétisme
le dessin
le piano
la peinture
le VTT
la planche à voile
utile
un concert
intéressant
fatigant

*Dans la case, trouve:*

- 5 adjectifs

Ex. *fatigant* .............................

.............................

.............................

.............................

.............................

- 4 sports

.............................

.............................

.............................

.............................

- 3 distractions

.............................

.............................

.............................

- 2 activités artistiques (mais pas musicales)

.............................

.............................

- 1 instrument de musique

.............................

## ❸ Mots croisés (chez moi)

**Horizontalement**

1 J'achète des magazines au … dans ma rue.
6 Tu … un jardin chez toi?
7 Je vais souvent chez mes grands-parents – … habitent tout près.
9 La voiture et nos vélos sont dans le …
11 Le samedi soir, on dîne quelquefois au … en ville.
14 La … de bains est très moderne.
16 Il y a de bons films au … en ville.
17 Notre cuisine … assez grande.

**Verticalement**

1 Le soir, nous dînons dans la salle à …
2 Est-ce que tu … un animal à la maison?
3 C'est l'anniversaire de mon animal – il a un …
4 C'est un cochon d'…
5 … s'appelle Claude.
8 Le jeudi, je joue au basket au centre …
10 Je fais mes devoirs dans ma …
12 Nous avons un sofa très confortable dans le …
13 Il y a … jardin derrière la maison.

14 Pour mes affaires scolaires, j'ai un … à dos.
15 J'aime beaucoup … maison de mes grands-parents, elle est super!

Tricolore Total 2 © Honnor, Mascie-Taylor, Spencer, Nelson Thornes 2009

## Épreuve: Écouter

### Ⓐ Du travail

*Écoute et écris le bon chiffre dans la case.*

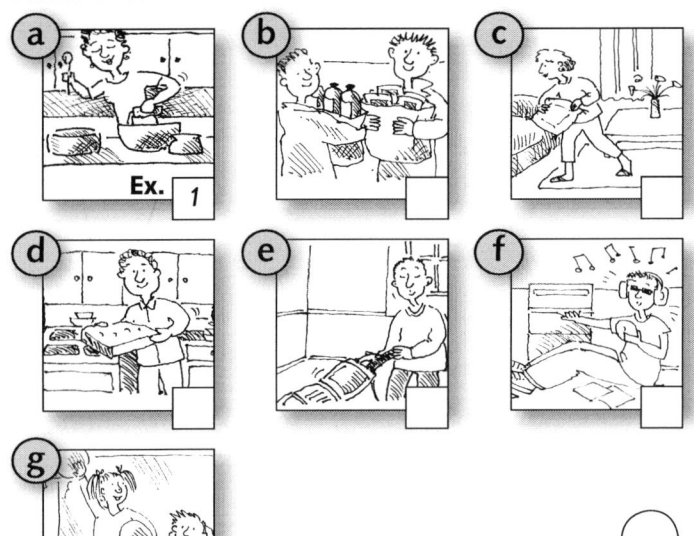

a Ex. **1**
b
c
d
e
f
g

**6**

### Ⓑ C'est qui?

*Ces jeunes arrivent en France. Peux-tu les identifier?*
*Écoute et écris le nom de la bonne personne.*

> **Bruno   Carole   Félix**
> **Marielle   Stefan   Véronique**

1
2

Ex. .......*Stefan*...........   ..........................

3
4

..........................   ..........................

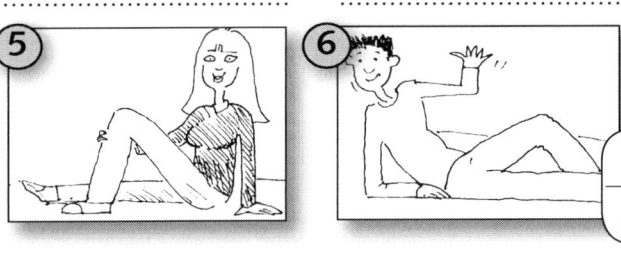

5
6

..........................   ..........................

**5**

### Ⓒ La journée de Julie

*Écoute et remplis les blancs avec les mots de la case.*

Hier, Julie a décidé d'aller **1 Ex.** ...*en ville*... Elle a acheté

**2** ............................. pour sa famille. Elle a

**3** ............................. un CD-ROM pour son frère et un

magazine pour sa **4** ............................. Puis elle à

visité la **5** ......................... En ville, elle a

**6** ............................. Thomas et ils ont

**7** ............................. dans un fast-food. Thomas a

invité Julie au cinéma.

> **des cadeaux   en ville   acheté   mère**
> **rencontré   mangé   bibliothèque**

**6**

### Ⓓ Les activités d'aujourd'hui et les activités d'hier

*Écoute et écris la bonne lettre.*

|                 | hier          | aujourd'hui    |
|-----------------|---------------|----------------|
| les jeux        | **1 Ex.** ..*c*.. | **2 Ex.** ..*a*.. |
| la nourriture   | **3** ............... | **4** ............... |
| les invitations | **5** ............... | **6** ............... |
| les passe-temps | **7** ............... | **8** ............... |
| au téléphone    | **9** ............... | **10** ............... |

a
b
c
d
e
f
g
h
i
j

**8**

**TOTAL**

**25**

# Épreuve: **Parler**

 **A** Choisis un jeu de rôle: 1 ou 2. Prépare le jeu de rôle avec un(e) partenaire, puis travaille avec ton prof.

**1** Your French friend has just arrived. Your partner starts.

**2** Your French friend has just arrived. You start.

Salut!

Ask if he/she had a good journey. (Est-ce que vous avez fait …?)

Très fatigant, mais ça va.

Ask if you can call him/her 'tu'. (Je peux vous …?)

Mais oui, bien sûr.

Ask if he/she has a lot of luggage. (Tu as beaucoup …?)

Une valise, c'est tout.

Ask if it is his/her first visit to England. (C'est ta première visite …?)

Oui, c'est ça.

**12**

Introduce him/ her to your brother Mark.

Bonjour, Mark.

Say he/she can put his/her clothes in the wardrobe.

Merci. Je vais faire ça plus tard.

Ask what time he/she goes to bed normally.

Vers dix heures.

Ask if he/she has a towel.

Oui, bien sûr.

**12**

 **B** Maintenant, prépare une conversation avec un(e) partenaire. Ensuite, travaille avec ton prof.

Qu'est-ce que tu as fait vendredi soir?

Vendredi …

Et samedi matin?

Samedi matin …

Et samedi après-midi?

Samedi après-midi …

Et dimanche?

Dimanche …

### Pour t'aider

J'ai     mangé …
         travaillé …
         regardé …
         visité …
         joué …
         écouté …
         téléphoné à …

*Bonus (1 point)*

*Ajoute une cinquième phrase au passé composé.*   **13**

**TOTAL**

**25**

    Tricolore Total 2 © Honnor, Mascie-Taylor, Spencer, Nelson Thornes 2009

## Épreuve: **Lire**

### **A** Jean achète des cadeaux

*Écris la bonne lettre.*

1 des bonbons **Ex.** ...d...
2 un CD .......
3 une montre .......
4 une bande dessinée .......
5 une boîte de petits gâteaux .......
6 une affiche .......
7 un bracelet .......

6

### **C** Un e-mail

*Read this email. Émilie is spending two weeks in a guest house with her friend Anne. She is not happy. She emails home.*

```
Bonjour!
Je ne suis pas heureuse ici.
Il n'y a pas d'eau chaude.
L'appartement n'est pas moderne.
Je n'ai pas ma propre chambre. Je partage
avec Anne et je n'aime pas ça.
Il n'y a pas de place dans l'armoire.
On n'a pas Internet. J'envoie cet e-mail
d'un café.
Je n'aime pas beaucoup la cuisine du
pays, mais les gâteaux sont bons.
En plus, le chien est méchant.
À bientôt
Émilie
```

*In English, list the 7 reasons why Émilie is not happy.*

1 **Ex.** *There is no hot water.*
2 ................................................................
3 ................................................................
4 ................................................................
5 ................................................................
6 ................................................................
7 ................................................................

6

### **B** L'arrivée en France

*Trouve les paires.*

1 **Ex.** ..*f*.., 2 ......, 3 ......, 4 ......, 5 ......, 6 ......, 7 ......

1 On peut te tutoyer?
2 Tu as fait bon voyage?
3 Tu as déjà visité la France?
4 Tu as beaucoup de bagages?
5 Tu te couches à quelle heure normalement?
6 Tu as bien dormi?
7 Tu as assez mangé?

a Je vais au lit à dix heures.
b Oui, j'ai visité Paris l'année dernière.
c Oui, c'était délicieux.
d Oui, merci, j'ai très bien dormi.
e J'ai une valise.
f Oui, bien sûr, vous pouvez me tutoyer.
g Oui. J'aime voyager en bateau.

6

### **D** Le message d'Annette

```
Cher Pierre,
Merci pour tout. J'ai passé deux semaines
  formidables en France.
J'ai surtout aimé la visite de la cathédrale.
  Mon frère a bien aimé son cadeau. Il adore
  lire les histoires d'Astérix.
Je n'ai pas du tout fait bon voyage. J'ai
  attendu le train pendant cinq heures à Paris.
  Heureusement, j'ai dormi pendant le voyage.
Bon, je vais faire mes devoirs maintenant.
L'année prochaine, tu vas venir en Angleterre?
À bientôt,
Annette
```

*Lis le message et les questions. Écris la bonne lettre.*

1 **Ex.** ..*b*.., 2 ......, 3 ......, 4 ......, 5 ......, 6 ......, 7 ......

1 Les vacances d'Annette ont duré ...
  **a** 7 jours.   **b** 14 jours.   **c** 21 jours.
2 Annette a passé ses vacances où?
  **a** en Amérique   **b** en Afrique   **c** en Europe
3 Qu'est-ce qu'elle a surtout aimé?
  **a** une excursion   **b** le temps   **c** les cadeaux
4 Qu'est-ce que son frère a reçu comme cadeau de la part d'Annette?
  **a** une montre   **b** une bande dessinée
  **c** un repas
5 Annette n'a pas fait très bon voyage. Pourquoi?
  **a** des problèmes de transport   **b** le temps
  **c** les autres passagers
6 Pendant le voyage, Annette a ...
  **a** mangé.   **b** dormi.   **c** écouté de la musique.
7 Maintenant, Annette va ...
  **a** dormir.   **b** travailler.
  **c** aller en France.
8 Annette invite Pierre ...
  **a** à un restaurant.   **b** à visiter Bruxelles.
  **c** en Angleterre.

**TOTAL**

7   25

# Épreuve: Écrire et Grammaire

## A Des cadeaux

*Remplis les blancs avec le nom d'un cadeau.*

1 J'ai acheté un **Ex.** ....*CD-ROM*.......... pour mon frère.

2 J'ai acheté .................................. pour ma sœur.

3 J'ai acheté .................................. pour mon père.

4 J'ai acheté .................................. pour ma mère.

5 J'ai acheté .................................. pour mon ami.

[4]

## C Chez toi

*Write 6 sentences in French about your home life.*
*Mention:*

* *the members of your family; a description of one*
  *member of the family; pet(s).*
  **Exemple:** *j'ai un frére.*

*Then mention:*

* *some things you do to help at home; whether you like*
  *doing them or not; some things which are done by*
  *someone else in the family.*
  **Exemple:** *Moi, je range ma chambre.*

.......................................................................
.......................................................................
.......................................................................
.......................................................................
.......................................................................
.......................................................................
.......................................................................
.......................................................................
.......................................................................
.......................................................................
.......................................................................
.......................................................................
.......................................................................
.......................................................................
.......................................................................
.......................................................................
.......................................................................

[8]

## B Une visite chez mon correspondant

*Complète les phrases avec le participe passé du verbe donné.*

1 J'ai **Ex.** ....*cherché*...... un cadeau pour mon ami.
(chercher)

2 Il a ............................. le film amusant. (trouver)

3 Nous avons ............................. la pizza. (finir)

4 Ils ont ............................. un très bon film.
(choisir)

5 Il a ............................. le car pendant
dix minutes. (attendre)

[4]

## D Raconte ta journée d'hier

*Write an account in French of what you did yesterday.*
*Write about 60 or 70 words. Use at least 6 perfect tenses.*
*You could mention what you visited, what you played,*
*what you watched, what you bought, what you ate, where*
*you worked etc.*
**Exemple:** *Hier, j'ai visité ...*

.......................................................................
.......................................................................
.......................................................................
.......................................................................
.......................................................................
.......................................................................
.......................................................................
.......................................................................
.......................................................................
.......................................................................
.......................................................................
.......................................................................
.......................................................................
.......................................................................
.......................................................................
.......................................................................

[9]

**TOTAL**

[25]

# Au café

| | |
|---|---|
| ①  | ②  |
| ③  | ④  |
| ⑤  | ⑥  |
| ⑦  | ⑧  |
| ⑨  | ⑩  |
| ⑪ 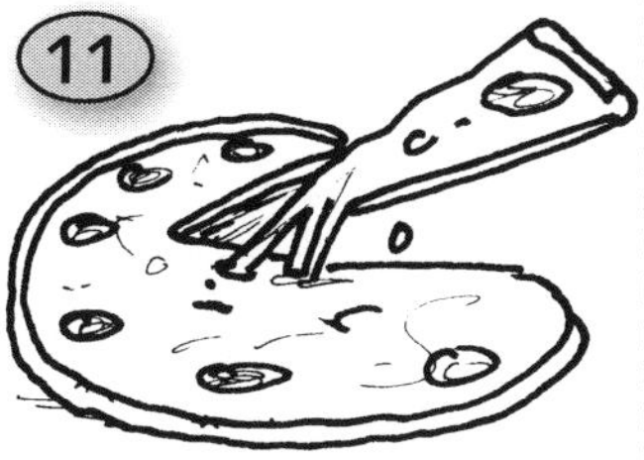 | ⑫  |

*Écris les bons mots pour chaque image.*

**Exemple: 1c** (un jus de pomme)

a  du coca
b  un citron pressé
c  un jus de pomme
d  un sandwich au fromage
e  un croque-monsieur
f  un Orangina

g  un thé au citron
h  un café crème
i  une crêpe
j  une pizza
k  une glace (à la vanille, à la fraise et au chocolat)
l  une menthe à l'eau

# On prend quelque chose?

## ❶ On achète une glace

*Travaillez à deux. Personne A est le/la client(e), personne B vend des glaces. Puis changez de rôle. C'est A qui commence.*

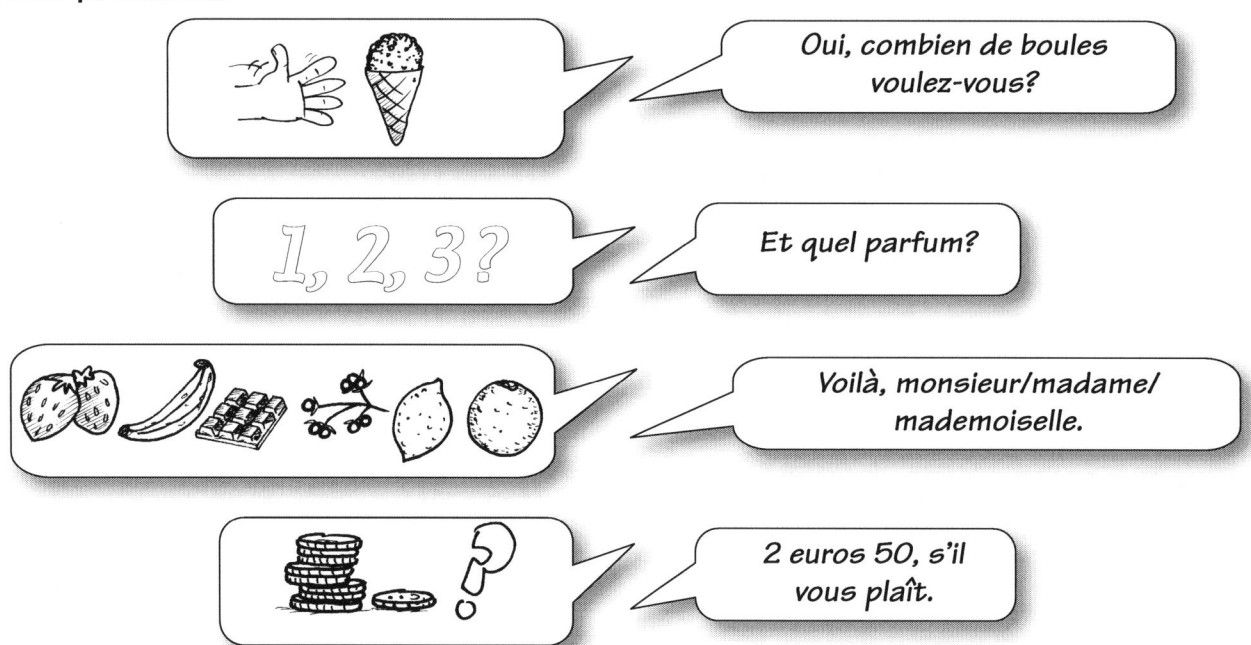

*Oui, combien de boules voulez-vous?*

*Et quel parfum?*

*Voilà, monsieur/madame/ mademoiselle.*

*2 euros 50, s'il vous plaît.*

## ❷ On prend un snack

*Travaillez à deux. Jetez un dé ou choisissez des nombres entre 1 et 6 pour inventer des conversations au café.*
**Exemple:**

**Le serveur/la serveuse:** Bonjour monsieur, bonjour madame. Vous désirez?
**Le (la) client(e):** Je voudrais (**A6**) un citron pressé, s'il vous plaît, et pour mon ami(e), (**A1**) un café crème.
**Le serveur/la serveuse:** C'est tout?
**Le (la) client(e):** Qu'est-ce que vous avez à manger?
**Le serveur/la serveuse:** Voilà le menu.
**Le (la) client(e):** Merci. Donnez-nous (**B6**) deux portions de frites, s'il vous plaît.
**Le serveur/la serveuse:** Alors, un citron pressé, un café crème et deux portions de frites. C'est ça?
**Le (la) client(e):** Euh … non, nous avons faim. Apportez-nous aussi (**B4**) deux crêpes.
**Le serveur/la serveuse:** Et deux crêpes aussi.
**Le (la) client(e):** Oui, c'est ça!

**Ⓐ**
**Des boissons (chaudes)**
**1** un (deux) café(s) crème
**2** un (deux) thé(s) au lait/au citron
**3** un (deux) chocolat(s) chaud(s)

**Des boissons (froides)**
**4** un (deux) Orangina(s)
**5** une (deux) menthe(s) à l'eau
**6** un (deux) citron(s) pressé(s)

**Ⓑ**
**Des casse-croûte**
**1** un (deux) croque-monsieur
**2** un (deux) sandwich(s) (au jambon/au fromage/au pâté)
**3** une (deux) pizza(s)
**4** une (deux) crêpe(s)
**5** un (deux) hot-dog(s)
**6** une (deux) portion(s) de frites

# Un repas en famille

## 1 Conversations au choix

*Travaillez à deux. Jetez un dé ou choisissez des nombres entre 1 et 6 pour inventer des conversations.*
**Exemple:**

Ⓐ
**Les boissons**
1  de l'eau
2  de la limonade
3  de l'eau minérale
4  du vin
5  du coca
6  du jus de fruit

Ⓑ
**Les entrées ou les hors-d'œuvre**
1  du potage aux tomates
2  des crevettes
3  du pâté
4  de la salade de thon
5  du jambon
6  du melon

Ⓒ
**Les plats principaux**
1  du poulet
2  du saumon
3  des saucisses
4  des spaghettis à la sauce tomate
5  de l'omelette aux champignons
6  de la pizza

Ⓓ
**Les légumes**
1  des haricots verts
2  des petits pois
3  des frites
4  des carottes
5  une salade verte
6  du chou-fleur

Ⓔ
**On accepte ... on refuse**
1  Oui, je veux bien.
2  Oui, un peu, s'il vous plaît.
3  Oui, j'adore ça.
4  Non merci.
5  Merci, mais j'ai assez mangé.
6  Non, je regrette, mais je n'aime pas beaucoup ça.

Ⓕ
**Les desserts**
1  une banane
2  de la crème caramel
3  de la pêche Melba
4  une tarte aux pommes
5  des raisins
6  de la mousse au chocolat

– Qu'est-ce que tu prends comme boisson?
– (**A1**) De l'eau, s'il vous plaît.
– Pour commencer, il y a (**B6**) du melon. Ça va?
– Oui, j'aime beaucoup ça.
– Et ensuite, il y a (**C4**) des spaghettis à la sauce tomate. Tu aimes ça?
– Oui, c'est très bon.
– OK. Et comme légumes, il y a (**D1**) des haricots verts. Sers-toi.
– Merci.
– Est-ce que tu veux du fromage?
– (**E1**) Oui, je veux bien.
– Et comme dessert, il y a (**F4**) de la tarte aux pommes.
– Merci, c'est délicieux.

## 2 Après chaque conversation

*Personne A répond à ces questions:*

**1** Qu'est-ce que tu as pris pour commencer?
**Exemple:**

> *Pour commencer, j'ai pris du pâté.*

**2** Qu'est-ce que tu as pris comme plat principal?
**Exemple:**

> *Comme plat principal, j'ai pris du poulet.*

**3** Qu'est-ce que tu as mangé comme légumes?
**4** Qu'est-ce que tu as choisi comme dessert?
**5** Qu'est-ce que tu as bu avec le repas?

*Personne B répond à ces questions:*

**1** Qu'est-ce qu'il (elle) a pris pour commencer?
**Exemple:**

> *Pour commencer, il (elle) a pris du pâté.*

**2** Qu'est-ce qu'il (elle) a pris comme plat principal?
**Exemple:**

> *Comme plat principal, il (elle) a pris du poulet.*

**3** Qu'est-ce qu'il (elle) a mangé comme légumes?
**4** Qu'est-ce qu'il (elle) a choisi comme dessert?
**5** Qu'est-ce qu'il (elle) a bu avec le repas?

# Des mots croisés

## Horizontalement

**1** Qu'est-ce que tu as …? (dire)

**5** Tu as … au concert hier soir? (être)

**6** Je n'ai pas … la question. (comprendre)

**8** Il a mis les assiettes … la table.

**9** J'ai vu l'enveloppe, mais je n'ai pas … que c'était pour moi. (croire)

**10** J'ai … un vieux film à la télé. (voir)

**12** Qu'est-ce que tu as … hier soir? (faire)

**14** Tu as mangé … ville aujourd'hui?

**15** J'ai … un verre de coca au café. (boire)

**18** J'ai eu une bonne …, on va au concert ce soir.

**20** Quand j'ai … l'enveloppe, j'étais très contente! (ouvrir)

## Verticalement

**1** Pendant les vacances, on a … un camping splendide. (découvrir)

**2** Il a … de bonnes photos avec son nouvel appareil-photo. (prendre)

**3** Elle a … son copain, il est très beau! (décrire)

**4** J'ai … beaucoup de choses pendant les vacances. (apprendre)

**7** Le prof m'a posé une question difficile et je n'ai pas … répondre. (savoir)

**11** Tu as vu ce cadeau? C'est … t-shirt bleu.

**12** Elle a mis un jus de … et un sandwich dans le sac.

**13** Qu'est-ce que Pierre a dit? … a dit «Au revoir».

**16** Tu as … ce livre? C'est excellent. (lire)

**17** Moi, … n'ai pas lu le livre.

**19** J'ai écrit à mon corres, mais je n'ai pas … de réponse. (avoir)

# Présent ou passé?

## ❶ En vacances

*Trouve les paires.*

**1 Ex.** ...*d*.., **2** ......, **3** ......, **4** ......, **5** ......, **6** ......, **7** ......, **8** ......, **9** ......, **10** ......

| | |
|---|---|
| **1** Avez-vous déjà passé des vacances ici? | **a** Oui, on fait souvent du camping en Bretagne. |
| **2** Est-ce que vous faites du camping normalement pendant les vacances? | **b** D'habitude, nous allons à la plage. |
| **3** Qu'est-ce que vous faites pendant la journée d'habitude? | **c** J'ai mangé chez Marie. |
| **4** Qu'est-ce que vous avez fait hier? | **d** Non, on n'a pas passé de vacances ici avant cet été. |
| **5** Qu'avez-vous vu? | **e** Ça dépend. Quelquefois, je vais en ville avec ma sœur. |
| **6** As-tu lu le livre, Daniel? | **f** Nous avons vu un vieux film «Les Trois Mousquetaires». |
| **7** Où est-ce que vous mangez le soir d'habitude? | **g** Nous mangeons quelquefois dans une pizzeria ou dans une crêperie. |
| **8** Où as-tu mangé hier soir, Hélène? | **h** Hier, nous avons passé la matinée à la plage et l'après-midi au cinéma. |
| **9** Où vas-tu le soir, après le dîner? | **i** Oui, je l'ai lu deux ou trois fois! |
| **10** Ce soir, nous allons à la fête. Tu veux venir? | **j** D'accord. J'adore les fêtes. |

## ❷ Présent ou passé?

*Est-ce que ces phrases sont au présent ou au passé composé (the perfect tense)?*
*Écris **PR** (présent) ou **P** (passé).*

**1 A:** Quand il fait chaud, j'aime manger une glace, et toi? **Ex.** .*PR*.

**2 B:** Oui, moi aussi, j'aime bien les glaces. ......

**3 A:** Moi, j'ai commandé une glace au café, et toi? ......

**4 B:** Alors, moi, j'ai choisi une glace à la vanille, au cassis et à l'abricot. ......

**5 A:** Tu as pris trois boules? ......

**6 B:** Bien sûr. Il fait très chaud aujourd'hui! ......

**7 A:** Qu'est-ce que tu as commandé finalement, Christophe? ......

**8 C:** J'ai commandé un croque-monsieur. ......

**9 A:** Tu n'as pas commandé de glace? ......

**10 C:** Non, je n'aime pas beaucoup les glaces et, en plus, j'ai faim. ......

## ❸ Normalement et hier

*Complète chaque phrase avec un participe passé.*

| normalement | hier |
|---|---|
| **1** Je bois du café le matin. | J'ai **Ex.** ..*bu*.. trois tasses de thé. |
| **2** Je prends des croissants. | J'ai ...................... des céréales. |
| **3** Je dis «Au revoir» à ma mère. | J'ai ...................... «Au revoir», comme d'habitude. |
| **4** Je prends le bus pour aller au collège. | J'ai ...................... le train. |
| **5** J'apprends l'anglais au collège. | J'ai ...................... quelques mots d'allemand. |
| **6** J'écris beaucoup au collège. | J'ai ...................... une lettre à mon ami de Montréal. |
| **7** Je fais mes devoirs avant le dîner. | J'ai ...................... mes devoirs très vite. |
| **8** Je regarde la télé ou je joue au foot. | J'ai (*voir*) ...................... un match de football à la télé. |

# Voici le menu

|  |  |
|---|---|
| ① | |
| ② | |
| ③ | |
| ④ | |
| ⑤ | |
| ⑥ | |
| ⑦ | |
| ⑧ | |
| ⑨ | |
| ⑩ | |
| ⑪ | |
| ⑫ | |

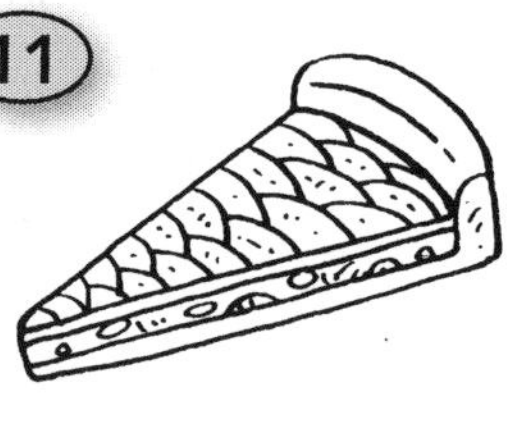

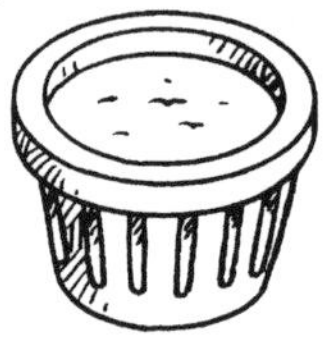

*Trouve les bons mots pour chaque image.*
**Exemple: 1f** (du pâté)

a une tarte aux pommes
b des oignons
c des escargots
d des crudités
e des crevettes (un cocktail de crevettes)
f du pâté

g des champignons
h une côte de porc
i une assiette de charcuterie
j des radis au beurre
k du potage
l une crème caramel

Tricolore Total 2 © Honnor, Mascie-Taylor, Spencer, Nelson Thornes 2009

# Un grand repas

## ❶ Le menu pour ce soir

*Élise et Marc ont invité Tiffaine et Jean-Pierre à dîner à la maison.*
*Ils ont décidé de préparer un grand repas et ils ont posé des questions à leurs copains pour trouver les choses qu'ils aiment et qu'ils n'aiment pas.*

*Écoute les conversations et complète le tableau. Écris ✔ ou ✗ pour noter les réponses.*

| Tu aimes ça? | le pâté | le melon | la viande | le poisson | les légumes | les fruits |
|---|---|---|---|---|---|---|
| **1** Tiffaine | ✔ | | | | | |
| **2** Jean-Pierre | ✗ | | | | | |

## ❷ Mon menu

*Regarde les réponses de Tiffaine et de Jean-Pierre et choisis un menu pour leur repas.*

Qu'est-ce que tu as choisi?

Comme hors-d'œuvre, j'ai choisi ...............................

.................................................................

Comme plat principal, j'ai choisi ................................

.................................................................

Comme légumes, ..............................................

.................................................................

Comme dessert, ..............................................

.................................................................

---

### Hors-d'œuvre

du melon
des crevettes
de la salade de tomates
du pâté
du potage

### Légumes

des frites
des carottes
des haricots verts
des petits pois
des champignons
du chou-fleur

### Desserts

des îles flottantes
des glaces
de la tarte aux pommes
un gâteau
une mousse au chocolat
de la crème caramel
des fraises

### Plats

du steak
du poulet
une omelette
une pizza
du saumon

### Salades

de la salade verte
de la salade mixte

### Boissons

de la limonade
du jus de fruit
du coca
de l'Orangina
de l'eau minérale

## ❸ Qu'est-ce qu'on va manger?

**A** *Qu'est-ce que Marc et Élise ont choisi pour leur repas? Écoute la conversation et note les détails.*

**1** Comme hors-d'œuvre, ils ont choisi

..................................................

**2** Comme plat principal, ils ont choisi

..................................................

**3** Comme légumes, ..................................

**4** Comme dessert, ..................................

**B** *Travaillez à deux. Comparez vos menus avec le menu de Marc et Élise. Vous êtes d'accord avec eux?*

**Exemple:** — *Comme hors-d'œuvre, j'ai choisi du potage, mais Marc et Élise ont choisi du melon. Et toi, qu'est-ce que tu as choisi comme hors-d'œuvre?*
— *Moi, j'ai choisi ...*

# Comprends-tu le menu?

## ❶ Choisis un menu

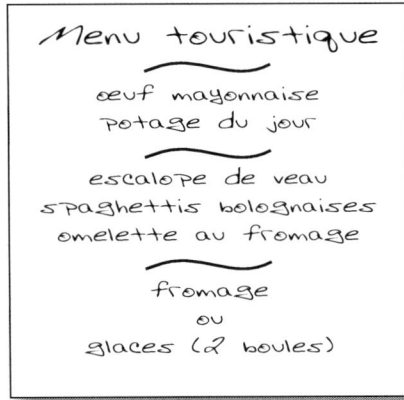

Menu touristique

œuf mayonnaise
potage du jour

escalope de veau
spaghettis bolognaises
omelette au fromage

fromage
ou
glaces (2 boules)

**Menu A**
Normalement, un menu assez simple, mais avec un choix de plats et pas très cher.

*Quel menu vas-tu choisir? Cherche dans le dictionnaire tous les mots que tu ne comprends pas.*

1  Si tu veux beaucoup manger et payer cher?
   **Ex.** ..*Menu B*....
2  Si tu aimes les plats simples? ................
3  Si tu préfères un grand choix de plats? ................
4  Si ton oncle (assez riche) t'invite pour fêter ton anniversaire? ................
5  Si tu adores le poisson? ................
6  Si tu veux manger assez vite? ................
7  Si tu es avec un(e) ami(e) et que tu veux passer quelques heures à manger et à discuter? ................
8  Si tu veux essayer de nouveaux plats? ................

## ❷ C'est quelle description?

*Devine – puis vérifie dans le dictionnaire.*

1 **Ex.** .*a*..., 2 ......, 3 ......, 4 ......, 5 ......, 6 ......

a  un plateau de fromages
b  des fruits de mer
c  une salade niçoise
d  des crudités
e  une assiette de charcuterie
f  une corbeille de fruits

### *Menu gastronomique*

**hors-d'œuvre**
soupe à l'oignon        moules marinière
saumon fumé à l'estragon
huîtres (une douzaine – 2,50€ en supplément)
quiche lorraine

**plats principaux**
coq au vin        canard à l'orange        steak tartare
truite aux amandes        ratatouille maison
bouillabaisse (soupe de poissons)

**légumes**
haricots verts        pommes lyonnaises        petits pois
tomates provençales

**desserts**
mousse au chocolat        salade de fruits
sorbet au citron        pâtisserie maison

**Menu B**
Il y a un grand choix de plats délicieux, mais c'est assez cher.

## ❸ Quelle est la différence?

*Note la bonne lettre (A–K). Pour t'aider, cherche dans le dictionnaire.*

1  a  de la crème anglaise **Ex.** ..*C*......
   b  de la crème Chantilly ............
2  a  garni ............
   b  farci ............
   c  nature ............
3  a  une saucisse ............
   b  un saucisson ............
4  a  des œufs brouillés ............
   b  un œuf à la coque ............
5  a  des pommes de terre sautées ............
   b  de la purée de pommes de terre ............

| | |
|---|---|
| **A** whipped cream | **G** potatoes tossed in fat and fried |
| **B** sausage which has to be cooked | **H** plain |
| **C** custard | **I** boiled egg |
| **D** salami-type sausage | **J** mashed potatoes |
| **E** stuffed | **K** accompanied by a small portion of vegetables or salad |
| **F** scrambled eggs | |

# Au restaurant

## ❶ Voici le menu

*Écoute les conversations et coche (✔) le tableau pour montrer le choix de chaque client(e).*

|  | 1 | 2 | 3 | 4 (M.) | 4 (Mme) |
|---|---|---|---|---|---|
|  |  |  |  |  |  |
| assiette de charcuterie |  |  |  |  |  |
| crudités |  |  |  |  |  |
| escargots |  |  |  |  |  |
| melon |  |  |  |  |  |
| pâté | Ex. ✔ |  |  |  |  |
| saumon fumé |  |  |  |  |  |
|  |  |  |  |  |  |
| côte de porc |  |  |  |  |  |
| escalope de veau |  |  |  |  |  |
| omelette nature |  |  |  |  |  |
| poulet rôti |  |  |  |  |  |
| steak-frites |  |  |  |  |  |
|  |  |  |  |  |  |
| champignons |  |  |  |  |  |
| chou-fleur |  |  |  |  |  |
| haricots verts |  |  |  |  |  |
| petits pois |  |  |  |  |  |
| pommes de terre sautées |  |  |  |  |  |
| pommes frites |  |  |  |  |  |
|  |  |  |  |  |  |
| crème caramel |  |  |  |  |  |
| glaces |  |  |  |  |  |
| tarte maison |  |  |  |  |  |
| yaourt |  |  |  |  |  |

## ❷ Le menu – un acrostiche

*Complète l'acrostiche pour faire un menu. Pour t'aider, regarde le tableau ci-dessus.*

1 ↓ C'est le plat spécial aujourd'hui
1 →, 2 et 3 Trois hors-d'œuvre
4, 5 et 6 Trois plats principaux
7 Une boisson
8 Un légume
9 et 10 Deux desserts

# Tu comprends?

## 1 Qu'est-ce qu'on commande?

*Écoute et écris la bonne lettre.*

1 Ex. ...*d*..., 2 ......, 3 ......, 4 ......,

5 ......, 6 ......, 7 ......, 8 ......

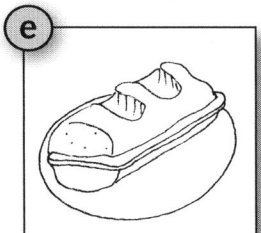

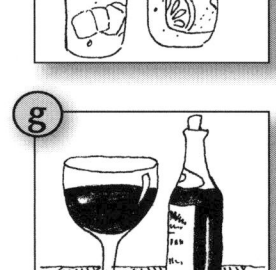

## 2 Vous avez choisi?

*Écoute et coche (✔) ce qu'on a commandé.*

| | hors-d'œuvre | | | plat principal | | | légumes | | | dessert | | |
|---|---|---|---|---|---|---|---|---|---|---|---|---|
| 1 | Ex. ✔ | | | | | | | | | | | |
| 2 | | | | | | | | | | | | |
| 3 | | | | | | | | | | | | |

## 3 Mercredi dernier

*Qu'est-ce qu'on a dit? Écoute et encercle la bonne lettre.*

1 – Mercredi dernier, c'était ton anniversaire, non?
   – C'est vrai.
   – Qu'est-ce que tu as …
   **Ex.(a)** fait?   **b** reçu?   **c** mangé?
   – J'ai fait beaucoup de choses.

2 Alors le matin, j'ai …
   **a** fait mes devoirs avant d'aller au collège.
   **b** reçu beaucoup de cartes avant d'aller au collège.
   **c** mangé un petit déjeuner spécial avant d'aller au collège.

3 Puis à midi, j'ai …
   **a** pris un sandwich au café avec mes copains.
   **b** acheté un sandwich au café avec mes copains.
   **c** mangé un sandwich au café avec mes copains.

4 J'ai passé l'après-midi avec mes copains et nous avons …
   **a** regardé des vêtements en ville.
   **b** essayé des vêtements en ville.
   **c** acheté des vêtements en ville.

5 – Qu'est-ce qu'on t'a …
   **a** offert comme cadeaux?
   **b** acheté comme cadeaux?
   **c** choisi comme cadeaux?

6 – Ma meilleure amie m'a …
   **a** offert un joli sac.
   **b** acheté un joli sac.
   **c** choisi un joli sac.

7 Mes grands-parents n'ont pas …
   **a** pu venir à la maison.
   **b** eu le temps de venir à la maison.
   **c** voulu venir à la maison.

8 Mais ils m'ont …
   **a** envoyé une carte avec de l'argent.
   **b** écrit une carte avec de l'argent.
   **c** fait une carte avec de l'argent.

9 Mes parents m'ont …
   **a** offert des billets pour le concert d'hier soir.
   **b** acheté des billets pour le concert d'hier soir.
   **c** choisi des billets pour le concert d'hier soir.

10 – Comment as-tu trouvé le concert?
   **a** – Je l'ai beaucoup aimé.
   **b** – Je ne l'ai pas beaucoup aimé.
   **c** – J'ai surtout aimé le chanteur.

# Sommaire

## Now I can ...

### ■ buy drinks in a café

| | |
|---|---|
| Qu'est-ce que tu prends? | What are you having? |
| Pour moi, ... | For me, … |
| Je voudrais ... | I'd like … |
| une bière | beer |
| une boisson (non-)alcoolisée | (non-)alchoholic drink |
| une boisson (non-)gazeuse | (non-)fizzy drink |
| un café (crème) | (white) coffee |
| un chocolat chaud | hot chocolate |
| un cidre | cider |
| un citron pressé | freshly squeezed lemon juice |
| une menthe à l'eau | mint flavoured drink |
| un Orangina | Orangina |
| un thé (au lait/au citron) | tea (with milk/lemon) |
| un verre de lait | glass of milk |
| Où sont les toilettes? | Where are the toilets? |
| Avez-vous Internet ici? | Do you have internet access here? |
| Avez-vous un distributeur de billets? | Do you have a cash dispenser? |
| L'addition, s'il vous plaît. | The bill, please. |

### ■ buy snacks

| | |
|---|---|
| Qu'est-ce que vous avez comme sandwichs? | What kind of sandwiches do you have? |
| un sandwich au jambon/ au pâté | ham/pâté sandwich |
| un sandwich au fromage/ au saucisson | cheese/salami sandwich |
| une crêpe | pancake |
| un croque-monsieur | toasted sandwich with cheese and ham |
| une portion de frites | portion of chips |
| un hot-dog | hot dog |
| une pizza | pizza |

### ■ buy an ice cream

| | |
|---|---|
| Je voudrais une glace, s'il vous plaît. | I'd like an ice cream please. |
| Quel parfum? | What flavour? |
| une glace à la fraise/au citron/... | strawberry/lemon/... ice cream (see page 72 for other flavours) |

### ■ express likes and dislikes

| | |
|---|---|
| Tu aimes le melon? | Do you like melon? |
| Oui, j'aime ça. | Yes, I like that. |
| Non, je n'aime pas beaucoup ça. | No, I don't like that much. |

### ■ talk about a simple menu

| | |
|---|---|
| comme hors-d'œuvre | for the starter |
| comme plat principal | for the main course |
| comme légumes | for vegetables |
| comme dessert | for sweet/dessert |
| comme boisson | to drink |
| ... il y a ... | … there is … |

### ■ ... and some new items of food

| | |
|---|---|
| des crevettes | prawns |
| du saumon | salmon |
| du thon | tuna |

### ■ order a meal in a restaurant

| | |
|---|---|
| Avez-vous choisi? | Have you chosen? |
| Pour commencer, je vais prendre ... | To start with, I'll have … |
| Comme plat principal, je voudrais ... | For a main course, I'd like … |
| Comme dessert, je vais prendre ... | For sweet/dessert I'll have … |
| une assiette de charcuterie | mixed cold meats, salami, etc. |
| fruits de saison | fruit in season |
| garni | served with 'trimmings', e.g. sprig of cress, small salad, vegetables, etc. |
| le plat du jour | dish of the day |
| pâté/gâteau maison | home-made pâté/cake |

### ■ use the verb boire (see page 71)

### ■ use irregular past participles (see page 74 and Les verbes page 160)

| | |
|---|---|
| Ils ont écrit beaucoup de lettres. | They wrote many letters. |
| J'ai été un peu surpris. | I was a little surprised. |

### ■ ask about what has happened (see page 77)

| | |
|---|---|
| Qu'est-ce que tu as fait hier? | What did you do yesterday? |
| Où as-tu mangé hier soir? | Where did you eat last night? |

### ■ use n' ... pas in the perfect tense

| | |
|---|---|
| Je n'ai pas vu le film hier. | I didn't see the film yesterday. |
| Nous n'avons pas mangé à la cantine. | We didn't eat in the canteen. |

# Révision

## ❶ Les fêtes

**A** *Complète les questions et les réponses.*

**Les questions**
1 Ton anniversaire, c'est **Ex.** ......*quand?*......
2 C'est quand, la f................ nationale en France?
3 C'est quand, le l................ de Pâques cette année?
4 Qu'est-ce qu'on va f.............. pour fêter la fin du trimestre?
5 Est-ce que tu a................ les pique-niques?
6 C'était ton anniversaire dimanche d..............., non?
7 Qu'est-ce que tu a......... fait?
8 Qu'est-ce qu'on t'a offert comme c..............?

**Les réponses**
a C'est le v............-quatre mai.
b Comme cadeaux, on m'a o................ des CD, des livres et un t-shirt.
c Nous a.............. dîné au restaurant.
d Non. C'é.............. samedi dernier, pas dimanche.
e Les pique-niques? Oui, je les a.............. beaucoup.
f On v......... organiser une fête.
g Alors, cette .............. le vendredi saint est le 13 avril, donc, le lundi de Pâques, c'est le 16 avril.
h C'est le quatorze j..................... . Il y a souvent un défilé pendant la journée et un feu d'artifice le soir.

**B** *Trouve les paires.*

1 ........., 2 ........., 3 ........., 4 ........., 5 ........., 6 ........., 7 ........., 8 .........

## ❷ C'est quand?

*Dans la case, trouve:*

• 3 jours de la semaine
  **Ex.** ......*samedi*.......... ............................... ...............................

• 3 expressions au présent
  ............................... ...............................

• 3 expressions au passé
  ............................... ...............................

• 3 expressions au futur
  ............................... ...............................

> demain
> à présent
> lundi
> hier soir
> aujourd'hui
> lundi prochain
> samedi
> bientôt
> la semaine dernière
> maintenant
> dimanche
> le week-end dernier

## ❸ Mots croisés (les couleurs)

**Horizontalement**
1 J'ai les cheveux ... (*black*)
4 Le garçon ... cheveux blonds, c'est mon ami.
6 Mon chien s'appelle Bruno parce qu'il est ...
8 ... voiture de ma mère est noire.
10 Quand il pleut, le ciel est ...
11 ... on mélange du noir avec du blanc, on a du gris.
12 ... hiver, il y a de la neige.
13 Ce perroquet est fantastique! Regarde ... couleurs!
15 De quelle couleur est la neige? – Elle est ... bien sûr!
17 De quelle couleur est le ciel quand il fait beau? ... est bleu.
18 C'est la couleur du beurre et du soleil.
19 C'est une saison quand il y a des fleurs de toutes les couleurs.

**Verticalement**
2 C'est un fruit et c'est aussi une couleur.
3 C'est la couleur des tomates et des fraises.
4 ... printemps, on voit souvent des fleurs jaunes.
5 J'ai ... chat gris et blanc.
7 C'est une couleur et c'est aussi une fleur.
9 C'est une couleur et, en anglais, c'est aussi une petite fleur.
13 Il y a ... couleurs dans un arc-en-ciel (*rainbow*).
14 Notre ... de classe est verte, je n'aime pas ça!
15 Pour faire le vert, on mélange le jaune avec le ...

16 Ma chambre est brune, comme le ... au lait, ma boisson préférée.

Tricolore Total 2 © Honnor, Mascie-Taylor, Spencer, Nelson Thornes 2009

# Épreuve: Écouter

## A Qu'est-ce qu'on boit?

*Écoute et écris la bonne lettre.*

**1 Ex.** ..*b*.., **2** ......, **3** ......, **4** ......,

**5** ......, **6** ......, **7** ......

**6**

## B Qui parle?

*Écoute et identifie la personne qui parle.*

**1 Ex.** ..*g*.., **2** ......, **3** ......, **4** ......,

**5** ......, **6** ......, **7** ......

**6**

## C Au restaurant

*Écoute la conversation et remplis les blancs.*

**Serveur:** Vous avez choisi?

**Cliente:** Pour commencer, je voudrais du
**1 Ex.** ..*pâté*..

**Serveur:** Et comme plat principal?

**Cliente:** Du **2** .................................. rôti, s'il vous
plaît.

**Serveur:** Et comme légumes?

**Cliente:** Des **3** ...........................  ........................
et des **4** ..................................
.....................................

**Serveur:** Et à boire?

**Cliente:** Du **5** ........................
..................................., s'il vous plaît et
de l'**6** ........................

**Serveur:** Vous prenez un dessert?

**Cliente:** Une **7** ........................................., s'il
vous plaît.

**Serveur:** Tout de suite.

**6**

## D Les plats préférés

*Écoute et écris la bonne lettre.*

**1 Ex.** ..*a*.., **2** ......, **3** ......, **4** ......, **5** ......,

**6** ......, **7** ......, **8** ......

**a**  un hors-d'œuvre
**b**  un dessert au chocolat
**c**  un fruit
**d**  du poisson
**e**  un plat anglais
**f**  des légumes
**g**  de la viande
**h**  un plat fait avec des œufs

**7**

**TOTAL**

**25**

## Épreuve: **Parler**

**A** Choisis une conversation: 1 ou 2. Prépare la conversation avec un(e) partenaire, puis travaille avec ton professeur.

**1** *Tu es au café. Commande quelque chose à manger et à boire.*

**2** *Tu es au café. Commande quelque chose à manger et à boire.*

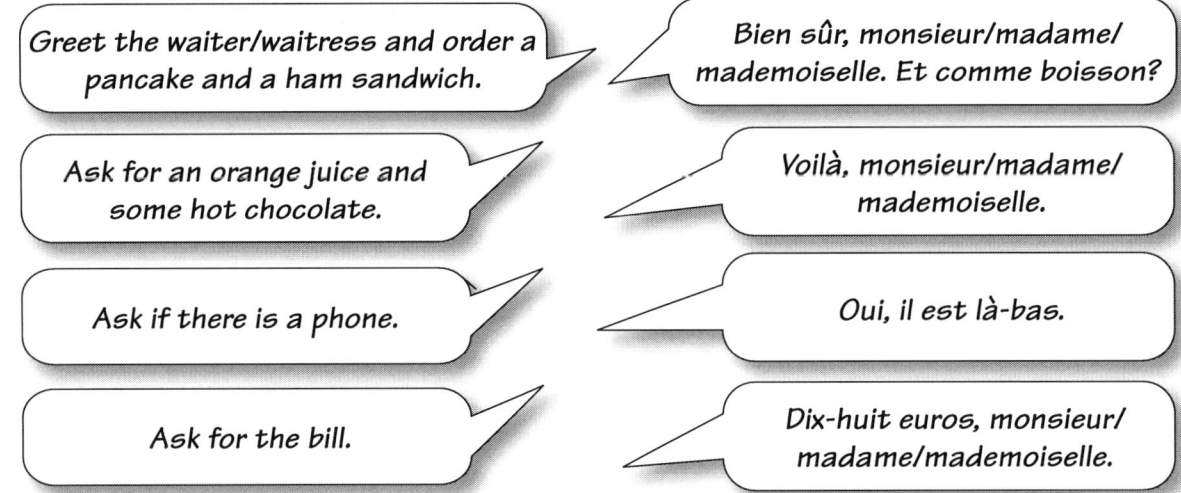

**B** Maintenant, prépare la conversation avec un(e) partenaire. Ensuite, travaille avec ton professeur.

Tu as mangé au restaurant hier soir. Qu'est-ce que tu as mangé pour commencer?

Pour commencer, j'ai mangé …

Et comme plat principal?

Comme plat principal, j'ai mangé …

Et comme légumes? Et comme dessert?

Comme légumes, j'ai mangé … Et comme dessert, j'ai mangé …

Qu'est-ce que tu as bu?

J'ai bu …

*Bonus (1 point)*
*Donne ton opinion sur le repas.* 13

TOTAL

25

## Épreuve: **Lire**

### Ⓐ C'est combien?

**Menu**
*Le Perroquet Vert*

**Aujourd'hui**

Potage ....................................................5,30 €
Pâté Maison ...........................................4,40 €
Salade de Tomates ...............................5,70 €
Poulet Rôti .............................................9,90 €
Poisson au Beurre ..............................11,30 €
Haricots Verts .......................................6,20 €
Fromage .................................................8,00 €

*Écris le bon prix.*

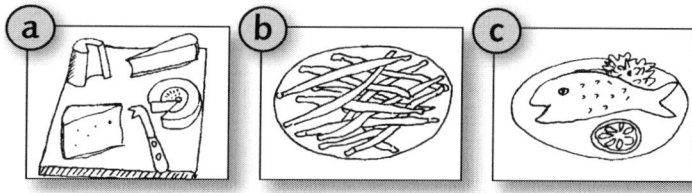

a b c

**Ex.** ..*8,00*.. € .............€ .............€

d e f

.............€ .............€ .............€

g

.............€

[ 6 ]

### Ⓑ Trouve les paires

**1 Ex.** ...*b*..., **2** ......., **3** ......., **4** ......., **5** ......., **6** ......., **7** ......., **8** ......

| | |
|---|---|
| **1** Elle a écrit … | **a** j'ai pris un fruit. |
| **2** J'ai dormi … | **b** des lettres à son correspondant. |
| **3** Papa a bu … | **c** le cadeau. |
| **4** Le professeur a dit … | **d** dans un lit confortable. |
| **5** Le jour de son anniversaire, elle a ouvert … | **e** pas vu le film. |
| **6** Elles ont mangé du fromage, mais moi … | **f** du vin. |
| **7** Je n'ai … | **g** ont bien mangé. |
| **8** Ils sont allés au restaurant. Ils … | **h** «Bonjour». |

[ 7 ]

### Ⓒ Le repas d'aujourd'hui et le repas de la semaine dernière

*Cécile et Pauline sont au comptoir d'un fast-food.*
*Elles comparent. Lis l'histoire.*

**Cécile:** Qu'est-ce que tu prends?
**Pauline:** Je prends une portion de frites et un steak haché.
**Cécile:** Et comme boisson?
**Pauline:** Un coca. Et toi? Qu'est-ce que tu prends?
**Cécile:** Du poulet rôti et des carottes. Avec du cidre. J'adore le poulet ici. La semaine dernière, je suis allée au café du château avec Thomas et j'ai choisi des sardines avec des haricots verts, mais ce n'était vraiment pas bon. Et en plus, ça a coûté cher.
**Pauline:** Ah bon. Combien?
**Cécile:** Vingt-deux euros et en plus, j'ai seulement bu de l'eau!
**Pauline:** Moi, la semaine dernière, je suis allée au grill pour l'anniversaire de Michelle et ce n'était pas cher du tout. J'ai payé douze euros.
**Cécile:** Et qu'est-ce que tu as mangé?
**Pauline:** J'ai mangé du saumon avec des petits pois. Délicieux! En plus, le vin était excellent.

*Remplis la grille.*

| CÉCILE | la semaine dernière | aujourd'hui |
|---|---|---|
| **viande/ poisson** | **Ex.** ..*sardines*.. | **Ex.** ..*poulet*.. |
| **légumes** | **1** ................. | **2** ................. |
| **boisson** | **3** ................. | **4** ................. |
| **l'addition** | **5** ................. | 14,00€ |

| PAULINE | la semaine dernière | aujourd'hui |
|---|---|---|
| **viande/ poisson** | **6** ................. | **7** ................. |
| **légumes** | **8** ................. | **9** ................. |
| **boisson** | **10** ................. | **11** ................. |
| **l'addition** | **12** ................. | 16,00€ |

**TOTAL**

[ 12 ] [ 25 ]

## Épreuve: Écrire et Grammaire

### A Complète les phrases

1  Hier soir, j'ai **Ex.** ......*écrit*.......... une lettre. (écrire)

2  Au restaurant, il a ......................... une spécialité anglaise. (prendre)

3  Nous avons ...................... du vin avec le repas. (boire)

4  Ma mère a ......................... du cassoulet. (faire)

5  Mes amis ont ......................... la maison. (décrire)

6  Elles ont ......................... le train. (prendre)

7  Tu as ......................... le menu? (voir)

8  Vous avez ......................... le menu? (lire)

9  Le repas a ......................... très populaire. (être)

**8**

### B Mon anniversaire

*Yesterday was your birthday. Write 6 sentences in French. First, mention:*

- *something you received; something you read; something you did.*
  **Exemple:** *Pour mon anniversaire, j'ai reçu ...*

*Then write about a visit to a café/self-service restaurant. Mention:*

- *what you ate; what you drank; somebody or something you saw.*
  **Exemple:** *J'ai mangé ...*

..........................................................................

..........................................................................

..........................................................................

..........................................................................

..........................................................................

..........................................................................

..........................................................................

..........................................................................

..........................................................................

..........................................................................

..........................................................................

..........................................................................

..........................................................................

..........................................................................

**8**

### C Une visite au Lion d'Or

*Last week you went to a restaurant. In French, describe your visit.*
*Mention what you ate and drank, what you did not eat and what you did not drink, who you were with, what you saw, what you did, what the waiter/waitress said. Give opinions.*

**Exemple:**
*La semaine dernière, je suis allé(e) au restaurant avec ...... . J'ai choisi ..... . J'ai (Je n'ai pas) trouvé ça très bon ..... .*

..........................................................................

..........................................................................

..........................................................................

..........................................................................

..........................................................................

..........................................................................

..........................................................................

..........................................................................

..........................................................................

..........................................................................

..........................................................................

..........................................................................

..........................................................................

..........................................................................

..........................................................................

..........................................................................

..........................................................................

..........................................................................

..........................................................................

..........................................................................

..........................................................................

..........................................................................

..........................................................................

..........................................................................

**9**

**TOTAL**

**25**

Tricolore Total 2 © Honnor, Mascie-Taylor, Spencer, Nelson Thornes 2009

# À la gare

## ❶ Voyager en train

*Coche la bonne case.*

**1** Pour bien regarder la campagne, il faut choisir …

**a** un coin couloir. ☐

**b** une place en première classe. ☐

**c** un coin fenêtre. Ex. ☑

**2** Si on voyage la nuit, on peut réserver …

**a** une couchette. ☐

**b** une consigne. ☐

**c** une salle d'attente. ☐

**3** Ici, on peut acheter son billet:

**a** **Consigne** ☐

**b** **Guichet** ☐

**c** **Compostage** ☐

**4** Le train est en retard. Pour l'attendre, il faut chercher ce panneau:

**a** **Salle d'attente** ☐

**b** **Renseignements** ☐

**c** **Passage souterrain** ☐

**5** Pour vérifier les heures des trains, on regarde ce panneau:

**a** **Billetterie automatique** ☐

**b** **Horaire** ☐

**c** **Guichet** ☐

**6** Avant de monter dans le train, il faut …

**a** oublier son billet. ☐

**b** composter son billet. ☐

**c** mettre ses bagages à la consigne. ☐

**7** Les trains qui font de longs voyages, mais très vite, s'appellent …

**a** la SNCF. ☐

**b** les TGV. ☐

**c** les trains de banlieue. ☐

**8** Pour quitter la gare, suivez ce panneau:

**a** **Voie** ☐

**b** **Gare SNCF** ☐

**c** **Sortie** ☐

## ❷ Questions et réponses

*Trouve les paires.*

1 Ex. *d*, 2 ……, 3 ……, 4 ……, 5 ……, 6 ……, 7 ……

| |
|---|
| **1** Le train part de quel quai? |
| **2** Le prochain train pour Paris part à quelle heure? |
| **3** C'est direct? |
| **4** Où est-ce que je peux acheter un billet? |
| **5** Où est-ce qu'on peut acheter un journal? |
| **6** Est-ce qu'il faut réserver sa place dans le train? |
| **7** Vous prenez quel train? |

| |
|---|
| **a** Le train de neuf heures et demie pour Grenoble. |
| **b** Oui, pour les TGV, c'est obligatoire. |
| **c** Là-bas, au guichet. |
| **d** Il part du quai numéro sept. |
| **e** Non, il faut changer à Lyon. |
| **f** Là-bas, au kiosque. |
| **g** À dix-huit heures quarante. |

# Complète l'horaire

## Personne A
*Travaillez à deux.*
*Tu as des renseignements sur les trains mais ils ne sont pas complets.*
*Pose des questions pour compléter l'horaire et note les détails.*
*Tu commences:*

**Exemples:**
**A:** Le train pour Paris part de quel quai?
**B:** Il part du quai numéro 2.

**B:** Le train pour Paris part à quelle heure?
**A:** Il part à 17h30.

| Trains au départ | | |
|---|---|---|
| **Départ** | **Destination** | **Quai** |
| 17h30 | Paris | Ex. *2* |
| …… | Le Havre | 1 |
| …… | Dieppe | 5 |
| 18h45 | Lille | …… |
| 19h00 | Rouen | …… |

✂ - - - - - - - - - - - - - - - - - - - - - - - - - - - - - - - - - - - - - - - - - - - - - - - - - - - -

# Complète l'horaire

## Personne B
*Travaillez à deux.*
*Tu as des renseignements sur les trains mais ils ne sont pas complets.*
*Pose des questions pour compléter l'horaire et note les détails.*
*Ton partenaire commence:*

**Exemples:**
**A:** Le train pour Paris part de quel quai?
**B:** Il part du quai numéro 2.

**B:** Le train pour Paris part à quelle heure?
**A:** Il part à 17h30.

| Trains au départ | | |
|---|---|---|
| **Départ** | **Destination** | **Quai** |
| Ex. *17h30* | Paris | 2 |
| 18h00 | Le Havre | …… |
| 18h15 | Dieppe …… | …… |
| …… | Lille | 4 |
| …… | Rouen | 3 |

Tricolore Total 2 © Honnor, Mascie-Taylor, Spencer, Nelson Thornes 2009

# On prend le train

## ❶ À la gare

*Trouve la question qui correspond à chaque image.*

**1 Ex.** ...*e*..., **2** ......, **3** ......, **4** ......

**a** Où sont les toilettes?
**b** Où est la consigne?
**c** Où est le bureau des renseignements?

**d** Où est la salle d'attente?
**e** Où est le guichet?
**f** Où sont les téléphones?

## ❷ Les billets

*Trouve les mots qui correspondent à chaque image.*

**1 Ex.** ...*d*..., **2** ......, **3** ......, **4** ......, **5** ......

  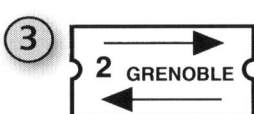 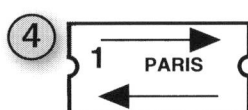 

**a** Un aller-retour pour Paris en deuxième classe.
**b** Un aller simple pour Grenoble en deuxième classe.
**c** Un aller-retour pour Paris en première classe.
**d** Un aller simple pour Grenoble en première classe.

**e** Un aller-retour pour Grenoble en première classe.
**f** Un aller simple pour Paris en deuxième classe.
**g** Un aller-retour pour Grenoble en deuxième classe.

## ❸ Un lexique à faire

**1** C'est ...................................................................?
*How much is it?*

**2** C'est q..................................................................?
*Which platform is it?*

**3** Le prochain train pour Paris part à quelle heure?
*What time is ...................................................................?*

**4** ...................................................................?
*Is it direct?*

**5** Est-ce qu'il faut changer?
*Do you have to ...................................................................?*

**6** Il arrive à quelle heure?
*What time does ...................................................................?*

**7** Cette place est libre?
*Is ...................................................................*
*free/available?*

## ❹ Invente la conversation

*You are at the station and you are buying a train ticket.*
*You also want to know when the train leaves.*

**1 Toi:**

**1 L'employé(e):**

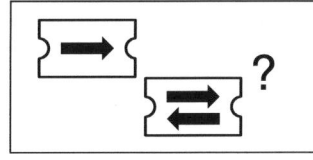

**2 Toi:**

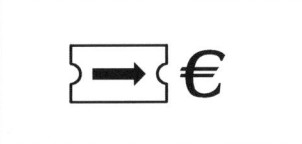

**2 L'employé(e):**

**64€**

**3 Toi:**

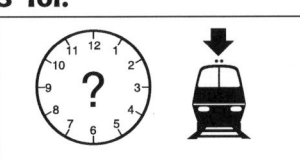

**3 L'employé(e):**

# Max à Paris (1)

**Copie la bonne phrase pour chaque dessin.**

Il est resté un bon moment au sommet.
Il est monté au deuxième étage par l'escalier.
Enfin, il est arrivé au troisième étage.
Puis il est entré dans l'ascenseur.
Max est descendu par l'ascenseur.

L'ascenseur est monté lentement.
Max est parti de son hôtel à neuf heures.
Soudain, son livre est tombé du sommet.
Il est sorti de l'ascenseur. Voilà son livre!
Il est allé à la tour Eiffel en bus.

Tricolore Total 2 © Honnor, Mascie-Taylor, Spencer, Nelson Thornes 2009

## Max à Paris (2)

| | |
|---|---|
| Max est parti de son hôtel à neuf heures. | Il est monté au deuxième étage par l'escalier. |
| Puis il est entré dans l'ascenseur. | L'ascenseur est monté lentement. |
| Enfin, il est arrivé au troisième étage. | Il est resté un bon moment au sommet. |
| Soudain, son livre est tombé du sommet. | Max est descendu par l'ascenseur. |
| Il est sorti de l'ascenseur. Voilà son livre! | Il est allé à la tour Eiffel en bus. |

# À la montagne

## 1 Cédric à la montagne

**A** *Remplis les blancs.*

1 Cédric **Ex.** ...*est*... ...*parti*....... à la montagne. (partir)

2 Il ............ ...................... très lentement. (monter)

3 Il ............ ...................... au sommet. (arriver)

4 Son sac à dos ............ ...................... (tomber)

5 Il ............ ...................... très vite. (descendre)

6 Il ............ ...................... dans un petit café. (entrer)

7 Il ............ ...................... très rapidement. (sortir)

8 Il ............ ...................... à la maison. (rentrer)

**B** *Trouve les images qui correspondent.*

1 **Ex.** .e.., 2 ...., 3 ...., 4 ...., 5 ...., 6 ...., 7 ...., 8 ....

**C** *Tu es Cédric. Raconte ta journée.*
**Exemple:** «Je suis parti à la montagne.»

...............................................................................

...............................................................................

...............................................................................

...............................................................................

...............................................................................

...............................................................................

...............................................................................

...............................................................................

...............................................................................

...............................................................................

## 2 Les mots mêlés

*Trouve 11 verbes en français et complète le lexique.*

| R | E | T | O | U | R | N | E | R |
|---|---|---|---|---|---|---|---|---|
| O | E | N | T | R | E | R | I | E |
| P | H | T | O | M | B | E | R | A |
| A | S | O | R | T | I | R | A | L |
| R | N | I | P | U | D | O | R | L |
| T | A | M | O | U | R | I | R | E |
| I | Î | N | D | V | E | N | I | R |
| R | T | A | H | I | É | P | V | R |
| S | R | T | M | O | N | T | E | R |
| D | E | S | C | E | N | D | R | E |
| R | E | S | T | E | R | S | O | A |

| anglais infinitif | français infinitif | participe passé |
|---|---|---|
| to arrive | ................................ | ................................ |
| to leave | ................................ | ................................ |
| to come | ................................ | ................................ |
| to go | ................................ | ................................ |
| to enter | ................................ | ................................ |
| to go out | ................................ | ................................ |
| to go up | ................................ | ................................ |
| to go down | ................................ | ................................ |
| to be born | naître | ................................ |
| to die | mourir | ................................ |
| to stay | ................................ | ................................ |
| to fall | ................................ | ................................ |
| to return | ................................ | ................................ |

# aller et sortir

## ① Où sont-ils allés?

*Suis les lignes pour trouver la réponse.*
*Complète les phrases.*

1  Moi, je **Ex.** ......*suis allé(e) au cinéma*..............

2  Et toi, Émilie, ..................................................

3  Bruno ..................................................

4  Sophie ..................................................

5  Nous ..................................................

6  Et vous, vous ..................................................

7  Patrice et Jérôme, ils ..................................................

8  Géraldine et Maxine, elles ..................................................

## ② Et toi?

*Écris trois phrases pour décrire la semaine dernière.*
**Exemple:**

*Lundi, je suis allé(e) à la piscine.*    ..................................................

*Mercredi, mes amis sont allés au stade.*    ..................................................

*Samedi, nous sommes allés aux magasins.*    ..................................................

## ③ Qui est sorti avec qui? Un jeu de logique

*Complète la grille pour trouver la réponse.*

**Les indices**

Sophie est allée au cinéma.

Nicole a bien aimé le concert.

Frank a vu un bon film.

Charlotte n'est pas allée danser.

Charlotte est sportive et aime le basket.

Bruno a regardé un match passionnant.

Pierre n'est pas allé au concert.

Hélène adore danser.

Sébastien n'aime pas le sport mais il aime la musique.

**La solution**

1  Charlotte est sortie avec .....................

2  Hélène est sortie ...............................

3  Nicole est .........................................

4  Sophie .............................................

| OÙ: / QUI: | concert | cinéma | match de basket | discothèque |
|---|---|---|---|---|
| **les filles** | | | | |
| Charlotte | | X | | |
| Hélène | | X | | |
| Nicole | | X | | |
| Sophie | X | ✔ | X | X |
| **les garçons** | | | | |
| Bruno | | | | |
| Frank | | | | |
| Sébastien | | | | |
| Pierre | | | | |

# Au passé

## ① Mots croisés

### Horizontalement

**1** Les filles sont r... en France le 20 avril.
**5** Pour aller d'Angleterre en France, ... peut aller en bateau.
**7** Le touriste est m... à la tour Eiffel par l'ascenseur.
**8** Claire et Katy sont e... dans le stade.
**10** Ils sont d... du train à Paris.
**13** Quand êtes-... arrivés en Angleterre?
**15** Je ... rentrée à la maison assez tôt.
**16** Les élèves sont p... en car à sept heures.

### Verticalement

**1** Dimanche soir, elles sont r... à la maison.
**2** Le livre est t... par terre.
**3** L'inventeur Louis Braille est ... en France en 1809.
**4** Samedi soir, les amis sont s... ensemble.
**6** Nos amis anglais sont v... au collège mardi dernier.
**7** Jeanne d'Arc est m... à l'âge de 19 ans.
**9** Une personne ... rentrée en bateau.
**10** On peut acheter ... chocolat au kiosque.
**11** Tu ... monté à la tour Olympique à Montréal?
**12** ... sommes rentrés tard, vers minuit.
**14** On est arrivé en ville et ... est entré dans la cathédrale.
**15** Je ne sais pas ... elle est déjà partie.

## ② Où sont-ils allés?

*Complète le texte.*
**Exemple: 1** *Hélène est allée à la piscine.*

à la cathédrale.    à la piscine.    au café.
au château.    au cinéma.
au match de football.    au musée.
au supermarché.

**1**  Hélène ....................................................................................................................

**2** Louis ..........................................................................................................................................

**3** Supermarché    Marc et André .................................................................................................

**4** Les filles .....................................................................................................................................

**5** Mes parents ...............................................................................................................................

**6** Notre collège ............................................................................................................................. MUSÉE

**7** Daniel et moi, nous ..................................................................................................................

**8** Et toi, Mélanie, tu .....................................................................................................................

Tricolore Total 2 © Honnor, Mascie-Taylor, Spencer, Nelson Thornes 2009

# Cartes postales des vacances

## ❶ Dans quel pays sont-ils allés?

*Lis les cartes postales pour trouver les réponses.*

**Pour t'aider**

| au | Canada | en | France |
|---|---|---|---|
| | Maroc | | Italie |
| | Sénégal | | Suisse |

**1** Il fait très chaud ici en Afrique. Hier, j'ai visité le parc national du Niokolo Koba. On a vu des lions, des hippopotames et des éléphants. C'était fantastique.

Nicole

**2** On a pris l'avion jusqu'à Genève, puis un car jusqu'à Zermatt. Il a beaucoup neigé, mais j'ai fait du ski presque tous les jours.

Frank

**3** Nous avons passé trois jours à Montréal où nous avons vu la ville souterraine, la tour Olympique et un match de baseball. Maintenant, nous faisons du camping à la montagne. C'est joli.

Philippe et Martine

**4** Il fait très chaud ici et il y a beaucoup de touristes. Hier, nous avons visité le Colisée – c'est impressionnant. Papa veut visiter tous les monuments romains mais moi, je préfère aller au café et manger des glaces.

Sophie

**5** On s'amuse beaucoup ici. On a fait une excursion en bateau-mouche, on a visité le Louvre et bien sûr, on est montées à la tour Eiffel. À bientôt,
Hélène et Charlotte

**6** Nous sommes arrivés à Marrakech, vendredi. C'est une ville ancienne, très intéressante. Hier, nous avons visité la Médina (une sorte de marché). Mes parents ont acheté un tapis et moi, j'ai acheté un portefeuille. Amitiés,

Laurent

**1 Ex.** Nicole est allée au Sénégal ......................................................................

**2** ..............................................................................................................

**3** ..............................................................................................................

**4** ..............................................................................................................

**5** ..............................................................................................................

**6** ..............................................................................................................

## ❷ Des cartes postales en symboles

*Écris les messages en français.*
**Exemple: 1** *Nous sommes arrivés ici lundi. Il fait beau. Hier, nous sommes allés à la plage et nous avons fait de la voile.*

## ❸ À toi!

*À toi d'écrire une carte postale.*

# Tu comprends?

## ❶ On part en vacances

*Écoute les conversations et note les détails pour chaque groupe de voyageurs.*

**1 Ex.** ....d, f, a....

**2** ..........................

**3** ..........................

**4** ..........................

**5** ..........................

**6** ..........................

### Où

**a** Allemagne

**b** Angleterre

**c** Espagne

**d** France

**e** Italie

**f** Suisse

### Quand

**a** 21/05

**b** 18/06

**c** 30/07

**d** 02/08

**e** 19/09

**f** 27/10

### Comment

## ❷ Les annonces à la gare

*Écoute les annonces et complète le tableau.*
*Écris les deux renseignements qui manquent pour chaque annonce.*

### Trains au départ

| | Départ | Destination | Notes | Quai |
|---|---|---|---|---|
| 1 | Ex. 10h05 | Marseille | – | |
| 2 | | | Retard: 00h20 | 5 |
| 3 | | Dijon | changement de quai | |
| 4 | | Lyon | | 6 |
| 5 | | Montpellier | – | |
| 6 | | Genève | changement de quai | |

## ❸ Présent ou passé?

*Écoute les conversations. Si on parle du présent, écris **PR**. Si on parle du passé, écris **P**.*

**1 Ex.** ....P....    **4** ................    **7** ................

**2** ................    **5** ................    **8** ................

**3** ................    **6** ................

## ❹ Des vacances en Normandie

*Écoute et complète le texte avec les mots de la case ci-dessous.*

Pendant les vacances de **1 Ex.** ....Pâques...., je suis parti avec un groupe de jeunes en Normandie. Nous avons fait du camping. J'ai partagé une tente avec **2** ...................... autres garçons.

Chaque jour, on a travaillé par équipe. Une équipe est allée à la **3** .......................... pour acheter du pain. Une équipe a cherché de l'**4** ...................... Une équipe a préparé les sandwichs pour le pique-nique et une équipe a fait la **5** ..............................

Un jour, nous sommes allés à la **6** .............................. à vélo. Nous sommes partis à neuf heures et nous sommes arrivés à la plage à **7** .............................. heures. Nous sommes restés là-bas un bon moment. Mais quand nous sommes **8** ..............................., nous avons pris la mauvaise direction. Finalement, nous sommes arrivés au camping, très fatigués, à **9** ...................... heures du soir.

> **boulangerie   eau   onze   Pâques   plage   rentrés**
> **sept   trois   vaisselle**

Tricolore Total 2 © Honnor, Mascie-Taylor, Spencer, Nelson Thornes 2009

# Sommaire

## Now I can ...

### ■ ask for information about train journeys

| | |
|---|---|
| *Pardon, monsieur/madame, ...* | Excuse me, ... |
| *Le train pour Paris part à quelle heure?* | What time does the train leave for Paris? |
| *Le train pour Rouen part de quel quai?* | From which platform does the Rouen train leave? |

### ■ ask where places are

| | |
|---|---|
| *Où est ..., s'il vous plaît?* | Where is ... please? |

### ■ recognise station signs and other words connected with journeys

| | |
|---|---|
| *l'arrivée (f)* | arrival |
| *un billet* | ticket |
| *une billettiere* | ticket machine |
| *le buffet* | buffet |
| *le bureau de renseignements* | information office |
| *le départ* | departure |
| *la destination* | destination |
| *composter votre billet* | to validate ('date stamp') your ticket |
| *la consigne* | left luggage |
| *le guichet* | ticket office, (airline) counter |
| *l'horaire (m)* | timetable |
| *l'horloge (f)* | clock |
| *le kiosque* | kiosk |
| *le quai* | platform |
| *la salle d'attente* | waiting room |
| *le tableau des horaires* | timetable board |
| *un TGV* | TGV (high-speed train) |
| *les toilettes (f pl)* | toilets |
| *trains au départ* | departure board |
| *la voie* | track, platform |

### ■ buy a ticket

| | |
|---|---|
| *un aller simple pour Bordeaux* | a single ticket for Bordeaux |
| *un aller-retour pour La Rochelle* | a return ticket for La Rochelle |

### ■ ask if the seat is free

| | |
|---|---|
| *Cette place est occupée?* | Is this place taken? |
| *Non, c'est libre.* | No, it's free. |
| *Oui, c'est occupé.* | Yes, it's taken. |

### ■ understand other travel vocabulary

| | |
|---|---|
| *l'aéroport (m)* | airport |
| *un ascenseur* | lift |
| *un avion* | plane |
| *les bagages (m pl)* | luggage |
| *de bonne heure* | early |
| *à bord* | on board |
| *le couloir* | corridor |
| *la gare* | station |
| *à l'heure* | on time |
| *un panneau* | sign |
| *en retard* | delayed |
| *une valise* | suitcase |
| *vérifier* | to check |
| *le vol* | flight |

### ■ understand *il faut* (and *il ne faut pas*) + infinitive

| | |
|---|---|
| *Il faut composter son billet* | You have to validate your ticket. |
| *Il ne faut pas mettre les pieds sur les sièges.* | You shouldn't put your feet on the seats. |

### ■ describe a day out

| | |
|---|---|
| *le matin* | morning |
| *le soir* | evening |
| *l'après-midi (m)* | afternoon |
| *une journée* | (whole) day |
| *longtemps* | a long time |
| *plus tard* | later |
| *une sortie* | outing |
| *tôt* | early |
| *toute la journée* | all day |
| *tout l'après-midi* | all afternoon |

### ■ use the perfect tense of verbs (with *être*) (see page 90)

The 13 most common verbs are:

| | | | |
|---|---|---|---|
| *arriver* | to arrive | *partir* | to leave |
| *monter* | to go up | *descendre* | to go down |
| *tomber* | to fall | *rester* | to stay |
| *venir* | to come | *aller* | to go |
| *entrer* | to enter, go in | *sortir* | to leave |
| *naître* | to be born | *mourir* | to die |
| *retourner* | to return | | |

### ■ make the past participle agree when necessary (see also pages 92–93)

Add *-e* if the subject is feminine. Add *-s* if the subject is plural (masculine or mixed groups). Add *-es* if the subject is plural and feminine, e.g.

| | |
|---|---|
| *je suis allé(e)* | *nous sommes allé(e)s* |
| *tu es allé(e)* | *vous êtes allé(e)(s)* |
| *il est allé* | *ils sont allés* |
| *elle est allée* | *elles sont allées* |

# Révision

## ❶ Des mots mêlés

*Trouve le nom de cinq magasins et de cinq choses qu'on peut manger au petit déjeuner.*

- Des magasins

  une ................................

  une ................................

  une ................................

  une ................................

  une ................................

- Pour le petit déjeuner, il y a ...

  des ................................

  des ................................

  du ................................

  du ................................

  de la ................................

| P | Â | T | I | S | S | E | R | I | E | É |
|---|---|---|---|---|---|---|---|---|---|---|
| É | B | C | É | R | É | A | L | E | S | U |
| B | O | U | L | A | N | G | E | R | I | E |
| S | U | Œ | F | C | D | Œ | U | F | S | M |
| U | C | O | N | F | I | T | U | R | E | S |
| C | H | A | R | C | U | T | E | R | I | E |
| A | E | S | U | P | O | L | A | T | H | P |
| E | R | É | P | I | C | E | R | I | E | A |
| R | I | T | S | D | L | N | U | É | O | I |
| B | E | U | R | R | E | A | H | Y | S | N |

## ❷ Des listes

*Regarde les dessins et fais des listes.*

- 4 fruits

  des ................................................

  des ................................................

  des ................................................

  des ................................................

- 4 légumes

  un ................................................

  un ................................................

  des ................................................

  des ................................................

- 4 boissons

  du ................................................

  du ................................................

  du ................................................

  de la ................................................

## ❸ Mots croisés (la nourriture)

**Horizontalement**

1  Comme hors-d'œuvre, il y a du ... de légumes.
6  Comme dessert, il y a ... tarte aux pommes.
7  Quelquefois, on mange ce fruit le m... en hors-d'œuvre.
9  Après le repas, le chat ... repose.
10  Moi, j'adore les fraises. Et toi, quel est ton ... préféré?
11  Est-ce qu'... sont bonnes, ces pêches?
14  On achète une boîte de t... pour faire une salade.
15  Mon ami ne mange pas de ... parce qu'il est végétarien.

**Verticalement**

1  Normalement, à la récréation je mange un fruit, par example une ...
2  Comme boisson, il y a de l'... minérale.
3  J'adore ce gâteau, mais à 20 euros, c'est un peu c...
4  Ma sœur ne mange pas de viande rouge, mais elle mange du ...
5  Au goûter, je mange souvent un fruit comme une pomme ou une p...
8  Pour le déjeuner, j'adore le poulet avec des f...
9  Comme boisson, il y a du s... de citron.
12  Vous prenez le café avec du l... et du sucre?
13  Tu cherches les yaourts? Ils ... dans le frigo.

  Tricolore Total 2 © Honnor, Mascie-Taylor, Spencer, Nelson Thornes 2009

## Épreuve: Écouter

### A Dani est à la gare

*Écoute et choisis la bonne lettre.*
**1 Ex.** *b.*, **2** ......, **3** ......, **4** ......, **5** ......, **6** ......, **7** ......

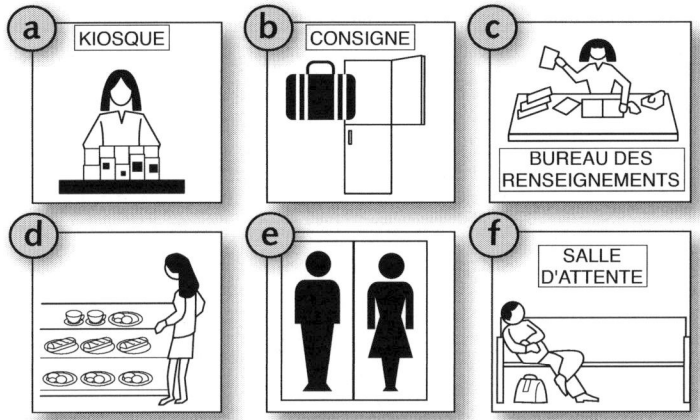

a KIOSQUE  b CONSIGNE  c BUREAU DES RENSEIGNEMENTS
d  e  f SALLE D'ATTENTE
g GUICHET

**6**

### B Quatre voyageurs

*Écoute les conversations.*
*Indique l'heure de départ et le moyen de transport utilisé*
*(en bateau, à pied, en avion, en voiture ou en train).*

| | le moyen de transport | l'heure de départ |
|---|---|---|
| **1 Ex.** | *en bateau* | *11h15* |
| **2** | .................. | .................. |
| **3** | .................. | .................. |
| **4** | .................. | .................. |

**6**

### C Céline et Emmanuel partent en train

*Écoute les conversations et écris la bonne lettre.*

**1** Emmanuel a acheté: **Ex.** *a*....

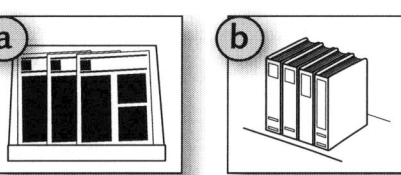 a   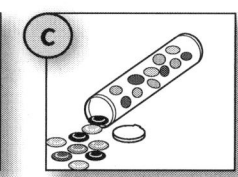 b   c

**2** Céline a acheté: ......

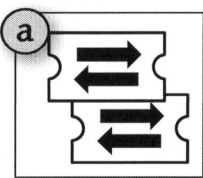 a   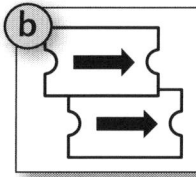 b   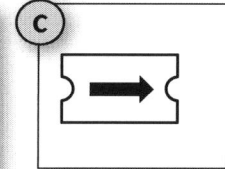 c

**3** Le prix: ......
  **a** 69 euros  **b** 79 euros  **c** 89 euros

**4** Est-ce qu'il faut changer? ......
  **a** C'est un TGV direct.
  **b** C'est un TGV, mais il faut changer.
  **c** C'est un train direct.

**5** Le train part de: ......

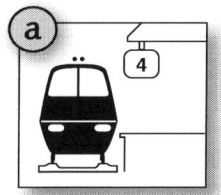 a 4   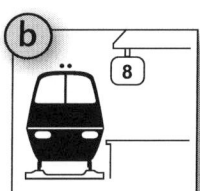 b 8   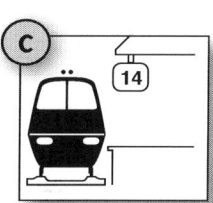 c 14

**6** Les places: ......
  **a** Il n'y a pas deux places ensemble.
  **b** Tout le compartiment est occupé.
  **c** Il y a beaucoup de places libres.

**7** Céline préfère: ......

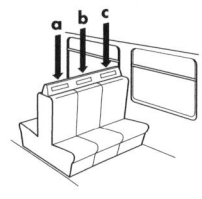

**6**

### D François le contrôleur

*Listen to the interview and answer the questions in English.*

**1** Who does François work for?
  **Ex.** *French Railways*.................

**2** Will he be starting work earlier or later next week?
  ..........................................................................

**3** As a ticket inspector, he has to check that passengers have a ticket, but what else does he need to check?
  ..........................................................................

**4** How many passengers did he find yesterday who didn't have a ticket?
  ..........................................................................

**5** How long does the journey normally last?
  ..........................................................................

**6** Where does he go when he arrives in Lyon?
  ..........................................................................

**7** Mention two reasons why he dislikes his work. (2)
  ..........................................................................
  ..........................................................................

**TOTAL**

**7** **25**

# Épreuve: **Parler**

**A** *Choisis une conversation: 1 ou 2. Prépare la conversation avec un(e) partenaire, puis travaille avec ton professeur.*

**1** *Tu es à la gare.*

**2** *Tu as passé la journée en France. Réponds aux questions.*

Vous désirez?

Greet the railway employee and ask for a return ticket to Paris.

Oui, bien sûr.

Ask if the train is direct.

Pas de problème. Oui, le train est direct.

Find out what time the train leaves.

À treize heures vingt.

Find out what time the train arrives in Paris.

À quinze heures trente.

Vous êtes partis à quelle heure?

6:00

Vous êtes arrivés à quelle heure?

9:00

Qu'est-ce que vous avez fait le matin?

(2 activités)

Qu'est-ce que vous avez fait l'après-midi?

(2 activités)

12

12

## Pour t'aider

| Nous sommes | partis à … | Nous avons | visité la ville. |
|---|---|---|---|
| | arrivés … | | fait un pique-nique. |
| | restés … | | acheté des cadeaux. |
| | rentrés … | | acheté des souvenirs. |
| | allés au parc. | | vu … |
| | au musée. | | mangé … |
| | | | bu … |

**B** *Maintenant, prépare une conversation avec un(e) partenaire. Ensuite, travaille avec ton professeur.*

Vous êtes/Tu es sorti(e) samedi ou dimanche?

Je suis allé(e)… /Non, je ne suis pas sorti(e).

Où êtes-vous/es-tu allé(e) hier?

Je suis allé(e) …

À quelle heure êtes-vous/es-tu parti(e)?

Je suis parti(e) …

À quelle heure êtes-vous/es-tu rentré(e)?

Je suis rentré(e) …

Bonus (1 point)
Qu'est-ce que tu penses de ta journée?

13

TOTAL

25

Tricolore Total 2 © Honnor, Mascie-Taylor, Spencer, Nelson Thornes 2009

## Épreuve: Lire

### A Pierre est à la gare

*Trouve les paires.*

1 Ex. ...g, 2 ......, 3 ......, 4 ......, 5 ......,

6 ......, 7 ......

| | |
|---|---|
| 1 | Pierre veut acheter un billet. |
| 2 | Il veut quitter la gare. |
| 3 | Il veut connaître l'heure de son train. |
| 4 | Il veut valider son billet. |
| 5 | Il veut manger. |
| 6 | Il veut monter dans le train. |
| 7 | Il veut se reposer en attendant son train. |

| | |
|---|---|
| a | Le bureau des renseignements |
| b | Accès aux quais |
| c | Sortie |
| d | Compostez ici |
| e | Buffet |
| f | Salle d'attente |
| g | Billetterie |

 6

### B Jeanne va à Paris en train

*Lis le texte et écris la bonne lettre.*

Jeanne est sortie de la maison à neuf heures et demie. Elle est allée à la gare en taxi. Elle a acheté un aller-retour pour le train de 10h10 pour Paris. Elle a voulu monter dans le train tout de suite, mais un passager lui a dit «Il faut composter votre billet, mademoiselle.» Elle est vite allée composter son billet. Avant de monter dans le train, elle a aussi mangé un sandwich. Elle est montée dans le train et il est bien parti à 10h10. Une heure plus tard, le train est arrivé à Paris. Elle a cherché la consigne pour laisser sa valise, mais c'était fermé.

1 Le moyen de transport pour la gare: **Ex.** ...c..
   a à pied   b à vélo   c en voiture

2 Elle a acheté ......
   a un aller simple.
   b un aller-retour.
   c deux allers-retours.

3 Qui a parlé à Jeanne? ......
   a un voyageur
   b un employé
   c un ami

4 Qu'est-ce qu'on lui a dit? ......
   a Il faut valider le billet.
   b Il faut monter dans le train.
   c Il faut réserver une place.

5 Avant de monter dans le train, elle est allée ......
   a à la consigne.   b aux toilettes.   c au buffet.

6 Le train est parti ......
   a à l'heure.   b en retard.   c de bonne heure.

7 Le train est arrivé à ......
   a 10h10.   b 11h10.   c 12h10.

8 Jeanne a voulu ......
   a laisser sa valise à la gare.
   b prendre la valise avec elle.
   c oublier sa valise.

 7

### C Paul va à la tour Eiffel

*Remplis les blancs avec les mots de la case.*

Je suis 1 **Ex.** ...sorti.. de la maison à huit heures et je suis 2 ....................... à Paris à dix heures. Je suis allé à la tour Eiffel et je suis 3 ....................... au troisième étage. C'était magnifique! J'ai 4 ............................... voir tout Paris. Quand je suis 5 ....................... , je suis 6 ....................... dans un magasin et j'ai acheté des cartes postales. Je suis 7 ....................... chez moi à cinq heures.

> **arrivé rentré pu monté entré descendu sorti**

 6

### D Vacances de neige

*Lis ce message et réponds aux questions.*

Bonjour des Pyrénées. On fait du ski tous les jours. Marc est super bon! Luc est toujours par terre, mais Marc ne tombe jamais. C'est un expert et c'est la première fois qu'il fait du ski! Il va participer à une compétition! La neige est merveilleuse, mais dangereuse. Une jeune fille a perdu la vie dans un accident.

   Mais le voyage pour arriver ici, quel désastre!

   Pauline est arrivée à la gare trop tard et nous sommes partis sans elle. Annette a oublié son billet et Georges a été malade dans le train. Jean a oublié sa valise dans le train et il a dû retourner à la gare lundi pour la rechercher.

   À bientôt,
   Angélique

1 Qui va participer à une compétition? **Ex.** ...Marc.....

2 Qui est mort dans un accident? ...............................

3 Qui a manqué le train? ...........................................

4 Qui n'avait pas de billet? .......................................

5 Qui n'a pas fait bon voyage? ...............

6 Qui est retourné à la gare? .....................

7 Qui est souvent tombé? ...........................

6      **TOTAL**   25

## Épreuve: **Écrire et Grammaire**

### **A** Jean parle de sa journée

*Complète les phrases avec la forme correcte des verbes.*

1   Le matin je suis **Ex.** ...*resté*....... à la maison. (rester)

2   L'après-midi je suis ..................................... (sortir)

3   Je suis ............................... à la tour Eiffel, à Paris,
    tout seul.                                            (aller)

4   Le train est ........................................ à une heure.
                                                        (partir)

5   Le train est ..................................... à deux heures.
                                                       (arriver)

6   Je suis ..................................... au troisième étage.
                                                       (monter)

7   Vingt minutes plus tard, je suis .............................
    au rez-de-chaussée.                            (descendre)

8   Je suis ..................................... dans un café.
                                                       (entrer)

9   Puis je suis ..................................... chez moi.
                                                       (rentrer)   **8**

### **B** Une visite à Londres

*Yesterday you went to London. In French, write a postcard
to your French friend. Write 6 sentences.*

*First mention:*
• *what time you left home; how you travelled (train,
  coach etc.); where you went.*
  **Exemple:** *Hier je suis allé(e) à Londres. Je suis
  parti(e) à ...*

*Then mention:*
• *a place of interest that you visited; how long you stayed
  in London; what time you returned home.*
  **Exemple:** *J'ai vu ...*

..................................................................
..................................................................
..................................................................
..................................................................
..................................................................
..................................................................
..................................................................
..................................................................
..................................................................
..................................................................
..................................................................
..................................................................   **8**

### **C** Un voyage en France

*Write an account of your day-trip to France in the perfect
tense. Use the information sheet below to guide you.*

*You could say when you left school, when the boat left,
when you arrived, what you saw and did during your
guided tour of the town. You could also say that you went
up onto the old castle walls, what you did in your free
time and describe your return journey. Did you like your
day out?*
**Exemple:** *Je suis parti(e) ...*

| **5 MAI** | |
|---|---|
| Départ du collège | 7h00 |
| Départ du bateau (Douvres) | 9h30 |
| Arrivée à Boulogne | 11h30 |
| Visite de la ville de Boulogne | 12h00 |
| Les remparts | 13h00 |
| Temps libre | 13h30–15h30 |
| Départ de Boulogne | 16h00 |
| Départ du bateau (Calais) | 18h30 |
| Arrivée au collège | 21h00 |

..................................................................
..................................................................
..................................................................
..................................................................
..................................................................
..................................................................
..................................................................
..................................................................
..................................................................
..................................................................
..................................................................
..................................................................
..................................................................   **9**
..................................................................   **TOTAL**
..................................................................
..................................................................   **25**

# Encore des vêtements

| | | | |
|---|---|---|---|
| ①  | | ② 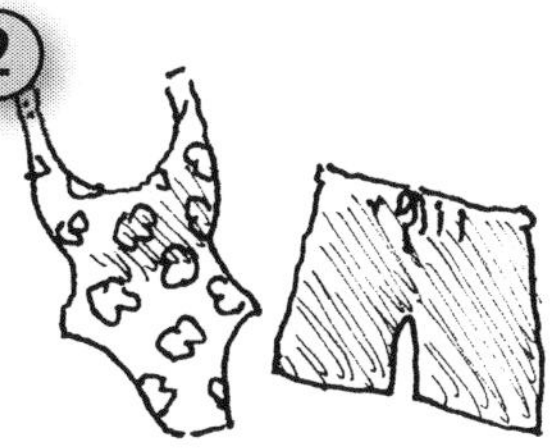 | |
| ③  | | ④  | |
| ⑤ 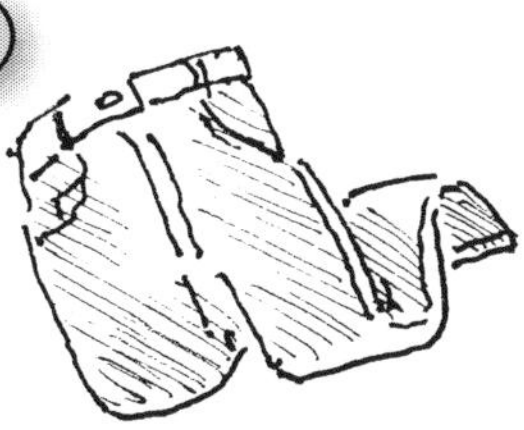 | | ⑥  | |
| ⑦  | | ⑧  | |
| ⑨  | | ⑩  | |
| ⑪  | | ⑫  | |

**1**

*Écris les bons mots pour chaque image.*

**Exemple: 1h** (une chemise)

a   un sweat
b   des gants (m pl)
c   une veste
d   une ceinture
e   un imperméable (un imper)
f   un jean
g   des maillots (m pl) de bain
h   une chemise
i   des sandales (f pl)
j   des bottes (f pl)
k   un casque
l   des lunettes (f pl) de soleil

**2**

*Colorie les vêtements comme tu veux, puis écris une description.*

**Exemple:** *le sweat est bleu /*
*les gants sont noirs /*
*la veste est verte etc.*

# mettre

## ❶ En vacances

*Les vacances sont arrivées, mais qu'est-ce qu'on met? Ces jeunes discutent des vêtements. Suis les lignes et complète la conversation.*

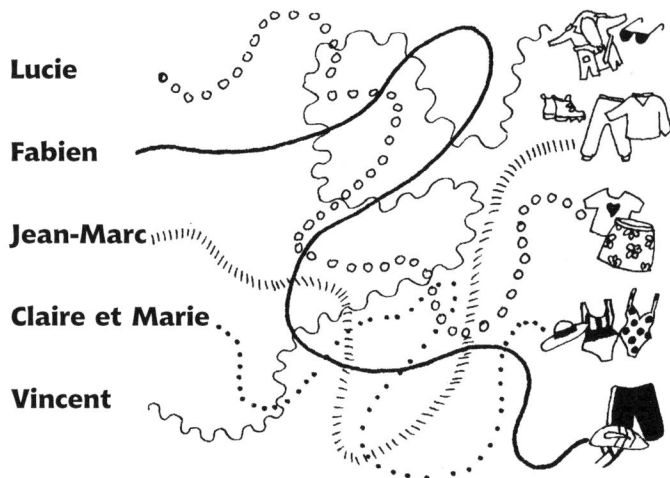

**Lucie:** Alors, tout le monde, qu'est-ce que vous mettez pendant les vacances? Moi, j'aime les vêtements décontractés, alors je m.................. un .................... et une ....................

Et toi, Fabien, qu'est-ce que tu m.............., de préférence?

**Fabien:** Comme j'adore le cyclisme, je m....................... souvent un ....................... et mon ....................... – c'est moins dangereux.

Jean-Marc va passer des vacances à la montagne, alors il m.................. des ...................., un .................... et un ....................

**Claire:** Ah bon, mais Marie et moi, nous aimons le soleil et nous allons souvent à la plage. Nous m......................... chacune un .............................. .................... Mais moi, je m.................... toujours un ................................ pour me protéger un peu du soleil.

**Lucie:** Et toi, Vincent. Tu pars en vacances en Grande-Bretagne, non? Qu'est-ce que tu m....................?

**Vincent:** Alors je prends des précautions. Dans ma valise je m.................... mon .................................... et mes ............................................ On ne sait jamais!

## ❷ Mots croisés

### Horizontalement

1 Il neige dehors. ... vos bottes et votre imperméable!
5 Le dimanche, je ... lève à dix heures.
6 Il fait froid. Mets ... veste!
7 Quand il fait très chaud, on m... un t-shirt.
8 Je ne sais pas où j'ai ... mon stylo.
10 Pour la fête, je m... mon jean et un t-shirt noir.
12 Pour faire du cyclisme, ... mettons un casque.
14 Pour faire de l'athlétisme, on met un ... et un t-shirt.
16 Je ... mets pas mon sweat quand il fait chaud.
17 Pour faire du ski, les enfants m... des bottes.

### Verticalement

1 Pour aller au collège, nous m... un uniforme.
2 ... as mis ton sweat ou ta veste?
3 J'ai mis ma chemise blanche ... ma veste.
4 Pour aller à la piscine, je ... un maillot de bain.
5 Je n'ai rien à me ...!
7 Chaque anniversaire, ma mère ... donne un t-shirt.
9 Les garçons ont mis leurs vêtements d'hiver. ... ont froid.
11 Qu'est-ce que tu ... mis pour la fête hier soir?
13 Pour la fête, Julie a mis ... robe noire. Très chic!
15 Les garçons ... mis une cravate. Extraordinaire!

# C'est utile, le dictionnaire!

## Looking up adjectives

An adjective is a word, like 'happy', 'large', 'green', 'lazy' etc., that tells you more about a noun. When looking up an adjective, you need to look for the masculine singular form.

This is what you might find if you looked up the regular French adjective *haut*.

No other forms are supplied in the dictionary if the adjective is regular.

You add:
nothing for a masculine singular word, e.g. *le mur est haut*;
**-e** for a feminine singular word, e.g. *la tour est haute*;
**-s** for a masculine plural word, e.g. *les murs sont hauts*;
**-es** for a feminine plural word, e.g. *les tours sont hautes*.

*a*
This tells you that the word is an adjective.

**haut** [o] *a.* (**a**) high; **mur h. de cinq mètres** wall five metres high; **à mer haute** at high tide (**b**) important, great; **h. fonctionnaire** high-ranking official (**c**) raised; **voix haute** loud voice; **lire à haute voix** to read aloud (**d**) upper, higher; **le plus h. étage** the top floor

**h.** is used in place of **haut** to save space in this example.

(**a**), (**b**), (**c**) and (**d**) are slightly different meanings and there are some examples to show the word in use.

Here is another example.

This time, the feminine form is given as well, as it is irregular.

*a*
This tells you it is an adjective.

**longue**
This has been given in full, as the feminine form is used.

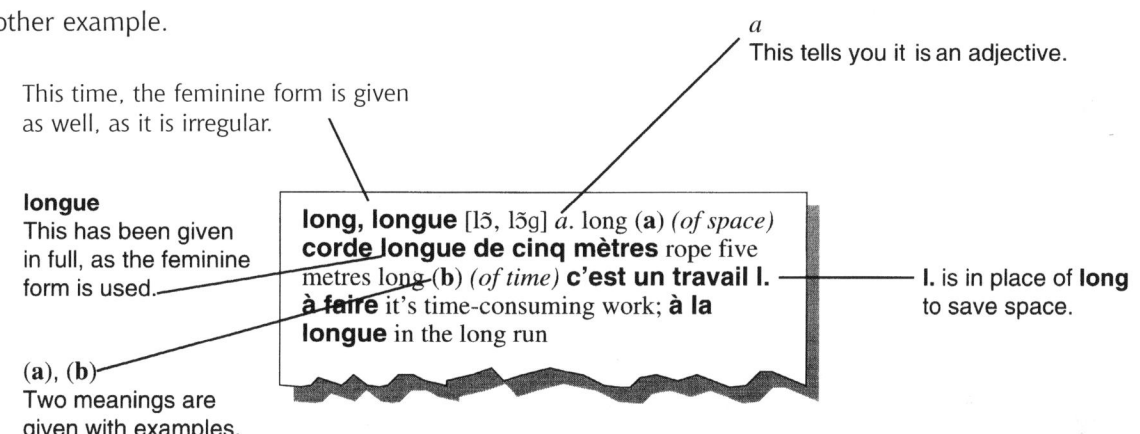

**long, longue** [lɔ̃, lɔ̃g] *a.* long (**a**) *(of space)* **corde longue de cinq mètres** rope five metres long (**b**) *(of time)* **c'est un travail l. à faire** it's time-consuming work; **à la longue** in the long run

l. is in place of **long** to save space.

(**a**), (**b**)
Two meanings are given with examples.

## ① Complète le tableau

| singulier masculin | féminin |
|---|---|
| **a** ..................... | grande |
| **b** ..................... | contente |
| **c** long | ..................... |
| **d** triste | ..................... |
| **e** blanc | ..................... |
| **f** ..................... | chère |
| **g** délicieux | ..................... |
| **h** bon | ..................... |

## ② C'est comme l'anglais?

*Souvent, on peut deviner le sens d'un mot. Complète la liste sans regarder dans le dictionnaire.*

| français | anglais |
|---|---|
| **a** énorme | ..................... |
| **b** riche | ..................... |
| **c** intéressant | ..................... |
| **d** possible | ..................... |
| **e** confortable | ..................... |
| **f** immense | ..................... |
| **g** parfait | ..................... |
| **h** actif | ..................... |
| **i** incurable | ..................... |

## ③ Attention aux faux amis

There are some French words, called *faux amis*, which look the same as the English, but which have a different meaning. If you guess the meaning of a word and it doesn't seem right, check it in the dictionary.

*Ces mots ont un sens différent en français. Pour compléter la liste tu peux regarder dans le dictionnaire.*

| français | anglais |
|---|---|
| **a** large | ..................... |
| **b** grand | ..................... |
| **c** joli | ..................... |
| **d** mince | ..................... |
| **e** gentil | ..................... |

# Faites des descriptions

## ❶ Un congrès international

*Voici des participants à un congrès en France.*

Michel • Magali • Karim • Pierre • Lucie • Nina

### A C'est qui?

**1** Il a environ quarante ans. Il est assez grand, mais pas très grand. Il a les cheveux noirs et frisés et les yeux marron. Il a une petite barbe, mais il n'a pas de moustache. Il porte des lunettes.

   C'est .................................................

**2** Elle est assez jeune. Elle a les cheveux noirs et frisés et les yeux bruns. Elle porte des lunettes. Comme vêtements, elle porte un pull et une veste.

   C'est .................................................

**3** Moi, j'ai cinquante ans. J'ai les cheveux courts et gris et les yeux verts. Je porte des lunettes de soleil.

   C'est .................................................

**4** Et moi, j'ai vingt-cinq ans. Je suis assez grand. J'ai les cheveux blonds et raides en queue de cheval. J'ai les yeux bleus et je porte une casquette.

   C'est .................................................

### B Complète la description
*Regarde l'image de Nina et complète la description.*

Elle a environ trente **1** .................................................

Elle est assez **2** g.................................................

Elle a de longs **3** .................................................

noirs et **4** ................................................. et les

**5** ................................................. bruns.

Elle **6** ................................................. des lunettes.

## ❷ Quel type préfères-tu?

*Un reportage de Jean-Philippe Olivier.*

Les jeunes filles modernes, elles aiment quel type de garçons? Et les garçons, quelle sorte de filles préfèrent-ils? Pour le découvrir, j'ai fait un petit sondage parmi des élèves à la sortie d'un collège.

Voici une sélection des réponses à mes questions.

*Complète chaque opinion avec le mot correct.*

**Corinne (15 ans):** Un garçon **1 Ex.** *...intelligent...* (intelligent / intelligente / intelligents), c'est bien. Mais un garçon qui est **2** .................... (gentil / gentille / gentils) aussi, ça c'est l'idéal!

**Richard (15 ans):** Alors une fille assez **3** .................... (grand / grande / grands) avec les cheveux blonds et les yeux **4** .................... (bleu / bleue / bleus). Voilà mon idée de la fille idéale!

**Aurélie (13 ans):** Les garçons m'énervent! J'ai déjà trois frères et ils sont **5** .................... (impossible / impossibles)

**Jamilla (16 ans):** J'aime les garçons qui sont **6** .................... (poli / polis / polies). C'est essentiel! S'ils sont **7** .................... (beau / beaux / belle) en plus, c'est extra!

**Frédéric (17 ans):** Moi, je suis assez **8** .................... (timide / timides) et je n'aime pas les filles très bruyantes. Une fille **9** .................... (calme / calmes), voilà ma préférence!

**Florent (13 ans):** Les filles, bof! Elles ne m'intéressent pas trop – sauf si elles sont **10** .................... (sportif / sportive / sportives). Ma vraie passion, c'est le sport!

Tricolore Total 2 © Honnor, Mascie-Taylor, Spencer, Nelson Thornes 2009

# Les clowns

## ❶ Complète les dessins

**Dessine ...**

**1** le nez et les oreilles.       **2** la bouche et le cou.       **3** les yeux et les mains.       **4** les jambes et les pieds.

## ❷ Écris les bons mots

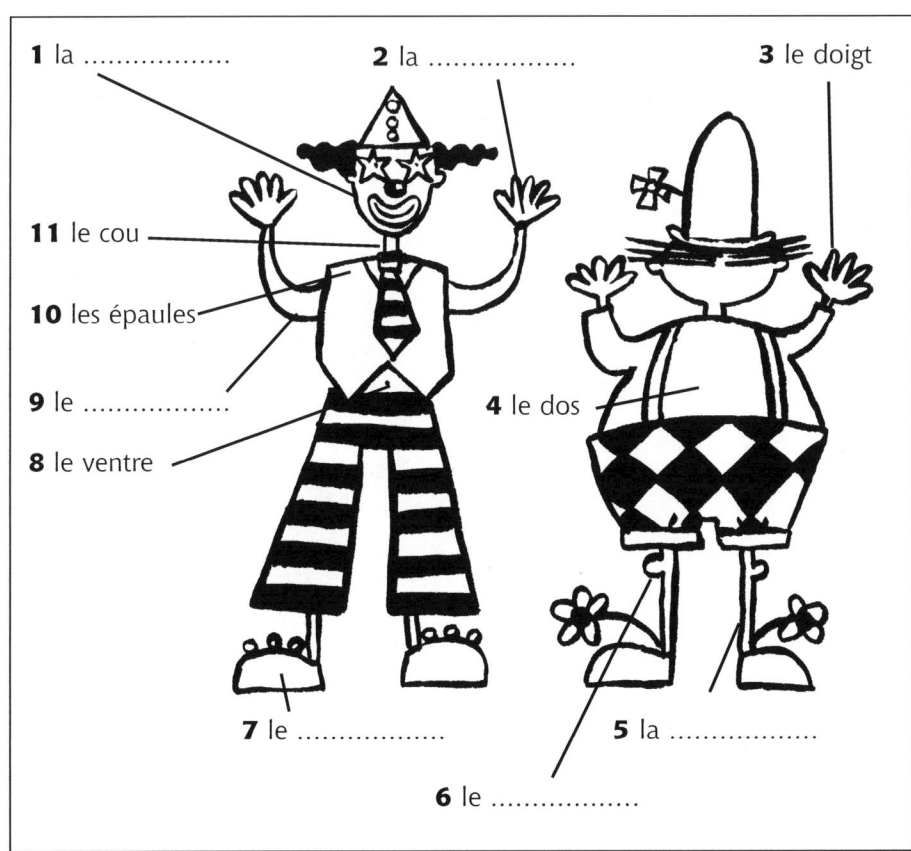

**1** la ..................       **2** la ..................       **3** le doigt

**11** le cou

**10** les épaules

**9** le ..................

**8** le ventre

**4** le dos

**7** le ..................

**6** le ..................

**5** la ..................

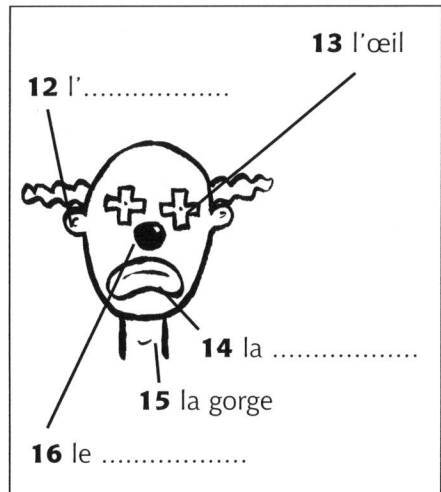

**12** l'..................       **13** l'œil

**14** la ..................

**15** la gorge

**16** le ..................

# À la main

## ❶ Le corps humain

*Regarde les images et complète l'acrostiche.*
*C'est masculin (m) ou féminin (f)?*

|   |   |   |   | L |   |   |   |
|---|---|---|---|---|---|---|---|

Acrostiche vertical: L E C O R P S H U M A I N

1
2
3
4
5
6
7
8
9
10
11
12
13

## ❷ Des phrases utiles

*Voici des mots et des phrases utiles qui utilisent le nom d'une partie du corps.*
*Est-ce que tu les comprends? Devine un peu!*
*Puis trouve les paires. Si tu ne les trouves pas, cherche dans le dictionnaire.*

**la tête**

1 faire un signe de la tête   **Ex.** ..c..

2 de la tête aux pieds   ..........

3 un tête-à-tête   ..........

4 en tête de classe   ..........

**la main**

5 Haut les mains!   ..........

6 une lettre écrite à la main   ..........

7 les bagages à main   ..........

**le bras**

8 bras dessus, bras dessous   ..........

9 en bras de chemise   ..........

**le pied**

10 un coup de pied   ..........

Tricolore Total 2 © Honnor, Mascie-Taylor, Spencer, Nelson Thornes 2009

# Ça ne va pas

## ❶ Moi, j'ai mal

*Écoute et trouve la bonne image.*

**1 Ex.** ..*e*..., **2** ......, **3** ......, **4** ......, **5** ......, **6** ......, **7** ......, **8** ......

## ❷ On a mal, mais où?

*Complète le texte.*

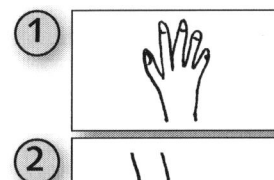

**Ex.** J' ..*ai mal à la main*.................................................................................

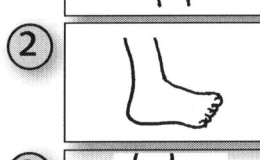

Il ...........................................................................................................

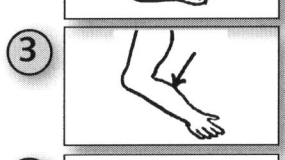

Elle ........................................................................................................

J' ............................................................................................................

5

Il .............................................................................................................

6

Elle ..........................................................................................................

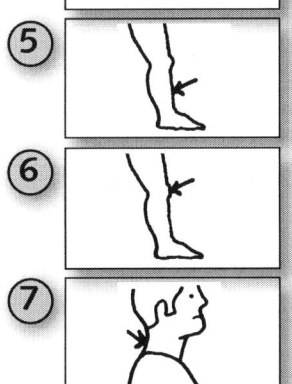

J' ............................................................................................................

8

J' ............................................................................................................

# avoir – un verbe utile

## ❶ Trouve les paires

1 Ex. ...*g*., 2 ......, 3 ......, 4 ......, 5 ......, 6 ......, 7 ......, 8 ......

| | |
|---|---|
| **1** – Vous … | **a** a une moustache et une petite barbe. |
| **2** – Non, nous n'… | **b** ai un billet de 10 euros. |
| **3** – Alors, moi, j'… | **c** toutes les deux les cheveux noirs et frisés. |
| **4** – Zut! Tu … | **d** avons pas d'argent. |
| **5** Voilà nos correspondants qui arrivent. Voilà le prof. Il … | **e** a les cheveux blonds et longs et elle porte un sweat blanc. |
| **6** Ils … | **f** ont beaucoup de bagages. |
| **7** Voici ma correspondante. Elle … | **g** avez de l'argent? |
| **8** Ah, voici des jumelles. Elles ont … | **h** as de la chance! |

## ❷ Remplis les blancs

**A** *Remplis les blancs avec les mots de la case.*

**1** Tu as **Ex.** ..*chaud*.? Alors enlève ta veste.

**2** Nous avons ................................., alors nous allons directement au restaurant.

**3** Il a ................................., alors il va mettre un pull.

**4** Il y a des boissons froides pour les personnes qui ont .................................

**5** Elle a ................................., alors je vais appeler le médecin.

**6** J'ai ................................. Est-ce que je peux ouvrir la fenêtre?

> froid   chaud   faim   soif
> de la fièvre   chaud

**B** *Trouve l'image qui correspond.*

1 Ex. ..*f*.., 2 ......, 3 ......, 4 ......, 5 ......, 6 ......

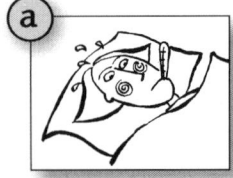  

## ❸ Un petit lexique

*Cherche dans le dictionnaire pour compléter la liste.*

| français | anglais |
|---|---|
| avoir ........................ | *to be hot* |
| avoir de la fièvre | ........................ |
| ........................ | *to be hungry* |
| ........................ | *to be cold* |
| avoir soif | ........................ |
| avoir lieu | ........................ |
| avoir peur | ........................ |
| avoir raison | ........................ |
| avoir sommeil | ........................ |
| avoir tort | ........................ |

## ❹ Cinq expressions

*Dans chaque phrase, il y a une expression avec **avoir**.*
*Souligne l'expression et note le sens en anglais.*
**Exemple: 1** <u>Tu as raison</u>. La réponse est correcte.
   *You are right.....*

**1** Tu as raison. La réponse est correcte.

.......................................................................

**2** Le match de rugby a lieu au stade.

.......................................................................

**3** J'ai sommeil, alors je vais me coucher.

.......................................................................

**4** Ah non, ce n'est pas correct. Vous avez tort.

.......................................................................

**5** Tout le monde a peur de quelque chose, et moi, j'ai peur des serpents.

.......................................................................

# On est malade

## ❶ Au téléphone

*La famille Lévy organise une fête. Ils font les courses au supermarché. Tu es seul(e) à la maison. Tu réponds au téléphone et tu notes les messages.*

**1**

M. et Mme Clémenceau ne peuvent pas venir parce qu'ils ................................................................
.............................. et le chat ................................
..........................................................................

**2**

Annette ne peut pas venir parce qu'elle ......................
..........................................................................
..........................................................................

**3**

La famille Durand va arriver un peu tard. Ils vont chez le médecin parce que le bébé ........................
..........................................................................
..........................................................................

**4**

Les cousins sont malades. Jeanne ........................,
..........................................................................
Paul .....................................................................
..........................................................................,
et les deux enfants ................................................
..........................................................................

## ❷ Chez le médecin

*Travaillez à deux. Jetez un dé ou choisissez des nombres entre 1 et 6 pour faire des conversations.*
**Exemple:**

– Je voudrais prendre un rendez-vous, s'il vous plaît.
– Oui, (**A3**) mercredi à onze heures dix, ça va?
– Oui, ça va, merci.

– Alors qu'est-ce qui ne va pas?
– J'ai mal (**B5**) à la tête et (**C4**) j'ai très froid.
– Ah oui. Bon. (**D6**) Restez à la maison aujourd'hui.
– C'est grave?
– Non, ce n'est pas grave.

## ❸ Tu comprends le médecin?

*Complète la liste.*

| français | anglais |
|---|---|
| Qu'est-ce qui ne va pas? | ................................ |
| ................................ | *My head hurts.* |
| Ça va mieux? | ................................ |
| ................................ | *It's not serious.* |
| Est-ce que vous dormez bien? | ................................ |
| ................................ | *Drink plenty of water.* |
| Avez-vous de la fièvre? | ................................ |
| ................................ | *Don't eat today.* |
| C'est quel nom, s'il vous plaît? | ................................ |
| ................................ | *Stay in bed.* |

**A**
**1** lundi, 09h15
**2** mardi, 10h30
**3** mercredi, 11h10
**4** jeudi, 12h20
**5** vendredi, 14h45
**6** demain, 16h00

**B**
**1** au dos
**2** au ventre
**3** à l'oreille
**4** à la gorge
**5** à la tête
**6** aux yeux

**C**
**1** J'ai de la fièvre.
**2** J'ai très chaud.
**3** J'ai tout le temps soif.
**4** J'ai très froid.
**5** Je ne peux pas dormir.
**6** Je suis tout le temps fatigué.

**D**
**1** Ne mangez pas aujourd'hui.
**2** Buvez beaucoup d'eau minérale.
**3** Venez me voir la semaine prochaine.
**4** Je vais vous donner une ordonnance.
**5** Restez au lit.
**6** Restez à la maison aujourd'hui.

# Tu comprends?

## 1 On part en vacances

*Qu'est-ce qu'on met dans la valise et dans quel ordre?*
*Écoute et écris les bonnes lettres dans le bon ordre.*
*(Attention! on ne met pas tous les vêtements dans la valise.)*

**Ex.** ...b,...................................................

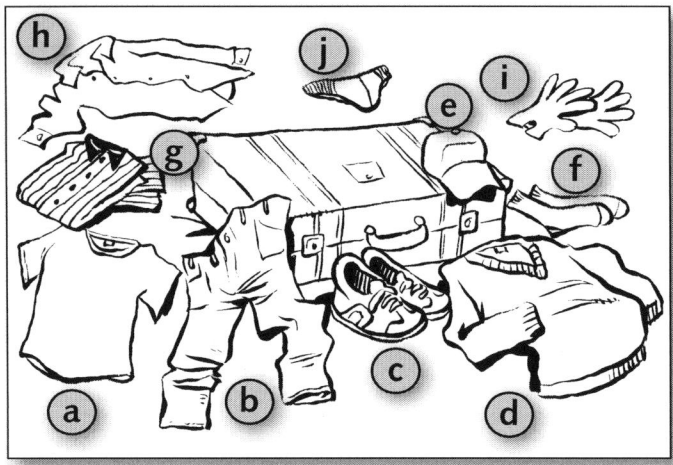

## 2 Faites cela, s'il vous plaît

*Écoute et choisis les bonnes expressions de la case*
*ci-dessous pour compléter les instructions.*

### À la maison
(C'est la mère des enfants qui parle.)

Pouvez-vous m'aider un peu, les enfants? Les visiteurs
vont bientôt arriver. Linda, **1 Ex.** ...mets... la table, s'il te
plaît, et Charles, **2** ........................ ces assiettes et
**3** ...................... les serviettes de table.

Ensuite, Linda, **4** ........................ un peu tes affaires et
Charles, **5** ........................ à Papa sur son portable et
**6** ........................-lui à quelle heure il va arriver.

### En classe
(C'est le prof qui parle.)

D'abord, **7** ........................ ces listes de mots dans
votre cahier, s'il vous plaît. Si vous ne comprenez pas
tous les mots, **8** ........................ dans le dictionnaire.

Maintenant, **9** ................................. à deux.
**10** ..................... le dé à tour de rôle et
**11** ........................ les bonnes cases.
**12** ......................................... de corriger les erreurs à
la fin.

> **range  écrivez  mets  travaillez**
> **prends  cochez  demande  cherchez**
> **téléphone  N'oubliez pas  apporte**
> **Jetez**

## 3 Chez le médecin

*Écoute les conversations et écris V (vrai) ou F (faux) après*
*chaque phrase.*

**1 Mme Dupont**

  **a** Elle a mal à la tête. **Ex.** ..V...

  **b** Elle n'a pas de fièvre. .........

  **c** C'est très grave. .........

  **d** Elle a mal à la gorge. .........

  **e** Elle a mal aux oreilles. .........

**2 Richard**

  **a** Richard a joué au basket hier. .........

  **b** Il a mal au genou. .........

  **c** Il a mal au pied droit aussi. .........

  **d** Le docteur dit à Richard qu'il faut aller à l'hôpital. .........

  **e** La mère de Richard est venue chez le médecin avec lui. .........

## 4 Voici mes amis

*Écoute et identifie les six personnes.*

> **Patrick  Kémi  Charles**
> **Lucie  Hélène  Élise**

**1 Ex.** *Kémi* ....................................................

**2** ..............................................................

**3** ..............................................................

**4** ..............................................................

**5** ..............................................................

**6** ..............................................................

Tricolore Total 2 © Honnor, Mascie-Taylor, Spencer, Nelson Thornes 2009

# Sommaire

## Now I can ...

### ■ talk about clothes and what to wear

| | |
|---|---|
| un anorak | anorak |
| des baskets (f pl) | trainers |
| des bottes (f pl) | boots |
| un casque | helmet (for cycling, etc.) |
| une casquette | baseball hat, cap |
| une chaussette | sock |
| une chaussure | shoe |
| une chemise | shirt |
| une cravate | tie |
| un jean | jeans |
| un jogging | track suit |
| un imper(méable) | mac(intosh) |
| une jupe | skirt |
| un logo | logo |
| des lunettes de soleil (f pl) | sunglasses |
| un maillot de bain | swimming costume |
| un pantalon | trousers |
| un pull | jumper |
| un pyjama | pyjamas |
| une robe | dress |
| des sandales (f pl) | sandals |
| un short | shorts |
| un sweat | sweatshirt |
| un t-shirt | T-shirt |
| une tenue | outfit |
| une veste | jacket |
| | |
| une mode | fashion |
| Je n'ai rien à me mettre. | I have nothing to wear. |

### ■ describe people and things

| | |
|---|---|
| carré(e) | square-shaped |
| content(e) | happy |
| court(e) | short |
| décontracté(e) | casual (clothes, etc.) |
| fort(e) | strong |
| grand(e) | big, tall |
| gros(se) | big, fat |
| haut(e) | high |
| jeune | young |
| long(ue) | long |
| lourd(e) | heavy |
| mince | slim |
| pauvre | poor |
| petit(e) | small |
| riche | rich |
| triste | sad |
| vieux (vieille) | old |
| de taille moyenne | medium height/build |

### ■ describe appearance (see pages 104–105)

### ■ describe parts of the body (see page 108)

### ■ say that you feel ill

| | |
|---|---|
| Je ne vais pas très bien. | I'm not very well. |
| Ça ne va pas très bien. | I'm not very well. |
| Ça ne va pas mieux. | I'm no better. |
| Je suis (un peu) malade. | I am ill (I am not very well). |

### ■ explain what's wrong

| | |
|---|---|
| J'ai mal au cœur. | I feel sick. |
| Je suis asthmatique. | I have asthma. |
| Je suis allergique à ... | I am allergic to … |
| Je ne peux pas dormir. | I can't sleep. |
| J'ai mal à la tête.* | I have a headache./ My head hurts. |
| Il a mal au dos.* | He has backache./ His back hurts. |
| Elle a mal aux oreilles.* | She has earache. |

*use a similar pattern for other parts of the body (see page 108)*

| | |
|---|---|
| J'ai chaud. | I'm hot. |
| J'ai froid. | I'm cold. |
| J'ai de la fièvre. | I have a temperature. |
| J'ai faim. | I'm hungry. |
| J'ai soif. | I'm thirsty. |

### ■ understand what the doctor asks you ...

| | |
|---|---|
| Qu'est-ce qui ne va pas? | What's wrong? |
| Qu'est-ce qu'il y a? | What's the matter? |
| Ça vous fait mal là? | Does it hurt you there? |

### ■ ... and what you are told

| | |
|---|---|
| Ouvrez la bouche. | Open your mouth. |
| Montrez-moi la jambe. | Show me your leg. |
| Restez au lit. | Stay in bed. |
| Prenez ce médicament. | Take this medecine. |
| Prenez votre inhalateur. | Take your inhaler. |
| Voici une ordonnance. | Here's a prescription. |

### ■ use direct object pronouns to avoid repetition (see page 106–107)

| | |
|---|---|
| Où est mon sac? | Where's my bag? |
| Le voilà. | There it is. |
| Où est ma montre? | Where's my watch? |
| La voilà. | There it is. |
| Où sont mes baskets? | Where are my trainers? |
| Les voilà. | There they are. |

### ■ use the imperative to give commands (see page 112)

# Révision

## ① Un jeu de définitions

### A La famille
*Complète les définitions.*

1 Je m'appelle Charles. Je n'ai pas de frère et je n'ai pas de sœur. Je suis **Ex.** ...*enfant unique*......

2 Anne-Marie est la sœur de ma mère. C'est ma ........................................

3 Marc et Sandrine sont les enfants de ma tante. Ce sont mes ..........................

4 Joséphine est la mère de mon père. C'est ma ........................................

### B La maison
*C'est quelle chambre?*

1 Ici, on dort dans son lit. **Ex.** *la chambre (à coucher)*

2 Ici, on prépare les repas.
...................................................................

3 Ici, on déjeune ou on dîne.
...................................................................

4 Ici, on se lave et on se brosse les dents.
...................................................................

## ② Des mots utiles

### A *Complète la liste avec les mots de la case.*

| | français | anglais |
|---|---|---|
| 1 | d'abord | **Ex.** *first of all* |
| 2 | alors | *so, then* |
| 3 | donc | *so, then* |
| 4 | ensuite | ........................... |
| 5 | mais | ........................... |
| 6 | et | ........................... |
| 7 | ou | ........................... |
| 8 | puis | ........................... |
| 9 | si | ........................... |
| 10 | quand | ........................... |

> next   if   and   then   when   or   but
> after that   so   first of all

### B *Complète les phrases avec un des mots de la partie A. (Il y a plusieurs possibilités.)*

1 Le matin, **Ex.** ...*d'abord*.... je me lave et ........................... je m'habille.

2 Je descends à la cuisine. ........................... je prends mon petit déjeuner.

3 ........................... je vais au collège.

4 Normalement, je prends mon vélo, ........................... s'il pleut, je prends le bus.

5 Ce matin, il a fait très beau, ........................... j'ai décidé d'aller au collège à pied.

6 ........................... je rentre du collège, j'ai toujours faim, ........................... je prends mon goûter.

## ③ Mots croisés (les matières scolaires)

**Horizontalement**

1 C'est la langue qu'on parle en Angleterre.

7 Si tu es fort en peinture, tu es probablement aussi fort dans cette matière.

8 C'est une matière assez difficile, mais c'est très important.

10 Le samedi soir, j'aime jouer ... mon ordinateur.

11 Voici notre nouveau laboratoire. ..., on étudie la biologie.

12 J'ai tous mes cours sur mon emploi ... temps.

14 Ces trois lettres représentent le sport.

15 J'aime la musique, mais je ... joue pas d'un instrument.

**Verticalement**

1 C'est la langue qu'on parle en Allemagne.

2 On ne dit pas souvent l'histoire et la géographie, on dit l'histoire-...

3 Normalement, on commence le collège à l'âge de onze ...

4 Je fais trois ...: la biologie, la physique et la chimie.

5 C'est la langue qu'on parle en France.

6 J'aime étudier le passé, les batailles, les rois célèbres, tout ça. Ma matière préférée, c'est l'...

9 Normalement, les cours durent une ...

13 Mon collège, c'est ... collège mixte.

Tricolore Total 2 © Honnor, Mascie-Taylor, Spencer, Nelson Thornes 2009

## Épreuve: Écouter

### A Sept personnes vont chez le médecin

*Écoute et écris la bonne lettre.*

**1 Ex.** ...*d*.., **2** ......., **3** ......., **4** ......., **5** ......., **6** ......., **7** ......

a
b
c
d
e
f
g

⟨6⟩

### B Au voleur!

*Écoute la description des sept voleurs. Identifie-les et écris la bonne lettre.*

**1 Ex.** ...*g*.., **2** ......., **3** ......., **4** ......., **5** ......., **6** ......., **7** ......

a
b
c
d
e
f
g

⟨6⟩

### C Jeannette est malade

*Listen and answer the questions in English.*

**1** What is the first thing the doctor asks Jeannette to do?

**Ex.** *Open her mouth* ............................................................

**2** What is wrong with Jeannette? Give TWO symptoms. (2)

.................................................................................

.................................................................................

**3** What has she eaten?

.................................................................................

**4** What does the doctor give her?

.................................................................................

**5** What TWO things does the doctor tell her to do? (2)

.................................................................................

.................................................................................

⟨6⟩

### D Quels vêtements?

*Écoute ces personnes. On parle de quels vêtements?
Complète la liste.*

1  *un imperméable* ...........................

2  ...........................................

3  ...........................................

4  ...........................................

5  ...........................................

6  ...........................................

7  ...........................................

8  ...........................................

une robe     un maillot de bain
une cravate     un pyjama
un imperméable     un casque
des bottes     un short

TOTAL

⟨7⟩ ⟨25⟩

# Épreuve: **Parler**

**A** *Choisis une conversation: 1 ou 2. Prépare la conversation avec un(e) partenaire, puis travaille avec ton professeur.*

**1** *You are ill and go to see the doctor.*

**2** *Report a missing person and give a description to the police.*

| | |
|---|---|
| Bonjour. Ça ne va pas? | Say that you are not well. |
| Qu'est-ce qu'il y a exactement? | Give a symptom. |
| C'est tout? | Give a second symptom. |
| Je vais vous donner une ordonnance. | Find out where the chemist's is. |

**12**

| | |
|---|---|
| La personne était comment? | Give the colour of his/her eyes and his/her size (i.e. big/small/medium). |
| D'autre détails? | Give the colour of his/her hair and say whether it is long, short or curly. |
| Qu'est-ce que la personne porte? | Say what he/she is wearing on his/her feet and give a colour. |
| C'est tout? | Mention another item of clothing that he/she is wearing and give a colour. |

**12**

**B** *Maintenant, prépare une conversation avec un(e) partenaire. Ensuite, travaille avec ton professeur.*

| | |
|---|---|
| Qu'est-ce que tu mets pour aller au collège? | Je mets ... |
| Qu'est-ce que tu mets quand il fait froid et qu'il pleut? | Je mets ... |
| Le week-end dernier, qu'est-ce que tu as mis pour aller à la fête/aller chez tes copains/sortir? | J'ai mis ... |
| Est-ce que tu as acheté des vêtements récemment? | J'ai acheté ... |

Bonus (1 point)
*Ajoute des détails.* **13**

**TOTAL**

**25**

Tricolore Total 2 © Honnor, Mascie-Taylor, Spencer, Nelson Thornes 2009

## Épreuve: **Lire**

### A C'est quoi?

*Lis les phrases et écris les bons mots.*

> des bottes
> un maillot de bain
> un pyjama
> des chaussures
> un imperméable
> un pull
> une casquette

**1** On les porte quand on fait des promenades à la campagne. **Ex.** .....*des bottes*........

**2** On le porte quand il pleut. .....................................

**3** On le porte pour dormir. .....................................

**4** On le porte quand on fait de la natation...................

**5** On les met aux pieds avec des chaussettes. ..............

**6** On la porte sur la tête. ...............................

**7** On le porte quand il fait froid. .....................

6

### B Qui est-ce?

*Lis les phrases et écris la bonne lettre.*

**1 Ex.** ...*e*.., **2** ......, **3** ......, **4** ......, **5** ......, **6** ......, **7** ......

     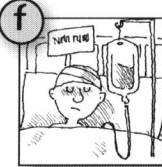 

**1** Cette personne a une barbe. Elle a chaud.
**2** Cette personne a une moustache. Elle a froid.
**3** Cette personne a les cheveux frisés. Elle a de la fièvre.
**4** Cette personne a les cheveux raides. Elle a soif.

**5** Cette personne a mal au ventre. Elle a faim.
**6** Cette personne ne peut pas dormir.
**7** Cette personne est très malade.

6

### C Trouve les paires

**1 Ex.** ...*b*.., **2** ......, **3** ......, **4** ......, **5** ......, **6** ......, **7** ......

**1** J'ai marché dix kilomètres. Maintenant, j'ai ...
**2** J'ai passé six heures au soleil. Maintenant, j'ai ...
**3** Vous êtes asthmatique? Alors ...
**4** Docteur! Donnez-moi ...
**5** J'ai joué au tennis toute la journée et maintenant, ...
**6** Je suis très fatigué, mais ...
**7** J'ai bu un demi-litre d'eau. Je n'ai pas ...

**a** mal à la tête.
**b** mal aux pieds.
**c** je ne peux pas dormir.
**d** prenez votre inhalateur.
**e** une ordonnance.
**f** j'ai mal aux épaules et au bras.
**g** soif.

6

### D Un vol

*Answer the questions in English.*

#### Vol à Londres

Hier matin, un homme et une femme sont entrés dans un magasin «Topaze» au centre de Londres. Chez «Topaze», on vend des colliers, des montres, des diamants, des perles et toutes sortes d'objets précieux. L'homme, un revolver à la main, portait une casquette et des lunettes de soleil. Il est allé à la caisse et a mis le revolver contre le cou d'un caissier* et lui a dit: «Haut les mains! Un mouvement et je vais tirer.»

La voleuse, un casque sur la tête, a ouvert un sac et a pris deux colliers – un collier de perles et un collier de diamants. M. Simon, un autre caissier, a téléphoné à la police.

cassier = cashier

**1** How many robbers were there? **Ex.** .....*two*.....

**2** When did the robbery take place?
.........................................................

**3** In which country did the robbery take place?
.........................................................

**4** What kind of shop is 'Topaze'?
.........................................................

**5** How did the male robber hide his face?
.........................................................

**6** What did the male robber threaten to do?
.........................................................

**7** How did the female robber hide her face?
.........................................................

**8** What did the robbers steal?
.........................................................

**TOTAL**

7 25

## Épreuve: Écrire et Grammaire

### A Dans ma valise, j'ai …

*Tu pars en vacances. Fais la liste des choses que tu mets dans ta valise.*

```
1  un pantalon
2  ......................
3  ......................
4  ......................
5  ......................
6  ......................
7  ......................
8  ......................
9  ......................
```

8

### C Une maladie en vacances

*While on holiday you fall ill. Send an email to your French friend telling him/her how you feel.*

*You could say that you are not well, that you went to the doctor, give an opinion of the doctor e.g. whether you liked him/her or not, say that you are not better, give the symptoms you have e.g. a headache, sore throat etc., say whether you have a temperature, that you feel hot, that you are thirsty/not hungry.*

### B Une carte postale

*On holiday, you meet someone you get on very well with. In French, write a postcard of 6 sentences to your French friend describing your new friend.*

**Mention:**
- eyes
- hair
- height
- whether he/she wears glasses.

**Then mention:**
- two items of clothing he/she wears.

**Exemple:**
*Chère Roselyne,
Hier, j'ai rencontré un garçon/une fille. Il/Elle a les yeux verts …*

8

9

TOTAL

25

Tricolore Total 2 © Honnor, Mascie-Taylor, Spencer, Nelson Thornes 2009

# Idées loisirs

**A** Planète-vacances
**Parc d'attractions**

Piscines et Bassins    Toboggan Aquatique
Mini-golf, Trampolines, Châteaux gonflables,
Jeux de sable, Mur d'escalade, Basket,
Volley-Ball, Football, Jeux

**ouvert du 20/05 au 30/10 de 10h à 19h**
**tous les jours**
**le 15 août – Gala et fête**
**Tarif réduit pour les moins de 16 ans**

**B** **Dinosauria**
**le pays des derniers dinosaures**

Vous êtes ici, il y a 70 millions d'années, au temps
des derniers dinosaures.
Un voyage extraordinaire au pays de ces
«Terribles Lézards».
Le musée des dinosaures – ouvert tous les jours
sauf le 25 décembre
juillet–août 10h00–19h00
toute l'année 10h00–12h00 et 14h00–18h00
35 différentes espèces de dinosaures exposées

**C** Bienvenue à la
**RÉSERVE AFRICAINE**

**3500 animaux**

Ouvert tous les jours
(sauf le 25 déc et le 1er jan)
à 9h
toute l'année
Un circuit en voiture
ou
Une promenade à pied

**D** Visitez
**Aqua-balade**

pour les loisirs aquatiques
canoë-kayak sur la Dordogne
pédalo et planche à voile sur le lac
ouvert du 15/06 au 15/09, tous les jours
et sam. et dim. toute l'année

**E** **Le mystère de la cathédrale**

un spectacle «son et lumière»
tous les dimanches, mardis et mercredis
des mois de juillet et d'août
21h dans la cathédrale
*réservations à la cathédrale
ou par téléphone
05 63 74 69 93*

## ❶ Où visiter?

**A** *Écoute la publicité. On parle de quelle affiche?*

**1 Ex.** .D...., **2** ..........., **3** ..........., **4** ..........., **5** ...........

**B** *Vrai ou faux?*
*Lis les phrases et écris **vrai** ou **faux**. Corrige les phrases qui sont fausses.*
**Exemple: 1 faux. Il n'est pas ouvert le 25 décembre.**

**1** Le musée des dinosaures est ouvert 365 jours.

**2** Le spectacle 'son et lumière' est à la cathédrale.

**3** Ça commence à huit heures du soir.

**4** Le 15 août, il y a une fête au parc d'attractions.

**5** On peut faire du canoë sur la Dordogne tous les week-ends de l'année.

**6** Vous ne pouvez pas visiter la réserve africaine en voiture.

**7** Au parc Planète-vacances, on peut faire du toboggan dans la piscine.

**8** Dinosauria ferme à sept heures du soir au mois de juillet.

## ❷ Deux conversations

*Écoute et complète le texte.*

**1   Céline et Sophie**

**C:** Qu'est-ce qu'on va faire aujourd'hui? On va visiter
**1 Ex.** ....*le musée*............?

**S:** Ah non, il fait trop chaud. Qu'est-ce qu'il y a d'autre à faire? Regardons les affiches!

**C:** Alors, il y a la réserve africaine. Tu aimes
**2** .............................., toi?

**S:** Non, pas trop. Voyons, si on allait à
**3** ..............................
On peut faire du kayak sur **4** ...............................

**C:** Bonne idée!

**2   Rachid, Géraldine et Mathieu**

**R:** Planète-vacances, c'est quoi?

**G:** C'est un grand **5** .....................................

**M:** Qu'est-ce qu'il y a à faire?

**G:** Il y a un toboggan aquatique, puis **6** .....................
et beaucoup de sports et de jeux.

**R:** On y va?

**G:** Oui, oui, et ce soir, on va voir le spectacle son et lumière **7** ................................................

**R:** Ah oui. Ça commence à quelle heure?

**G:** À neuf heures. Tu viens, Mathieu?

**M:** Je vais venir à Planète-vacances, mais ce soir, je vais regarder la télé.

# Le calendrier et l'heure

## ① Où sont les voyelles?

**A** *Complète les mots.*

**1 Ex.** .o. c t .o. b r .e.
**2** n ... v ... m b r ...
**3** m ... r d ...
**4** ... v r ... l
**5** h ... v ... r
**6** m ... r c r ... d ...
**7** ... ... t ... m n ...
**8** p r ... n t ... m p s
**9** s ... m ... d ...
**10** ... ... ... t
**11** m ... ...
**12** l ... n d ...

**B** *Trouve:*

* 5 mois

..................................................................

..................................................................

* 4 jours

..................................................................

..................................................................

* 3 saisons

..................................................................

..................................................................

## ② Quelle heure est-il?

*Trouve les paires.*

**1** Il est trois heures et demie. **Ex.** ....*d*...
**2** Il est dix-sept heures cinquante. .........
**3** Il est midi. .........
**4** Il est deux heures vingt-cinq. .........
**5** Il est vingt-trois heures cinquante-neuf. .........
**6** Il est treize heures quinze. .........
**7** Il est quatre heures et demie. .........
**8** Il est vingt et une heures cinq. .........
**9** Il est dix-huit heures vingt. .........
**10** Il est sept heures dix. .........

## ③ Mots croisés

### Horizontalement

**1** Il y a sept jours dans une ...
**3** Tu ... né en quelle année?
**5** Quelle est ... date aujourd'hui?
**6** Et toi, qu'est-ce que ... aimes surtout faire le jour de ton anniversaire?
**7** Après mardi, avant jeudi.
**12** Quel jour sommes-nous? – Je ... qu'aujourd'hui c'est mardi.
**13** – Je ... connais pas la date de ton anniversaire.
**14** Le quatorze juillet, c'est la date de mon anniversaire ... la date de la fête nationale.
**15** C'est ... aujourd'hui. Je vais à l'église.
**19** Le 24 décembre, ... va souvent à l'église pour la messe de minuit.
**20** – Je n'aime pas l'hiver. Il fait ... le temps froid.
**21** – Oui, mais j'adore Noël, ... aussi, non?
**23** C'est le mois de la rentrée en France et le commencement de l'automne.

### Verticalement

**1** C'est mon jour préféré. (Demain, c'est dimanche.)
**2** C'est un mois et c'est une tablette de chocolat!
**3** Avril, juin, septembre ... novembre ont 30 jours.
**4** Moi, j'adore faire de la natation en été. Et toi, qu'est-ce que tu aimes s... faire?
**8** ... hiver, on fait du ski – j'adore ça!
**9** C'est quoi, ... paquet? – C'est ton cadeau de Nöel.
**10** Je pars en vacances au bord de la mer ... été.
**11** On mange beaucoup ... chocolat à Pâques.
**15** Quelle est la ... de ton anniversaire?
**16** Quel est ton ... favori? – C'est juillet, je pense, ou août.
**17** Le premier janvier s'appelle le jour de l'...
**18** Le premier jour du printemps est le vingt ... un mars.
**22** Cette année, le dimanche de Pâques est ... quinze avril.

# partir et sortir

## ❶ Les verbes

*Complète les tableaux.*

| partir – *to leave* | |
|---|---|
| je p...................... | nous p.................. |
| tu pars | vous partez |
| il/elle/on p.............. | ils/elles p.............. |

| sortir – *to go out* | |
|---|---|
| je sors | nous sortons |
| tu s.................... | vous s................ |
| il/elle/on sort | ils/elles sortent |

## ❷ Le samedi

*Remplis les blancs avec la forme correcte du verbe partir ou sortir.*

Salut!

Ouf! Demain, c'est samedi et je peux sortir. Le samedi après-midi, je 1 s............ toujours avec mes amis. Nous 2 s...................... souvent en groupe, mais si les filles passent trop de temps dans les magasins, nous 3 p............................ sans elles au stade ou à la piscine.

Mon frère aîné a une petite voiture et quelquefois, il 4 s............ avec nous et on 5 p............ à la montagne. En été, nous 6 p........................ tous ensemble à la mer.

Et toi, est-ce que tu 7 s............ le samedi?

8 P.........-tu quelquefois en excursion avec tes copains? Raconte-moi ça dans ta prochaine lettre.

Réponds-moi vite!

Ton ami,

Daniel

## ❸ Les vacances

*Remplis les blancs avec la forme correcte du verbe partir ou sortir.*

Salut!

C'est bientôt les vacances, mais j'ai le moral à zéro parce que cette année, moi, je ne 1 p........... pas. D'habitude, nous 2 p........................ en famille à Saint-Auban, un petit village à la campagne. On est bien là-bas; je 3 s........... tous les jours avec mes amis et le dimanche, s'il fait beau, on 4 p........... en excursion dans notre voiture. Mais cet été, notre père travaille au Sénégal — c'est loin, non? Ma mère 5 p........... le voir pendant huit jours, mais mes frères et moi, nous restons ici avec ma grand-mère. Elle est gentille, mais elle n'a pas de voiture, donc on ne 6 s........... pas souvent.

Alors toi, si tu 7 p...... en vacances cette année, pense à nous, les trois enfants qui ne 8 p........... pas!!! Envoie-moi beaucoup de cartes postales!

Ton amie triste et découragée,

Florence

## ❹ Et toi?

*Choisis un de ces titres: 'Le samedi' ou 'Les vacances'.
Écris trois phrases sous ce titre. Dans chaque phrase, utilise au moins une de ces expressions:*

| je sors | je pars |
|---|---|
| on sort | on part |
| nous sortons | nous partons |
| ils sortent | ils partent |
| sortir | partir |

## ❺ Vrai ou faux?

*Invente deux phrases vraies et deux phrases fausses sur Daniel et Florence.*

**Exemples:**

*Daniel sort avec ses amis. C'est vrai.* ......................

*Florence est heureuse. C'est faux.* ......................

......................................................................

......................................................................

......................................................................

......................................................................

# Des conversations

## 1 Qu'est-ce qu'on fait?

**A** *Écoute et complète les conversations.*

1 – Qu'est-ce qu'on fait cet après-midi?
  – Si on allait à l'exposition au musée?
  – Oui, je veux bien. C'est ouvert à partir de quelle heure?
  – À partir de ........................
  – À ........................ Bon, on y va à ........................ alors.

2 – Qu'est-ce qu'on fait ce soir?
  – Tous les autres vont au Roller Rouge.
  – D'accord. On y va. À quelle heure?
  – Rendez-vous à ........................, chez Richard.
  – D'accord. À ........................, chez Richard.

3 – Il y a un bon film au cinéma ce soir. On y va?
  – Qu'est-ce que c'est comme film?
  – C'est «Jour de fête».
  – C'est un film américain?
  – Non, c'est un vieux film ........................ et c'est français.
  – Oui, je veux bien voir ça.

4 – Si on allait au cirque samedi?
  – Ah non. Moi, je déteste le cirque. Allons au match de ........................
  – Ah non, pas le ........................
  – Tiens, regarde cette affiche pour la patinoire Super-Express. Si on allait à la patinoire?
  – D'accord, allons à la patinoire.
  – À trois heures de l'après-midi? Ça va?
  – À trois heures. D'accord.

5 – Il y a un spectacle son et lumière au château de Blois. On y va?
  – Oui, je veux bien. Ça commence à quelle heure?
  – À neuf heures.
  – À neuf heures. Alors, on prend le bus à ........................ ce soir. D'accord?
  – À ........................ Excellent!

## 2 Conversations au choix

*Travaillez à deux. Jetez un dé pour faire des conversations.*
**Exemple:**

  – Es-tu libre (**A6**) samedi?
  – Oui, pourquoi?
  – (**B2**) Il y a un match de basket à la salle des sports, ça t'intéresse?
  – Oui, bonne idée. Alors rendez-vous (**C3**) devant la salle des sports à quelle heure?
  – À (**D1**) quatorze heures.
  – D'accord. À tout à l'heure.

**Quand?**
| | | | |
|---|---|---|---|
| **1** | aujourd'hui | **4** | jeudi |
| **2** | demain | **5** | vendredi |
| **3** | mercredi | **6** | samedi |

**Ça t'intéresse?**
**1** un match de football au stade
**2** un match de basket à la salle des sports
**3** un bon film au cinéma
**4** un bon concert au théâtre
**5** une fête à la maison des jeunes
**6** une soirée informatique à la maison des jeunes

**Rendez-vous où?**
| | | | |
|---|---|---|---|
| **1** | au café René | **4** | près de l'hôtel de ville |
| **2** | en face du cinéma | **5** | à la maison des jeunes |
| **3** | devant la salle des sports | **6** | devant le cinéma |

**À quelle heure?**
| | | | |
|---|---|---|---|
| **1** | 14h00 | **4** | 18h30 |
| **2** | 17h00 | **5** | 19h00 |
| **3** | 18h00 | **6** | 19h30 |

**B** *Qu'est-ce qu'on a fait finalement?*
*Réécoute ou relis les conversations et choisis les détails corrects.*
**Exemple: 1a**

| | | | | |
|---|---|---|---|---|
| **1** | Il y a une exposition | **a** | <u>au musée.</u> | **b** au château. |
| **2** | On a passé la soirée | **a** | chez Richard. | **b** au Roller Rouge. |
| **3** | Ils ont décidé d'aller | **a** | à la fête. | **b** au cinéma. |
| **4** | Ils sont allés | **a** | à la patinoire. | **b** au cirque. |
| **5** | Ils sont allés au château | **a** | en voiture. | **b** en bus. |

# Le week-end dernier

## ❶ Les activités

*Complète les phrases.*

**Ex.** Moi, j'.*ai fait du vol libre.*

Et toi, tu ..................... .....................?

Louis ....................... .....................

Charlotte ................. .....................

Nous ...................... .....................

Vous ....................... .....................

Ils ........................... .....................

Elles ......................... .....................

### Pour t'aider

faire
du cyclisme/vélo
de l'équitation
du judo
du patinage
de la planche à voile
du ski (nautique)
de la voile
du vol libre

## ❷ Mots croisés

**Horizontalement**

**1** Samedi dernier, Alice est ... en ville. (*to go*)
**5** Après ça, elle a ... pour m'inviter à sa fête. (*to phone*)
**7** Son frère est ... à la maison. (*to stay*)
**9** Mon frère Loïc est ... à la fête avec moi. (*to come*)
**12** En ville, Christophe est ... dans un café. (*to enter*)
**14** Il a commandé un chocolat chaud ... un croissant. (*to stay*)
**17** Tu aimes ... t-shirt? Il l'a acheté ce matin.
**18** Quand il est ... du café, nous sommes allés au cinéma. (*to go out*)
**19** Ah bon. Moi aussi, je ... allé au cinéma hier soir.

**Verticalement**

**1** Viens vite! Sandrine et Marie sont ... (*to arrive*)
**2** Ces t-shirts ne sont pas très chers. On ... vend au marché.
**3** Oui, j'ai vu des t-shirts comme ça. ... sont jolis.
**4** À Paris, Sandrine et Marie sont ... à la tour Eiffel. (*to go up*)
**5** J'espère qu'elles ne sont pas ... du sommet! (*to fall*)
**6** Est-ce que ton frère est ... pour le match? (*to leave*)
**8** Non, il regarde le sport à la télé, mais son équipe favorite n'a pas ... (*to win*)
**10** Il ... part pas avant deux heures.
**11** J'ai acheté ... nouveau sac pour les vacances.
**13** Vous allez au Canada, ... et ta sœur?
**15** Ah non. Mais toi, ... es allé au Canada l'année dernière, non?
**16** Oui, et tu ... restée en France.

# Un jeu de logique

## Samedi dernier

**A** *Qu'est-ce que Charlotte, Géraldine, Patrick et Mathieu ont fait?*
*Lis la description et complète le tableau avec des mots de la case.*

### Le matin

Deux personnes sont allées en ville. Une de ces personnes a acheté un jeu vidéo.
Un garçon et une fille sont allés à la piscine.
Mathieu n'aime pas beaucoup le sport, surtout la natation, et il n'a pas fait de sport ce week-end.
Géraldine va en ville tous les samedis, mais ce week-end, elle n'a rien* acheté.

### L'après-midi

Un des garçons était** très fatigué, alors il a passé l'après-midi à dormir.
Une des filles est allée en ville et a acheté un cadeau pour Géraldine – samedi, c'était** son anniversaire.
L'autre garçon a passé l'après-midi à jouer sur son ordinateur. Il était très content de son nouveau jeu vidéo.

L'autre fille a aidé sa mère à préparer un repas spécial pour ce soir. Ses grands-parents et sa meilleure copine sont invités à dîner pour fêter son anniversaire.

### Le soir

Les deux filles ont beaucoup apprécié le dîner chez Géraldine. Le gâteau d'anniversaire était délicieux!
Un des garçons est allé au cinéma avec sa famille.
L'autre garçon n'aime pas faire du sport, mais il aime le regarder, donc il est resté à la maison et il a regardé le grand match international à la télé.

> *\* ne … rien = nothing; \*\* était = was; c'était = it was*

> a dormi    en ville
> à la piscine    au cinéma
> un jeu vidéo    sur l'ordinateur
> Géraldine    la cuisine

|  | **Charlotte** | **Géraldine** | **Patrick** | **Mathieu** |
|---|---|---|---|---|
| **le matin** | est allée **Ex.** *à la* piscine | est allée ............ ............ | a fait de la natation | a acheté ............ ............ |
| **l'après-midi** | est allée en ville | a fait ............ ............ | ............ ............ | a joué ............ ............ |
| **le soir** | a dîné chez ............ ............ | a fêté son anniversaire | est allé ............ ............ | a regardé un match à la télé |

**B** *Complète le résumé avec des initiales.*

### Le matin

Tout le monde est sorti.

**Ex.** *G* et *M* sont allés en ville.

........ et ........ sont allés à la piscine.

### L'après-midi

........ personnes ne sont pas sorties.

........ a dormi.

........ a joué sur l'ordinateur.

........ a fait la cuisine à la maison.

### Le soir

........ et ........ ont dîné ensemble.

........ est allé au cinéma.

........ est resté à la maison.

**C** *Écoute et à chaque fois, décide qui parle.*

1 **Ex.** *Géraldine* ...................................

2 ...................................

3 ...................................

4 ...................................

5 ...................................

6 ...................................

7 ...................................

8 ...................................

Tricolore Total 2 © Honnor, Mascie-Taylor, Spencer, Nelson Thornes 2009

# Tu comprends?

## ❶ C'est quand?

*Écoute et complète les phrases avec l'heure et le jour (3,4,5).*

**1** Le feu d'artifice est à **Ex.** ..*23h*.

**2** En octobre le parc d'attractions ouvre à ........................

**3** Le spectacle son et lumière est ........................ à ........................

**4** On va au musée ........................ Le car va partir à ........................ de l'après-midi.

**5** Le concert de rock, c'est le ........................ à ........................ du soir.

**6** Le film commence à ........................ Rendez-vous devant le cinéma à ........................

## ❷ On sort

*Écoute et choisis la bonne lettre.*

**A Alice**

**1** Pendant la semaine, Alice sort …
- **a** souvent. ☐
- **b** pas très souvent. **Ex.** ✔
- **c** rarement. ☐

**2** Le week-end, Alice sort …
- **a** assez souvent. ☐
- **b** pas très souvent. ☐
- **c** rarement. ☐

**B Mathieu**

**3** Le samedi matin, Mathieu sort …
- **a** quelquefois. ☐
- **b** assez souvent. ☐
- **c** toujours. ☐

**4** Il sort …
- **a** assez tard. ☐
- **b** très tard. ☐
- **c** très tôt. ☐

**C Sébastien**

**5** Pendant les vacances, Sébastien fait …
- **a** un peu de sport. ☐
- **b** beaucoup de sport. ☐
- **c** très peu de sport. ☐

**6** Il va à la piscine …
- **a** souvent. ☐
- **b** tous les jours. ☐
- **c** quelquefois. ☐

**7** Il va à la plage …
- **a** une fois par semaine. ☐
- **b** deux fois par semaine. ☐
- **c** trois fois par semaine. ☐

**D Julie**

**8** La mère de Julie dit qu'elle …
- **a** ne sort pas assez. ☐
- **b** sort trop. ☐
- **c** ne sort jamais. ☐

## ❸ Où sont-ils allés?

*Écoute et trouve les paires.*

**1 Ex.** ...*g*., **2** ......, **3** ......, **4** ......,

**5** ......, **6** ......, **7** ......, **8** ......

| | |
|---|---|
| **1** Jean-Pierre est allé … | **a** au concert. |
| **2** Caroline et Claire sont allées … | **b** du roller. |
| **3** Nicolas est allé … | **c** à Paris. |
| **4** Aurélie est allée … | **d** à une fête. |
| **5** David et Kémi sont allés … | **e** au cinéma. |
| **6** Marie est allée … | **f** au match de rugby. |
| **7** Vivienne a fait … | **g** au match de hockey. |
| **8** Les jumeaux ont fait … | **h** un pique-nique. |

## ❹ Tu veux sortir?

*Écoute les six conversations. Si on accepte, écris **A**. Si on refuse, écris **R**. Si on ne sait pas, écris **?**.*

**1 Ex.** ...*R*., **2** ......, **3** ......, **4** ......, **5** ......, **6** ......

# Sommaire

## Now I can ...

### understand information about events

| | |
|---|---|
| une entrée | entrance (ticket) |
| fermé | closed |
| un feu d'artifice | firework display |
| gratuit | free of charge |
| un horaire | schedule, opening hours |
| les jours fériés (m pl) | public holidays |
| ouvert | open |
| une place | place, seat |
| sauf | except |
| un spectacle | show |
| tous les jours | every day |

### make plans

| | |
|---|---|
| Si on allait à ... | Shall we go to ...? |
| Qu'est-ce qu'on va faire? | What are we going to do? |
| On y va? | Shall we go? |
| Ça commence à quelle heure? | What time does it start? |
| Qu'est-ce qu'il y a d'autre à faire? | What else is there to do? |
| Il y a un match au stade. | There's a match at the stadium. |
| Tu veux faire ça? | Do you want to do that? |

### discuss what's on

| | |
|---|---|
| Qu'est-ce qu'il y a à faire ce week-end? | What is there to do this weekend? |
| Qu'est-ce qu'il y a au cinéma? | What's on at the cinema? |
| C'est à quelle heure, le match? | What time is the match? |

### exchange contact details

| | |
|---|---|
| Quel est ton numéro de téléphone? | What's your phone number? |
| Tu as un portable? | Do you have a mobile? |
| Quelle est ton adresse e-mail? | What's your email address? |
| Je n'ai pas d'adresse e-mail. | I don't have email. |
| l'arobase (m) | @ (e.g. in an email address) |

### accept or decline invitations (see page 122)

### buy tickets

| | |
|---|---|
| Ça coûte combien? | How much is it? |
| Deux tickets, s'il vous plaît. | Two tickets, please. |
| Deux entrées/places, s'il vous plaît. | Two places, please. |
| Il y a un tarif réduit pour les étudiants? | Is there a reduction for students? |

### talk about football and other sports

| | |
|---|---|
| un but | goal |
| le championnat | championship |
| la Coupe du monde | World Cup |
| une équipe | team |
| un(e) gardien(ne) de but | goalkeeper |
| un(e) joueur (joueuse) | player |
| marquer un but | to score a goal |
| un match | match |
| match nul | a draw |
| la mi-temps | half-time |
| passer le ballon | to pass the ball |
| première/deuxième partie | first/second half |
| sauver un but | to save a goal |
| le tournoi | tournament |

### make comparisons

| | |
|---|---|
| Il est plus grand que moi. | He's taller than me. |
| Elle est moins grande. | She's less tall. |
| Les jumeaux sont aussi grands que moi. | The twins are as tall as me. |
| Mes sœurs ne sont pas si grandes que moi. | My sisters are not as tall as me. |
| Avez-vous quelque chose de moins cher? | Do you have something cheaper? |
| Parlez plus lentement, s'il vous plaît | Speak more slowly, please. |
| C'est un meilleur joueur. | He is a better player |
| C'est une meilleure chanteuse. | She's a better singer. |

### describe a recent weekend (see page 126)

| | |
|---|---|
| Qu'est-ce que tu as fait? | What did you do? |
| Je suis allé(e) ... | I went to ... |
| C'était bien? | Was it good? |
| Oui, c'était cool. | Yes it was cool. |
| Non, c'était nul. | No, it was rubbish. |

### talk about reading (see page 127)

### use the verb voir (to see)

| present tense | | perfect tense |
|---|---|---|
| je vois | nous voyons | |
| tu vois | vous voyez | j'ai vu, etc. |
| il/elle/on voit | ils/elles voient | |

### use the verb sortir (to go out)

| present tense | | perfect tense |
|---|---|---|
| je sors | nous sortons | |
| tu sors | vous sortez | je suis sorti(e), etc. |
| il/elle/on sort | ils/elles sortent | |

# Révision

## ❶ Chasse à l'intrus

*Trouve le mot qui ne va pas avec les autres.*
*Si possible, explique pourquoi.*
**Exemple: 1** *grand (les autres sont des couleurs)*.........

**1** rouge, vert, grand, jaune

.................................................................

**2** petite, mince, longue, veste

.................................................................

**3** les yeux, la robe, le nez, la bouche

.................................................................

**4** les bottes, les cheveux, les baskets, les sandales

.................................................................

**5** un pyjama, une jupe, un ventre, une chemise

.................................................................

**6** le bras, les doigts, la main, les gants

.................................................................

## ❷ Au magasin de vêtements

*Trouve:*

• 6 vêtements qui commencent par un 'c'

.................................................................
.................................................................
.................................................................
.................................................................
.................................................................
.................................................................

• 2 vêtements qui commencent par un 'b'

.................................................................
.................................................................

• 2 vêtements qui commencent par un 'p'

.................................................................

## ❸ Mots croisés (les descriptions)

### Horizontalement

**1** J'ai les cheveux ... Je n'aime pas les cheveux longs.
**3** Pff! Cette table est très ...!
**5** Cette dame achète beaucoup de nouveaux vêtements. Je pense qu'elle est très ...
**7** Hier, j'ai ... une belle surprise. J'ai reçu un cadeau d'anniversaire de mon frère.
**10** Est-ce que ta sœur est petite?
– Non, non. Elle est assez ...
**12** Et ta sœur? Est-elle grande ... petite?
**13** Elle est grande aussi, mais mon frère est ...
**15** Tu as un ordinateur chez toi? – Bien sûr! C'est amusant et c'est très ... pour faire les devoirs.
**16** Tu as vu cette jupe bleue? Elle est jolie, non?
– Oui, mais moi, je préfère ... pantalon.
**17** Tu es ... ce matin. – Oui, c'est parce que mon petit chat est mort.

### Verticalement

**1** Regarde tous ces cadeaux. Je pense qu'il y a un CD dans le paquet ...
**2** Est-ce que David est ton frère aîné?
– Non, non. Il est plus ... que moi.
**3** Ce manteau est trop ... Je préfère un manteau court ou une veste.
**4** Tu as des chips pour la récré?
– Non, je n'ai pas ... chips, mais j'ai une banane.
**6** Tu as l'air heureux aujourd'hui.
– C'est vrai. Je suis très ...
**8** Ce bâtiment est très ... Du sommet, on peut voir très loin.
**9** Regarde ce lapin noir et blanc. Il est mignon! Et v... un lapin gris. Il est énorme!
**11** J'aime bien les couleurs vives, comme le r...
**14** Est-ce que tu vas mettre ... nouvelles baskets noires?

Épreuve: **Écouter**

## **A** Quelle heure est-il?

*Écoute et écris les heures en chiffres.*

**1** **Ex.** ....01h05.................   **3** ................................   **5** ................................

**2** ................................   **4** ................................   **6** ................................

$\boxed{5}$

## **B** Réserve Africaine

*Listen to this radio advert for a theme park. Answer the questions in English.*

**1** Where is the Réserve Africaine?

   **Ex.** .....25 kilometres from Paris...............

**2** When is the park open?

   ................................................................

**3** How much does a 13-year-old pay?

   ................................................................

**4** How many animals are there?

   ................................................................

**5** Which sport can you play?

   ................................................................

**6** Which children's game can you play?

   ................................................................

**7** How much is the puppet show?

   ................................................................   $\boxed{6}$

## **C** Samedi dernier

*Sept jeunes parlent de samedi dernier. Écoute et écris la bonne lettre.*

**1 Ex.** ...g.., **2** ......, **3** ......, **4** ......., **5** ......, **6** ......, **7** ......

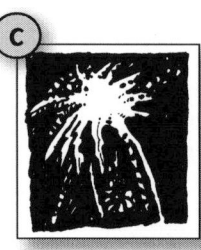

$\boxed{6}$

## **D** Bruno organise son week-end

*Écoute les conversations au téléphone. Bruno propose quelles activités?*
*Ses copines disent oui (✔), non (✗) ou je ne sais pas (?)?*

**1** Sophie:   Activité **Ex.** ...a.......

         Réponse **Ex.** ..✔........

**2** Sylvie:   Activité ...........

         Réponse ...........

**3** Françoise: Activité ...........

         Réponse ...........

**4** Yvette:   Activité ...........

         Réponse ...........

**5** Charlotte: Activité ...........

         Réponse ...........

$\boxed{8}$

**TOTAL**

$\boxed{25}$

# Épreuve: **Parler**

**A** *Choisis une conversation: 1 ou 2. Prépare la conversation avec un(e) partenaire, puis travaille avec ton professeur.*

**1** *You are staying with your French penfriend. You start.*

**2** *You are talking to a French friend. Your partner starts.*

Ask: What are we going to do this afternoon?

Si on allait en ville?

Say: I don't want to do that.

Il y a un concert au stade. On y va?

Say: Yes, I would like to. What time does it start?

À quinze heures.

Say: Rendez-vous at 14:30.

D'accord. À toute à l'heure.

Est-ce que tu sors souvent avec tes amis?

Je sors assez souvent/quelquefois/ le week-end seulement etc.

Où vas-tu normalement?

Je vais au cinéma/au théâtre/à un concert/ au club des jeunes etc.

Qu'est-ce que tu fais quand il fait mauvais/chaud/ froid?

Je fais de la natation/du vélo/ du roller/de l'informatique/du judo etc.

Est-ce que tu joues d'un instrument ou est-ce que tu pratiques un sport?

Je joue du violon/ de la guitare/au football/au basket etc.

12

12

**B** *Maintenant, prépare une conversation avec un(e) partenaire. Ensuite, travaille avec ton professeur.*

Qu'est-ce que tu as fait le week-end dernier?

Je suis allé(e) au parc d'attractions/au feu d'artifice/au bowling/au musée/chez mes copains/chez mes copines etc.

Tu y es allé(e) avec qui?

J'y suis allé(e) avec mes parents/avec mes amis/avec ma classe/avec mon(ma) meilleur(e) ami(e) etc.

C'était bien?

Oui, c'était excellent/très bien/intéressant/ amusant. / Non, c'était ennuyeux/nul!

S'il fait beau demain, qu'est-ce que tu vas faire?

S'il fait beau demain, je vais faire du vélo/voir mes amis/sortir/ jouer au basket/faire une promenade/aller à la plage.

TOTAL

*Bonus (1 point)*

*Faites une phrase avec «si …», «quand …» ou «mais …».* 13 25

## Épreuve: **Lire**

### A Idées loisirs

**Parc Parisien**

Feu d'artifice
à 22h samedi
Kayak
Bal populaire
Musique
Démonstrations de sauts
en parachute

Fermé: décembre janvier février

**Sigean**

❖ 20 lions/tigres
❖ un circuit en voiture
❖ Pédalos
❖ Planches à voile
❖ Ouvert toute l'année

**Lis les annonces et écris V (vrai), F (faux) ou P (pas mentionné).**

1 On peut nager à Sigean. **Ex.** ....P.
2 On peut faire des activités aquatiques à Sigean. .......
3 Il y a un feu d'artifice à neuf heures du soir au parc Parisien. .......
4 Le parc Parisien ferme à dix heures du soir. .......
5 À Sigean, on ne peut pas visiter les animaux en voiture. .......
6 Le parc Parisien est ouvert en hiver. .......
7 Sigean est fermé le lundi. .......   **6**

### C Roald Dahl

**Read the text and answer the questions in English.**

Un auteur très populaire en France qui écrit en anglais.
Roald Dahl est né au pays de Galles de parents norvégiens. D'abord, il a travaillé pour une compagnie pétrolière en Afrique, puis il est devenu pilote. Finalement, il a décidé de devenir écrivain.
Au début, il a écrit des livres pour les adultes. Puis il a écrit son premier livre pour les enfants: «James et la grosse pêche», suivi de «Charlie et la chocolaterie» et toute une série de best-sellers. Ses livres sont publiés dans le monde entier.
Il a écrit ses livres dans une cabane, dans le verger* de sa grande maison à la campagne et il a raconté beaucoup de ses histoires à ses enfants pour les tester.
Roald Dahl est mort en novembre 1990, à l'âge de soixante-quatorze ans.

*le verger = orchard*

1 Where was Roald Dahl born? **Ex.** ....Wales...........
2 Where did he work first of all? ...........................
3 What was his second job? ...................................
4 Who were his early books written for? ...................
5 Which was his first book for children?
...............................................................
6 Did he live in the town or the country? ..................
7 How old was he when he died? .........................   **6**

### B Trouve les paires

1 Ex. ..c.., 2 ......, 3 ......, 4 ......, 5 ......, 6 ......, 7 ......

1 Un peu plus loin, vous …
2 Si on allait au cinéma …
3 Le week-end, je …
4 Pendant le voyage, j'ai …
5 Je regrette, mais …
6 On se retrouve devant …
7 Je suis …

a sors souvent.
b je ne suis pas libre.
c voyez le nouveau stade de football.
d lu mon livre.
e ce soir?
f allé chez ma copine.
g le cinéma?

**6**

### D Un e-mail

**Lis cet e-mail et décide si les phrases sont vraies (V) ou fausses (F).**

Salut Charles!
C'est dimanche 12 avril. Tout va bien ici au nouveau collège. La semaine dernière, je suis sortie tous les soirs avec mes nouvelles amies. Mercredi, nous sommes allées à une nouvelle discothèque – c'était fantastique.
Hier, j'ai passé l'après-midi avec ma copine Élodie. Nous avons passé un après-midi ennuyeux. D'abord, nous sommes allées au café avec des amis mais elle n'a pas parlé. Elle a lu ses magazines. Après ça, nous sommes allées dans un grand magasin. Elle a parlé sur son portable et n'a même pas regardé les vêtements.
Aujourd'hui, je suis très fatiguée et je vais dormir cet après-midi.
À bientôt,    Julie

**Ex.** F

**TOTAL**

**7**  **25**

## Épreuve: **Écrire et Grammaire**

### A Les activités de la famille Levert

*Complète les phrases avec la forme correcte du verbe* **sortir**.

1 «Pauline, tu **Ex.** ......*sors*...... ce soir?»

2 Pauline et son frère ............................. ce soir.

3 «Oui, nous ............................. ce soir.»

4 «Je suis fatigué. Je ne ......................... pas ce soir.»

*Complète les phrases avec la forme correcte du verbe* **faire**.

5 «S'il fait beau, on **Ex.** ......*fait*........ une promenade cet après-midi.»

6 «Non, je ne peux pas. Je ............................. mes devoirs.»

7 Les enfants ............................. la vaisselle dans la cuisine.

*Complète les phrases avec la forme correcte du verbe* **aller**.

8 Pauline **Ex.** ......*va*........... chez sa copine.

9 Ils ne ............................. pas sortir ce soir.

10 «Je ............................. voir mes amis ce soir.»

11 «Nous ............................. au cinéma.»

8

### B Un e-mail

*In French, write an email to your French friend who wants to know what you have done recently.*

*Mention:*
- *what you did on Saturday morning/afternoon/evening.*

*Then mention:*
- *what you did on Sunday morning/afternoon/evening.*

**Exemple:**
Bruno
J'ai passé un week-end très intéressant.
J'ai fait une excursion ...
Je suis allé(e) ...

.................................................................
.................................................................
.................................................................
.................................................................
.................................................................
.................................................................
.................................................................
.................................................................
.................................................................
.................................................................

8

### C Un concert

*In French, write to a friend to describe your night out at a concert.*
*You could mention where you went, who you went with, how you got there, when the concert started, the name of the band(s), your opinion of the band(s), what you ate, what you drank, your return home, the next concert that you are going to go to.*

.................................................................
.................................................................
.................................................................
.................................................................
.................................................................
.................................................................
.................................................................
.................................................................
.................................................................
.................................................................
.................................................................
.................................................................
.................................................................
.................................................................

9

TOTAL

25

# Preparing for tests (1)

## Listening and reading

### Using the title, pictures and questions
The title, pictures and questions can give you a clue as to the subject matter. Note any names used.

### Instructions
There may be a range of different tasks, e.g. questions in French/English, completing a grid, choosing the correct picture or word etc.

Read the instructions carefully to find out how to give your answer, e.g.

*Coche la case qui correspond.* Tick the correct box.
*Complète la grille.* Complete the grid.
*Écoute et écris la bonne lettre.* Listen and write the correct letter.
*Lis le message.* Read the message.
*Pour chaque phrase, écris vrai ou faux.* For each sentence, write true or false.
*Réponds aux questions.* Reply to the questions.
*Trouve les paires.* Find the pairs.

Look at the mark scheme to work out how much information to give. For two marks, you usually need to give two details.

### Coping with unknown vocabulary
Both in tests and in real life you will come across words which you do not understand. But you may find that you do not need to understand every word. Often the same thing is said again in a different way.

- Use your knowledge of English. Many French words are the same or similar and have the same meaning, e.g. *l'électricité, le gaz.* These are called cognates.
- But there are a few *faux amis* (false friends) which look the same as English but have a different meaning, e.g. *le car* (coach), *la veste* (jacket).
- Use the words that you know, e.g. if you know *vendre* (to sell), you could guess *un vendeur/une vendeuse* (sales assistant).
- Look out for prefixes (letters added to the beginning of words), e.g. *re-* (adds idea of 'again' or 'back') e.g. *commencer* (to begin), *recommencer* (to begin again); *in-* (adds idea of 'not') e.g. *utile* (useful), *inutile* (useless).
- Look out also for suffixes (letters at the end of a word), e.g.

  | French | English |
  |---|---|
  | *-ment (lentement)* | *-ly (slowly)* |
  | *-ie (la biologie)* | *-y (biology)* |
  | *-eur/-euse (un chanteur)* | *-er (singer)* |
  | *-ant (intéressant)* | *-ing (interesting)* |
  | *-eux (délicieux)* | *-ous (delicious)* |
  | *-que (électronique)* | *-ic (electronic)* |

- Check whether the word is:
  a noun – look out for *un, une, des, le, la, l', les*;
  or a verb – look out for the endings and tense.
- Look out for negatives, e.g. *ne … pas* (not); *ne … plus* (no more, no longer).

- Does the context help? If the passage is about a hotel, could the unknown word refer to facilities at the hotel, e.g. *un ascenseur* (a lift).
- If you still can't work it out, make a reasonable guess or look it up, if you're allowed to use a dictionary.

## Listening
In a test you will usually be allowed to listen to the passage twice. The first time, listen carefully to get the general gist. Note the tone of voice to get an idea of the mood. You could jot down a few key points, e.g. a number or a date, but be careful about this because you may miss the next point.

When you do make notes, you may find it easier to jot down the French, particularly of numbers and then work out the exact meaning later.

You can use abbreviations or symbols as long as you can understand them later.

Remember that some words look the same in French and in English, but they are pronounced differently, e.g. accident, ticket, portion, cousin, instrument, fruit. Read the tips on understanding and pronouncing words in French (Student's Book page 150).

## Reading
### Skimming and scanning
It is useful to skim through the whole text to get a general idea of the main points.

### Reading for detail
Sometimes you need to find out certain key pieces of information but you do not need to read through the whole passage. In that case, look quickly through the text to spot what you need. (You can go back through the rest later if you want to.)

- Find the important words in the question and try to spot them in the text, e.g.

  **Question:** *Qu'est-ce que Marie a perdu?*

  **Extrait du texte:**
  Charlotte a décidé de préparer ses affaires pour les vacances. Soudain, sous son lit, elle a trouvé une montre. «Tiens, Marie a perdu sa montre. C'est peut-être ça!»

  **Réponse:** *Elle (Marie) a perdu sa **montre**.*

- Sometimes the question gives you a pointer to what you have to look for, e.g.
  *Combien?* – look for a number
  *Où?* – look for a place
  *Qui?* – look for a person.

## Checking your answers
When you have completed your answers, check that the answers that you have given correspond to the instructions. Make sure you have ticked the correct number of boxes. If you left something blank, make a reasonable guess.

Tricolore Total 2 © Honnor, Mascie-Taylor, Spencer, Nelson Thornes 2009

# Preparing for tests (2)

## Speaking and writing

### Communicating well

This applies to both speaking and writing.

#### Question words

Make sure you understand the main question words:

| | |
|---|---|
| *combien?* | how many? how much? |
| *comment?* | how? what ... like? |
| *où?* | where? |
| *pourquoi?* | why? |
| *qui?* | who? |
| *quand?* | when? |

#### Use the same tense

Listen for the tense used (present, past etc.) and any time marker words (*demain, hier*). You usually answer in the same tense.

#### Give detailed answers

– *Tu aimes le sport?*
– *Non, je ne suis pas très sportif, mais j'aime l'informatique. J'ai un ordinateur dans ma chambre et j'aime beaucoup surfer sur Internet.*

#### Use connectives

These can make sentences longer and more interesting.

| | | | |
|---|---|---|---|
| *et* | and | *d'abord* | first of all |
| *mais* | but | *ensuite* | next |
| *ou* | or | *puis* | then |
| *parce que* | because | *plus tard* | later |
| *si* | if | | |

#### Give opinions

| | |
|---|---|
| *C'est ...* | It is ... |
| *C'était ...* | It was ... |
| *À mon avis* | In my opinion |

#### Give reasons

*Je ne vais pas souvent à la piscine parce que je n'aime pas la natation.*
I don't go to the swimming pool much because I don't like swimming.

### Speaking

Preparation

- Read the tips on Understanding and pronouncing words in French (Student's Book page 150).
- Practise reading aloud and trying to sound French. You often get extra marks for good pronunciation.
- Speak clearly so your listener can hear you easily.
- Record yourself and listen to the recording.
- Prepare as much material in advance of a test as you can, e.g. a description of yourself, leisure interests, family, home, town, holidays.
- If appropriate, try to use two or more tenses (present, past, future) and time marker words, e.g.

| | |
|---|---|
| *hier* | yesterday |
| *samedi dernier* | last Saturday |
| *demain* | tomorrow |
| *dans quelques jours* | in a few days |

### Conversation

Listen carefully to the person asking questions and try to give detailed answers. Try to do most of the talking in a test. Always expand on *Oui/Non* answers, e.g.

– *Tu aimes la musique?*
– *Oui, j'aime écouter de la musique rock, mais je ne joue pas d'un instrument.*
– *Qu'est-ce que tu as vu comme films récemment?*
– *J'ai vu «Le seigneur des anneaux». J'ai beaucoup aimé le film. C'était vraiment excellent.*

Try to stick to what you know.
Avoid getting into complicated explanations. But do try to vary your sentences and use connecting words like *mais* (but) and *parce que* (because), e.g.
*Nous n'avons pas d'ordinateur à la maison, mais je peux utiliser Internet à la bibliothèque.*

#### Role-play tasks

- Read the notes carefully and do all the tasks required. You may be given some choice in what you can say.
- Be polite. Use *bonjour, au revoir, s'il vous plaît* and *merci*, when appropriate.
- Remember to use the correct form of address: *tu* or *vous*.

### Writing

- Read the instructions carefully and any notes to help you. You may be able to adapt some of the language used there in your answer.
- If you do use any text from the question, double-check that you have spelt it correctly.
- Make sure that you answer any questions required by the task, e.g. *Comment est ta ville?* Give a full description of your town.
- For most questions, accuracy and spelling is important, so pay careful attention to these.
- Use some longer sentences with connecting words.

### Checking your work

Allow time at the end to check what you have written. It's a good idea to have a set procedure for this and to check for one thing at a time, e.g.

- Check that you have answered all the questions and not missed any out and that your answers are neat and clear.
- Check verb endings.
- With the perfect tense, check that you have used the correct auxiliary verb (*avoir* or *être*); check the past participles, especially irregular ones. With verbs taking *être*, check that the past participle agrees (has an extra *-e* or *-s*) with feminine or plural subjects.
- Check that any adjectives used agree with the words described.
- Check that any plural words have a final *-s* or *-x*, if needed, e.g. *des livres, les cheveux*.

## A Pierre fait tout ça

*Écoute et écris la bonne lettre.*

**1** Quand je vais en ville, j'aime acheter **Ex.** ..*a*..

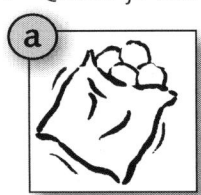 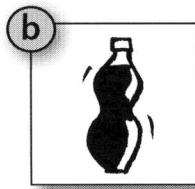 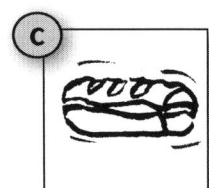

**2** Normalement, je vais au collège ......

 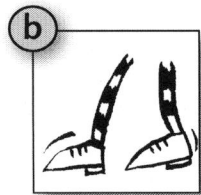 

**3** Ma matière préférée est ......

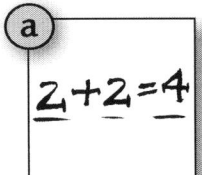 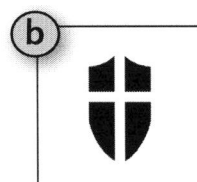 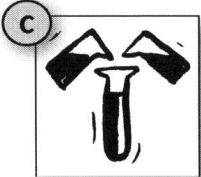

**4** Dans un café, j'aime boire .....

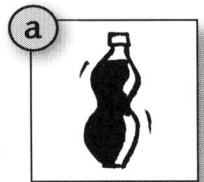  

**5** Pour aider à la maison, j'aime ......

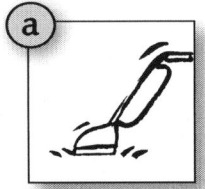  

**6** Mais je déteste ......

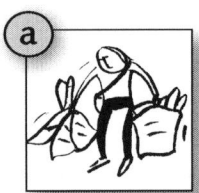  

## B La semaine de Claudine

*Écoute et écris la bonne lettre pour chaque jour.*

lundi et mardi **Ex.** ..*b*..

mercredi ...............

jeudi ...............

vendredi ...............

samedi ...............

dimanche ...............

Tricolore Total 2 © Honnor, Mascie-Taylor, Spencer, Nelson Thornes 2009

## **C** Tu vas me reconnaître

*Écoute et écris la bonne lettre.*

1 Françoise **Ex.** .....c....

2 Michelle .........

3 Roselyne .........

4 Claire .........

5 Lucie ..........

## **D** Paul prend le train

*Écoute et écris la bonne lettre.*

1 Où va Paul? **Ex.** ...c.....

    **a** Londres

    **b** Lyon

    **c** Paris

2 Que porte Paul? .......

3 Il entre dans la gare.
  Où va-t-il? .........

4 Le train part à quelle heure? .........
  **a** 15h00   **b** 16h00   **c** 17h00

5 Combien coûte le billet de Paul? .......
  **a** 5,60€   **b** 6,30€   **c** 7,40€

6 Le problème de Paul? .........

## **E** Qu'est-ce qu'on va faire?

*Jean is talking to Simon, his Swiss friend. Listen and answer the questions in English.*

1 What would Simon like to drink for breakfast?
  **Ex.** ..coffee with milk.................................

2 What would he like to eat?
  .............................................................

3 Which activity did the boys do yesterday?
  .............................................................

4 What do they intend to do tomorrow?
  .............................................................

5 Where do they plan to go for their picnic?
  .............................................................

6 How are they going to get there?
  .............................................................

7 Why must they not be back late?
  .............................................................

**TOTAL**

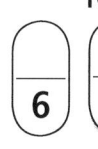

## **A** Des conversations

*Voici des thèmes de conversation. Prépare deux thèmes. Le professeur va choisir un des deux pour le contrôle.*

---

**Les vacances**

Qu'est-ce que tu fais normalement pendant les vacances?

Comment aimes-tu voyager quand tu pars en vacances? Pourquoi?

Qu'est-ce que tu as fait l'année dernière?

Qu'est-ce que tu vas faire cet été?

Qu'est-ce que tu veux faire si possible?

---

**Au collège**

Qu'est-ce que tu aimes comme matières? Pourquoi?

Comment vas-tu au collège?

Tu portes un uniforme scolaire? Il est comment?

Parle d'une journée au collège que tu as aimée. (Qu'est-ce que tu as fait?)

Quand est-ce que les cours vont finir demain?

---

**Le week-end**

Quand est-ce que tu te lèves le samedi, normalement?

À quelle heure est-ce que tu te couches le week-end?

Qu'est-ce que tu fais le samedi après-midi?

Qu'est-ce que tu as fait le week-end dernier? C'était intéressant?

Qu'est-ce que tu vas faire le week-end prochain?

---

**Les repas**

Qu'est-ce que tu aimes manger et boire?

Est-ce qu'il y a des choses que tu n'aimes pas?

Qu'est-ce que tu as mangé hier à midi?

Qu'est-ce que tu vas prendre au petit déjeuner demain matin?

Est-ce que tu aimes manger dans les fast-foods? Pourquoi/Pourquoi pas?

---

**Ma ville/Ma région**

Où est-ce que tu habites?

Qu'est-ce qu'on peut faire dans ta ville ou ta région?

Est-ce que tu aimes habiter ici/là? Pourquoi?

Qu'est-ce que tu as fait récemment dans ta ville/ ta région?

Qu'est-ce que tu vas faire la semaine prochaine?

---

**Ma famille et mes amis**

Il y a combien de personnes dans ta famille? Qui par exemple?

Parle d'une personne de ta famille ou d'un copain/ une copine. (Comment est-il/elle? etc.)

Qu'est-ce que tu fais avec tes amis pendant la pause-déjeuner?

Qu'est-ce que tu as fait récemment avec tes amis ou ta famille? C'était bien?

Qu'est-ce que tu vas faire avec tes amis le week-end prochain ou pendant les vacances?

---

*Bonus (1 point)*

*Ajoute un ou deux détails.*

# Unités 1–7
## Contrôle – Parler

*Choisis Section B **ou** Section C*

## B Des situations

*Prépare ces dialogues. Le professeur va choisir un dialogue pour le contrôle.*

### 1 Au café
Tu es au café avec un ami.

> Order a drink for yourself and a different drink for your friend.
> *Par exemple:*
>

> Ask what kind of snacks they have.

> Order a snack for yourself and a different snack for your friend
> *Par exemple:*
>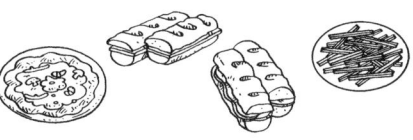

> Ask where one of these places is.
>

### 2 À l'épicerie
Tu es à l'épicerie.

> Ask for two items.
>

> Ask how much the item you want is.

> Ask if there is a certain kind of shop in the town.
>

> Ask if it's far.

### 3 Un petit problème
Tu es malade.

> Say you're not feeling well.

> Describe two symptoms.
>

> Mention one thing that you ate yesterday that may be the cause of the problem.
>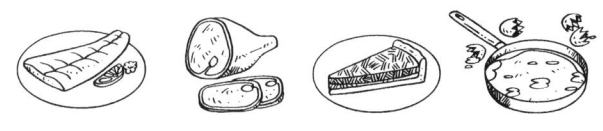

> Ask if you can charge your mobile.

### 4 À la gare
Tu es à la gare.

> Ask for a train ticket.
>

> Ask when the next train leaves.

> Ask what platform it leaves from.

> Ask where one of these places is.
>

TOTAL

A ⸨ 13 ⸩ + B ⸨ 12 ⸩ ⸨ 25 ⸩

## Contrôle – **Parler**

*Choisis Section B <u>ou</u> Section C*

## **C** Une présentation ou une photo

*Choisis un thème et prépare une courte présentation.*

---

**1 Un voyage récent**

quand, où, combien de temps, avec qui

---

**4 Mon passe-temps préféré**

Qu'est-ce que c'est?

Quand je le fais

Où

Combien de fois par semaine

Pourquoi ça m'intéresse

---

**2 Notre collège**

nom, location, élèves de quel âge, uniforme, matières,

une journée typique, ce que j'aime/je n'aime pas

---

**5 Une journée catastrophique**

quand, où

Qu'est-ce qui s'est passé?

Mon avis

---

**3 Une personne que j'admire**

Qui est-ce?

Comment est-il/elle? (âge, profession, aspects physiques, personnalité)

Pourquoi je l'admire

---

**6 On parle d'une photo**

Choisis une photo pour une discussion avec ton professeur.

Des questions possibles:

   Où est-ce qu'on a pris cette photo?

   Pourquoi as-tu choisi cette photo?

   Qu'est-ce qu'on voit sur la photo?

---

**TOTAL**

A ⎽⎽⎽ 13  +C ⎽⎽⎽ 12  25

## **A** Lucas parle à son correspondant

*Trouve les paires.*

1 **Ex.** ...f...., 2 ........,

3 ........, 4 ........,

5 ........, 6 ........

| | |
|---|---|
| **1** Est-ce que tu as fait ... | **a** tes vêtements dans l'armoire. |
| **2** Tu peux mettre ... | **b** levons à neuf heures. |
| **3** Pendant les vacances, nous nous ... | **c** mon copain, Christophe. |
| **4** Je te présente ... | **d** va aller en ville. |
| **5** Cet après-midi, on ... | **e** prendre le bus. |
| **6** Comme c'est assez loin, on va ... | **f** bon voyage? |

5

## **B** Trois menus

*Pour chaque phrase, écris V (vrai) ou F (faux).*

1 **Ex.** ..V...., 2 ........, 3 ........, 4 ........, 5 ........

| LUNDI 15 | MARDI 16 | JEUDI 18 |
|---|---|---|
| salade de tomates | sardines à l'huile | melon |
| omelette aux | poulet rôti | croquettes |
| champignons | haricots verts | de poisson |
| frites | mousse au chocolat | petits pois |
| yaourt | | fromage |

1 Lundi, le repas est idéal pour les végétariens.
2 On mange des légumes tous les jours.
3 Jeudi, il y a un dessert délicieux.
4 Lundi, on mange des pommes de terre.
5 On mange de la viande mardi et jeudi.

4

## **C** Julie à Paris

*Lis cette carte postale.*
*Écris la bonne lettre.*

> Bonjour! Je suis à Paris et il fait très beau. Il y a trop de choses à faire ici – je me couche à onze heures tous les soirs. Il y a une bonne librairie près d'ici et j'ai acheté beaucoup de livres. Les restaurants sont super – mon plat préféré est le poisson au beurre blanc.
> Il y a une piscine à l'hôtel et je vais me baigner maintenant.
> À bientôt,
> Julie

1 Julie est dans quel pays? **Ex.** ..b..
   **a** en Angleterre
   **b** en France
   **c** en Espagne

2 Que fait Julie à vingt-trois heures? ......

**a**  **b**  **c**

4 Julie aime manger ......

**a** 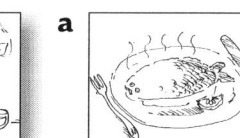 **b**  **c**

3 Julie préfère quel magasin? ......

**a**  **b**  **c**

5 Qu'est-ce que Julie va faire maintenant? ......

**a**  **b**  **c**

4

## **D** Le message de Dominique

*Lis le message et réponds aux questions.*

**1** Dominique a passé combien de jours en Angleterre? **Ex.** ...*b*....
**a** 7  **b** 14  **c** 21

**2** L'opinion de Dominique sur les vacances scolaires en Angleterre: .........
**a** très longues
**b** trop courtes
**c** idéales

**3** L'opinion de Dominique sur le collège en Angleterre: .........
**a** comme les collèges en France
**b** mal équipé
**c** bien équipé

**4** Dominique a acheté quoi comme souvenir? .........
**a** Un CD
**b** une affiche
**c** une boîte de petits gâteaux

**5** Logement l'année dernière: .........
**a** dans une famille
**b** dans un hôtel
**c** dans une tente

**6** Logement l'été prochain: .........
**a** dans une famille
**b** dans un hôtel
**c** dans une tente

---

Chère Marine,

En réponse à ton message, l'année dernière j'ai passé deux semaines en Angleterre avec mon collège. La vie scolaire là-bas est différente. Les élèves portent un uniforme et ils ne vont pas au collège le samedi. Les vacances aussi sont différentes. En été, ils ont seulement six semaines de vacances. En France, c'est deux mois!

Le collège de ma correspondante est super. Il y a de bons terrains de sport, des labos modernes, un grand gymnase et une grande salle d'ordinateurs. J'ai passé beaucoup de temps à travailler sur l'ordinateur comme je le fais en France.

Ma correspondante anglaise s'appelle Charlotte. Sa famille est très sympa. Un jour nous sommes allés à Hastings. J'ai acheté un beau souvenir. Tu vas le voir sur le mur de ma chambre.

Cet été, je pars en vacances avec mes cousins. On va faire du camping en Allemagne. Tu veux venir?

Écris-moi bientôt, Dominique

5

## **E** Un hold-up à Paris

*Read this article and answer the questions in English.*

**P**aris, le 3 mars  Ce matin, à dix heures, des voleurs – deux hommes et une femme – sont entrés dans une banque à Paris. Les trois voleurs étaient masqués. Un des voleurs a perdu son masque. La caméra de la banque l'a filmé, nous avons donc sa photo: c'est un homme aux cheveux longs avec une petite moustache.

Un caissier, Philippe Duval, a été blessé. Il a essayé de téléphoner à la police, mais un voleur l'a vu et il a reçu une balle* dans le bras.

Un autre caissier a mis 5.000 euros dans un sac et les voleurs sont partis dans une voiture qui était à la sortie.

Le caissier a réussi à noter le numéro de la voiture, mais plus tard on a trouvé ce véhicule abandonné au bord d'une route.

Le détective Louis Clément a annoncé: «La photo du voleur qui a perdu son masque va être diffusée** à la télévision et sur Internet ce soir. Téléphonez tout de suite à la police si vous reconnaissez cet homme.»

* (here) *une balle* = a bullet
** *diffusé* = shown

**1** When did this crime take place? (date and time)
**Ex.** ..*on the 3rd of March at 10 a.m.*..................

**2** How many thieves were there?
.............................................................

**3** How was the photo of one of the thieves obtained?
.............................................................
.............................................................

**4** Describe this man's appearance.
.............................................................
.............................................................

**5** Where does Philippe Duval work?
.............................................................

**6** What happened to Philippe?
.............................................................
.............................................................

**7** What information about the thieves do the police have besides a photo?
.............................................................

**8** What can members of the public do to help get the thieves arrested?

**TOTAL**

.............................................................

7  25

## A La famille Dumas

**1** *La journée de la famille Dumas*
*Pour chaque phrase, écris la forme correcte du verbe.*

PRESENT TENSE

**1** À sept heures, Théo Dumas **Ex.** ...*mange*.................... un croissant. (manger)

**2** Il .......................................... aussi un café. (prendre)

**3** Marie Dumas et ses enfants ..................................... le petit déjeuner à huit heures. (finir)

**4** À neuf heures, Théo Dumas va à son travail. Il .......................................... des voitures. (vendre)

**5** Il .......................................... avec les clients. (parler)

**2** *Le week-end dernier de la famille Dumas*
*Pour chaque phrase, écris la forme correcte du verbe.*

PERFECT TENSE

**6** Vendredi soir, Fabio Dumas **Ex.** ...*a regardé*............... la télé. (regarder)

**7** Samedi matin, Fabio ................................................. ses livres à la bibliothèque. (rendre)

**8** En ville, il ............................................................ un cadeau d'anniversaire pour sa sœur. (choisir)

**9** Samedi après-midi, Fabio et Emma ....................... ....................... leurs devoirs. (finir)

**10** Le soir, ils ........................... sur l'ordinateur. (jouer)

**8**

## B Un email

*In French, write an email to your French friend.*
*Write about 6 sentences.*

*Mention:*
* *your family; your home; your school; something you like; something you dislike.*

**Exemple:** *Dans ma familie, il y a ...*

*Then mention:*
* *what you are going to do this weekend.*

**Exemple:** *Ce week-end, je vais ...*

..........................................................................
..........................................................................
..........................................................................
..........................................................................
..........................................................................
..........................................................................
..........................................................................
..........................................................................
..........................................................................
..........................................................................
..........................................................................

**8**

## C Une soirée

*Imagine that you went out last Saturday. Write an email in French, about 60 or 70 words long, to a French friend describing the night out.*

*Here are some suggestions. You do not have to use them all. You could mention:*
* *where you went*
* *who you went with*
* *how you got there.*

*In a separate paragraph mention:*
* *something you ate*
* *something you drank*
* *your opinion of the evening.*

*Then mention:*
* *your journey home*
* *what you are going to do next Saturday.*

..........................................................................
..........................................................................
..........................................................................
..........................................................................
..........................................................................
..........................................................................
..........................................................................
..........................................................................
..........................................................................
..........................................................................
..........................................................................

**TOTAL**

**9** **25**

# Record sheet for **Contrôle**

**Nom:**

| Listening (AT1) | Task | Points | Minimum for level | Level ✓ achieved |
|---|---|---|---|---|
| | A | | | |
| | B | | | |
| | C | | | |
| | D | | | |
| | E | | | |
| **Total** | (25) | | | |

| Reading (AT3) | Task | Points | Minimum for level | Level ✓ achieved |
|---|---|---|---|---|
| | A | | | |
| | B | | | |
| | C | | | |
| | D | | | |
| | E | | | |
| **Total** | (25) | | | |

| Speaking (AT2) | Task | Points | Minimum for level | Level ✓ achieved |
|---|---|---|---|---|
| | A | | | |
| | B or C | | | |
| **Total** | (25) | | | |

| Writing (AT4) | Task | Points | Minimum for level | Level ✓ achieved |
|---|---|---|---|---|
| | A | | | |
| | B | | | |
| | C | | | |
| **Total** | (25) | | | |

✂ - - - - - - - - - - - - - - - - - - - - - - - - - - - - - - - - - - - - - - - - -

**Nom:**

| Listening (AT1) | Task | Points | Minimum for level | Level ✓ achieved |
|---|---|---|---|---|
| | A | | | |
| | B | | | |
| | C | | | |
| | D | | | |
| | E | | | |
| **Total** | (25) | | | |

| Reading (AT3) | Task | Points | Minimum for level | Level ✓ achieved |
|---|---|---|---|---|
| | A | | | |
| | B | | | |
| | C | | | |
| | D | | | |
| | E | | | |
| **Total** | (25) | | | |

| Speaking (AT2) | Task | Points | Minimum for level | Level ✓ achieved |
|---|---|---|---|---|
| | A | | | |
| | B or C | | | |
| **Total** | (25) | | | |

| Writing (AT4) | Task | Points | Minimum for level | Level ✓ achieved |
|---|---|---|---|---|
| | A | | | |
| | B | | | |
| | C | | | |
| **Total** | (25) | | | |

# Chantez! **Les matières**

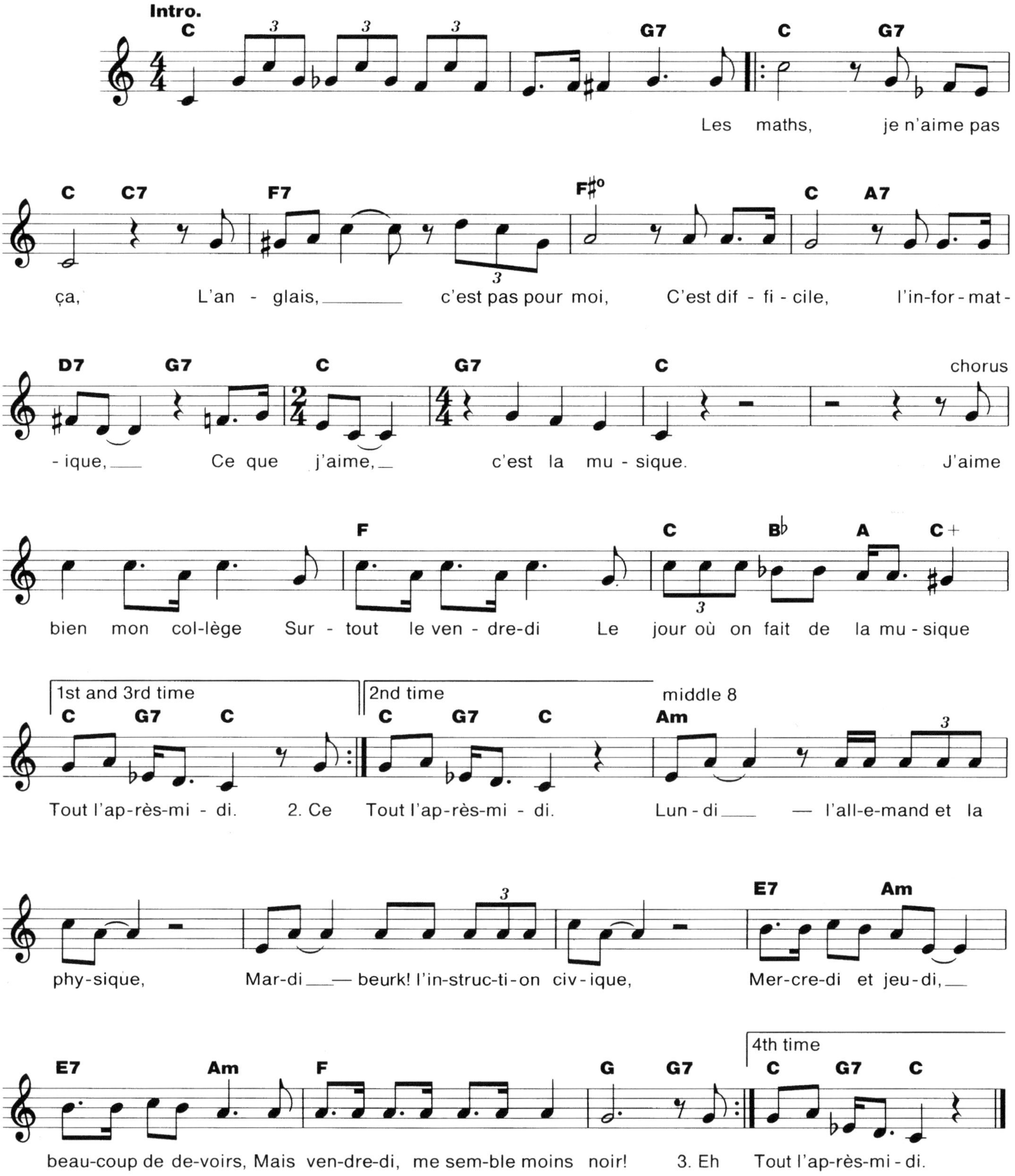

Les maths, je n'aime pas ça, L'an - glais, _____ c'est pas pour moi, C'est dif - fi - cile, l'in-for-mat - ique, _____ Ce que j'aime, _ c'est la mu - sique.

J'aime bien mon col-lège Sur - tout le ven - dre-di Le jour où on fait de la mu - sique

**1st and 3rd time**
Tout l'ap-rès-mi - di. 2. Ce

**2nd time**
Tout l'ap-rès-mi - di.

**middle 8**
Lun - di ____ — l'all-e-mand et la phy-sique, Mar-di ____ — beurk! l'in-struc-ti-on civ-ique, Mer-cre-di et jeu-di, __

beau-coup de de-voirs, Mais ven-dre-di, me sem-ble moins noir! 3. Eh

**4th time**
Tout l'ap-rès-mi - di.

# Chantez! **Les matières**

**1**   Les maths, je n'aime pas ça,
L'anglais, c'est pas pour moi,
C'est difficile, l'informatique,
Ce que j'aime, c'est la musique.
   J'aime bien mon collège
   Surtout le vendredi,
   Le jour où on fait de la musique
   Tout l'après-midi.

**2**   Ce que j'aime le moins,
C'est sûr, c'est le latin.
C'est fatigant, la gymnastique,
Ce que j'aime, c'est la musique.
   J'aime bien mon collège
   Surtout le vendredi,
   Le jour où on fait de la musique
   Tout l'après-midi.
      Lundi – l'allemand et la physique,
      Mardi – beurk! l'instruction civique,
      Mercredi et jeudi, beaucoup de devoirs,
      Mais vendredi, me semble moins noir!

**3**   Eh oui, les sciences nat.,
C'est plus facile que les maths,
Mais c'est loin d'être fantastique,
Ce que j'aime, c'est la musique.
   J'aime bien mon collège
   Surtout le vendredi,
   Le jour où on fait de la musique
   Tout l'après-midi.

# Chantez! **Que désirez-vous?**

**1** Bien, Messieurs, Mesdemoiselles,
Que désirez-vous?
Mon frère va prendre une menthe à l'eau,
Et pour moi un chocolat chaud.
Mais Monsieur, je suis désolée,
Paul et Marc et Anne et Claire
N'ont pas encore décidé.

**2** Bien, Messieurs, Mesdemoiselles,
Que désirez-vous?
Paul désire un verre de lait,
Mon frère va prendre une menthe à l'eau,
Et pour moi un chocolat chaud.
Mais Monsieur, je suis désolée,
o  o   Marc et Anne et Claire
N'ont pas encore décidé.

**3** Bien, Messieurs, Mesdemoiselles,
Que désirez-vous?
Marc voudrait un Orangina,
Paul désire un verre de lait,
Mon frère va prendre une menthe à l'eau,
Et pour moi un chocolat chaud.
Mais Monsieur, je suis désolée,
o  o  o  o   Anne et Claire
N'ont pas encore décidé.

**4** Bien, Messieurs, Mesdemoiselles,
Que désirez-vous?
Anne prend un citron pressé,
Marc voudrait un Orangina,
Paul désire un verre de lait,
Mon frère va prendre une menthe à l'eau,
Et pour moi un chocolat chaud.
Mais Monsieur, je suis désolée,
o  o  o  o  o  o   Claire
N'a pas encore décidé.

**5** Bien, Messieurs, Mesdemoiselles,
Que désirez-vous?
Claire a choisi un coca,
Anne prend un citron pressé,
Marc voudrait un Orangina,
Paul désire un verre de lait,
Mon frère va prendre une menthe à l'eau,
Et pour moi un chocolat chaud.
o  o  o  o  o  o  o
Tout le monde a décidé!

**6** Bien, Messieurs, Mesdemoiselles,
Vous mangez quelque chose?
Mon frère prend une portion de frites,
Et pour moi une tranche de quiche.
Mais Monsieur, je suis désolée …
Ne dites rien, déjà j'ai deviné.
Paul et Marc et Anne et Claire
N'ont pas encore décidé.

Tricolore Total 2 © Honnor, Mascie-Taylor, Spencer, Nelson Thornes 2009

# Chantez! **Paris–Genève**

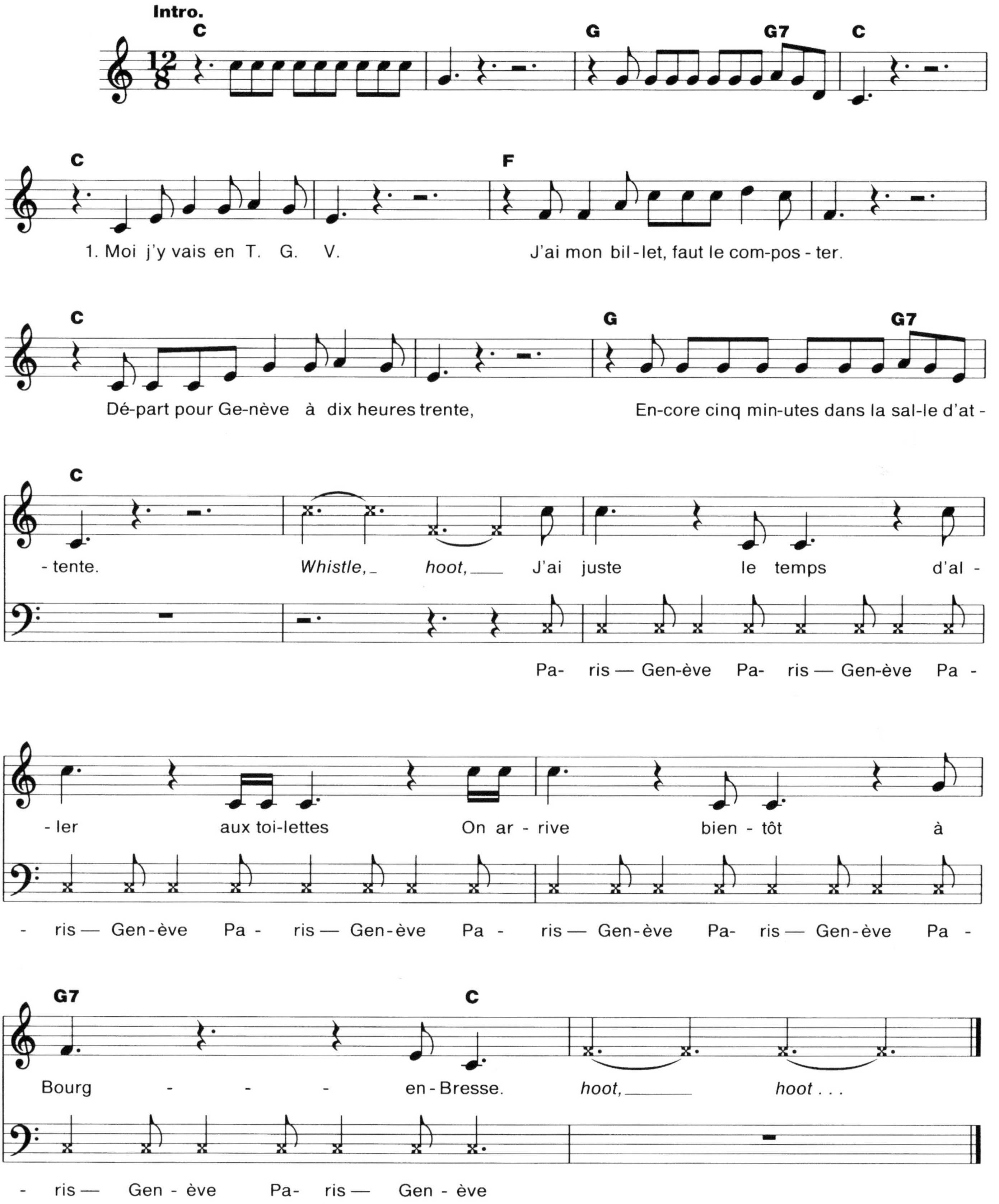

1. Moi j'y vais en T. G. V. J'ai mon bil-let, faut le com-pos-ter.

Dé-part pour Ge-nève à dix heures trente, En-core cinq min-utes dans la sal-le d'at-

- tente. *Whistle,* _ *hoot,* ____ J'ai juste le temps d'al-

Pa- ris — Gen-ève Pa- ris — Gen-ève Pa-

- ler aux toi-lettes On ar-rive bien-tôt à

- ris — Gen-ève Pa - ris — Gen-ève Pa - ris — Gen-ève Pa - ris — Gen-ève Pa-

Bourg - - - en - Bresse. *hoot,* ____ *hoot . . .*

- ris — Gen-ève Pa - ris — Gen-ève

**1**    Moi, j'y vais en TGV,
J'ai mon billet, faut le composter.
Départ pour Genève à dix heures trente,
Encore cinq minutes dans la salle d'attente.
*(Paris–Genève, Paris–Genève)*
J'ai juste le temps d'aller aux toilettes,
On arrive bientôt à Bourg-en-Bresse.

**2**    Moi, j'y vais en TGV,
J'ai mon billet, faut le composter.
Départ pour Genève à douze heures vingt,
Pardon Monsieur, de quel quai part le train?
*(Paris–Genève, Paris–Genève)*
Je prends du pain, bois une limonade,
Le train est rapide, voilà Bellegarde!

**3**    Moi, j'y vais en TGV,
Rendre visite à mon cher Pépé,
À treize heures trente, départ pour la Suisse,
Oh ben, dis donc! Où est ma valise?
*(Paris–Genève, Paris–Genève)*
J'ai presque fini mon magazine,
La fille en face – c'est une copine!

**4**    Nous y allons en TGV,
Nos billets, ils sont compostés.
Nous arrivons à Genève en Suisse.
Quelle heure est-il? Quatorze heures six.

Tricolore Total 2 © Honnor, Mascie-Taylor, Spencer, Nelson Thornes 2009

chorus

Al - ou - et - te, gen - tille al - ou - et - te, Al - ou - et - te,

je te plu - me-rai. 1. Je te plu - me-rai la tête, je te plu - me-rai la tête.

Et la tête, et la tête, Al - ou-ette, Al - ou-ette, oh!

Alouette, gentille alouette,
Alouette, je te plumerai.
Je te plumerai la tête,
Je te plumerai la tête,
Et la tête, et la tête,
Alouette, Alouette,
Oh ...

Alouette, gentille alouette,
Alouette, je te plumerai.
Je te plumerai le bec,
Je te plumerai le bec,
Et le bec, et le bec,
Et la tête, et la tête,
Alouette, Alouette,
Oh ...

Alouette, gentille alouette,
Alouette, je te plumerai.
Je te plumerai le cou,
Je te plumerai le cou,
Et le cou, et le cou,
Et le bec, et le bec,
Et la tête, et la tête,
Alouette, Alouette,
Oh ...

Alouette, gentille alouette,
Alouette, je te plumerai.
Je te plumerai le dos,
Je te plumerai le dos,
Et le dos, et le dos,
Et le cou, et le cou,
Et le bec, et le bec,
Et la tête, et la tête,
Alouette, Alouette,
Oh ...

Alouette, gentille alouette,
Alouette, je te plumerai.
Je te plumerai les ailes,
Je te plumerai les ailes,
Et les ailes, et les ailes,
Et le dos, et le dos,
Et le cou, et le cou,
Et le bec, et le bec,
Et la tête, et la tête,
Alouette, Alouette,
Oh ...

Alouette, gentille alouette,
Alouette, je te plumerai.
Je te plumerai la queue,
Je te plumerai la queue,
Et la queue, et la queue,
Et les ailes, et les ailes,
Et le dos, et le dos,
Et le cou, et le cou,
Et le bec, et le bec,
Et la tête, et la tête,
Alouette, Alouette,
Oh ...

Alouette, gentille alouette,
Alouette, je te plumerai.
Je te plumerai les pattes,
Je te plumerai les pattes,
Et les pattes, et les pattes,
Et la queue, et la queue,
Et les ailes, et les ailes,
Et le dos, et le dos,
Et le cou, et le cou,
Et le bec, et le bec,
Et la tête, et la tête,
Alouette, Alouette,
Oh ...

Alouette, gentille alouette,
Alouette, je te plumerai.

Intro. | D | | G | | A

A7 | D | | | A

Al - lô___ Fa - bi - en?___  C'est Sé - ve - rine

D | | Bm | | G

_ Est—ce que tu veux sor - tir_____ av - ec moi?

D | | Bm | G | | A

Viens à la dis - co - thèque à huit heures et___ quart! Il

D | | Bm | G | | A | chorus

y a de la bonne mus - ique là - bas___ ce soir.___ Tu ne vi -

D | | Bb | | D

- ens pas? Je ne peux pas ven - ir...___ Pour-quoi pas? C'est que

4th time to coda | chorus 1st, 2nd and 3rd time

A | | D | | Bb

je suis mal - ade... Qu'est—ce qui ne va pas? J'ai mal à la gorge. Pour-

A | | G | A | 3

- quoi est—ce que tu ne té - lé-phones pas? Je pré - fère sor - tir av - ec toi, _

Tricolore Total 2 © Honnor, Mascie-Taylor, Spencer, Nelson Thornes 2009

# Chantez! **Sabine, ce n'est pas grave …**

**1** Allô, Fabien? C'est Séverine.
Est-ce que tu veux sortir avec moi?
Viens à la discothèque à huit heures et quart!
Il y a de la bonne musique là-bas ce soir.

| | |
|---|---|
| Tu ne viens pas? | *Je ne peux pas venir …* |
| Pourquoi pas? | *C'est que je suis malade …* |
| Qu'est-ce qui ne va pas? | *J'ai mal à la gorge.* |

*Pourquoi est-ce que tu ne téléphones pas?*
*Je préfère sortir avec toi, Sabine.*

**2** Allô, Fabien? Ici Hélène.
Est-ce que tu veux sortir avec moi?
Viens au cinéma à sept heures moins le quart!
Il y a un bon film qui passe ce soir.

| | |
|---|---|
| Tu ne viens pas? | *Je ne peux pas venir …* |
| Pourquoi pas? | *C'est que je suis malade …* |
| Qu'est-ce qui ne va pas? | *J'ai mal au ventre.* |

*Pourquoi est-ce que tu ne téléphones pas?*
*Je préfère sortir avec toi, Sabine.*

**3** Allô, Fabien? Ici Delphine.
Est-ce que tu veux sortir avec moi?
Viens au théâtre à huit heures moins le quart!
Il y a une bonne pièce qui se joue ce soir.

| | |
|---|---|
| Tu ne viens pas? | *Je ne peux pas venir …* |
| Pourquoi pas? | *C'est que je suis malade …* |
| Qu'est-ce qui ne va pas? | *J'ai mal aux oreilles.* |

*Pourquoi est-ce que tu ne téléphones pas?*
*Je préfère sortir avec toi, Sabine.*

**4** *Salut, Delphine, Hélène, ça va Séverine?*
*Tiens, bonjour, comment vas-tu Sabine?*
Bonjour, Fabien.      *Salut, Sabine.*
Est-ce que tu veux sortir avec moi?
Viens au club des jeunes à sept heures et quart!
Il y a une surprise-partie là-bas ce soir.

| | |
|---|---|
| Tu ne viens pas? | Il ne peut pas venir … |
| Pourquoi pas? | C'est qu'il est malade … |
| Qu'est-ce qui ne va pas? | Il a mal à la gorge! |
| Il a mal au ventre! | Il a mal aux oreilles! |
| Comment ça? | *Oh, ce n'est pas grave …* |

**General Certificate of Secondary Education**

GW01495755

# GCSE Additional Science

| Centre name |  |  |  |
|---|---|---|---|
| Centre number |  |  |  |
| Candidate number |  |  |  |

## BIOLOGY
## Paper 1

| Surname |
|---|
| Other names |
| Candidate signature |

## Higher Tier

**Time allowed**: 45 minutes.

### Instructions to candidates
- Write your name and other details in the spaces provided above.
- Answer all questions in the spaces provided.
- Do all rough work on this question paper.
- Write your answers in black or blue ink or ball-point pen.

### Information for candidates
- The marks available are given in brackets at the end of each question or part-question.
- In calculations show clearly how you worked out your answers.
- You may use a calculator.
- There are 7 questions in this paper.
- The maximum mark for this paper is 45.

### Advice to candidates
- Work steadily through the paper.
- Don't spend too long on one question.
- If you have time at the end, go back and check your answers.

| For examiner's use |  |  |  |  |  |  |  |
|---|---|---|---|---|---|---|---|
| Q | Attempt Nº | | | Q | Attempt Nº | | |
| | 1 | 2 | 3 | | 1 | 2 | 3 |
| 1 | | | | 5 | | | |
| 2 | | | | 6 | | | |
| 3 | | | | 7 | | | |
| 4 | | | | | | | |
| | | | | Total 45 | | | |

**[BLANK PAGE]**

1    Dan and Jenny carried out an experiment to investigate the effects of different minerals on plant growth. Their teacher has given them three plants of the same type, all of a similar height. The method they used is described below.

> 1.   Measure the height of the three plants.
> 2.   Add a solution containing minerals to three beakers as follows:
>        Beaker A: solution high in magnesium and nitrates.
>        Beaker B: solution high in magnesium and low in nitrates.
>        Beaker C: solution high in nitrates and low in magnesium.
> 3.   Place a plant into each of the beakers A, B and C.
> 4.   Leave the plants to grow for one week.
> 5.   Measure the height of each of the plants at the end of the week.

The results of Dan and Jenny's experiment are shown below.

| Beaker | Height at start (cm) | Height at end (cm) | Change in height (cm) |
|--------|----------------------|---------------------|------------------------|
| A      | 4                    | 9                   | 5                      |
| B      | 5                    | 7                   | 2                      |
| C      | 4                    | 8                   | 4                      |

a)   What do plants use magnesium for?

..............................................................................................................................................
*(1 mark)*

b)   What do plants use nitrates for?

..............................................................................................................................................
*(1 mark)*

**Question 1 continues on the next page**

**Turn over**▶

© 2007 CGP

**c)** State two factors that Dan and Jenny would have had to keep the same in each dish to make the experiment fair.

..............................................................................................................................

..............................................................................................................................

*(2 marks)*

**d)** What conclusion can you draw from this experiment?

..............................................................................................................................

..............................................................................................................................

*(1 mark)*

5

**2**    There are two types of cell division in humans.

**a)**    Name the type of cell division that forms:

**i)**    additional body cells for growth

............................................................................................................................................
*(1 mark)*

**ii)**    gametes (e.g. sperm cells)

............................................................................................................................................
*(1 mark)*

**b)**    If a cell divides to form four cells with half the number of chromosomes, what form of division has taken place?

............................................................................................................................................
*(1 mark)*

**c)**    Describe what happens as a cell divides to form two genetically identical cells.

............................................................................................................................................

............................................................................................................................................

............................................................................................................................................
*(3 marks)*

6

**Turn over for the next question**

**3**     Some of the products of respiration are removed from the body by gas exchange.
One site of gas exchange is the alveoli of the lungs.
A diagram of some alveoli is shown below.

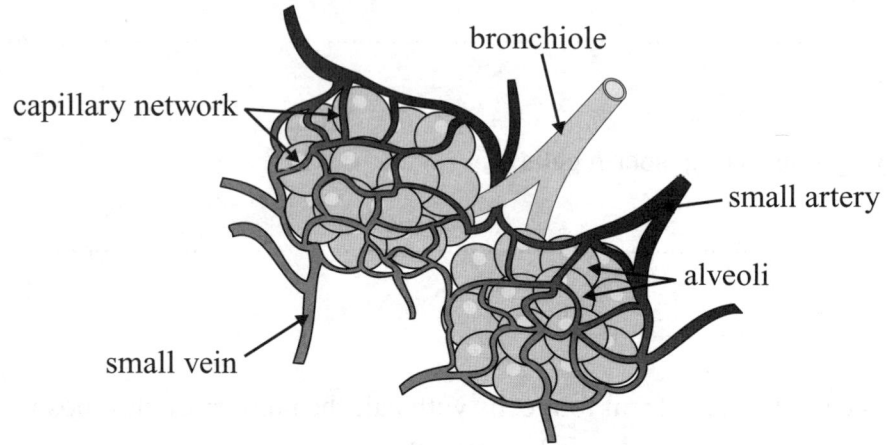

**a)  i)**   Gases move between the alveoli and the capillaries by **diffusion**.
What is diffusion?

.................................................................................................................................

.................................................................................................................................
*(1 mark)*

**ii)**   Give two factors that determine the rate of diffusion.

.................................................................................................................................

.................................................................................................................................
*(2 marks)*

**b)** The diagram below shows an alveolus and a blood capillary. The arrows on the diagram show the net movement of two gases, A and B.

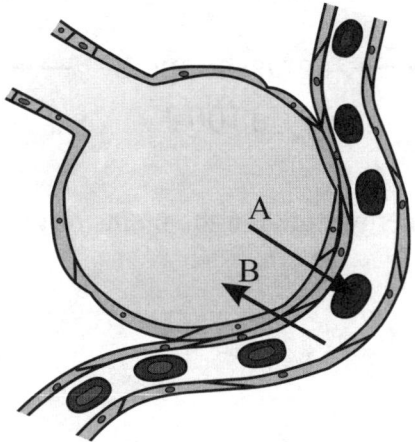

    **i)** Which arrow shows the net movement of oxygen?

.................................................................................................................................
*(1 mark)*

    **ii)** Which arrow shows the net movement of carbon dioxide?

.................................................................................................................................
*(1 mark)*

**c)** Complete the word equation for aerobic respiration.

oxygen + ............................ $\longrightarrow$ carbon dioxide + ............................

*(2 marks)*

**Turn over for the next question**

7

**Turn over➤**

**4**   The diagram below shows the amount of energy contained within an area of plants. It shows how much energy from the plants is transferred to each trophic level in a food chain.

plants $\longrightarrow$ grasshoppers $\longrightarrow$ mice $\longrightarrow$ snakes

11 000 J              1100 J              130 J              12 J

**a)**   Where does the energy stored in the plants originally come from?

..................................................................................................................................

*(1 mark)*

**b)**   Calculate the percentage of energy in the grasshoppers that is transferred to the mice. Show your working.

..................................................................................................................................

..................................................................................................................................

.................... %

*(2 marks)*

**c)**   Describe two ways in which energy is lost within a level of a food chain.

1. .............................................................................................................................

2. .............................................................................................................................

*(2 marks)*

**d)**   This food chain has four trophic levels. Most food chains have no more than five trophic levels. Explain why the length of food chains is limited in this way.

..................................................................................................................................

..................................................................................................................................

..................................................................................................................................

*(2 marks)*

**e)** In the food chain, each snake eats 20 mice.  The 20 mice eat 250 grasshoppers and the 250 grasshoppers eat 700 plants.

    **i)** In the space below, sketch a pyramid of number to show this.

*(1 mark)*

    **ii)** Which of the following represents the pyramid of biomass for the food chain?
Tick the correct box.

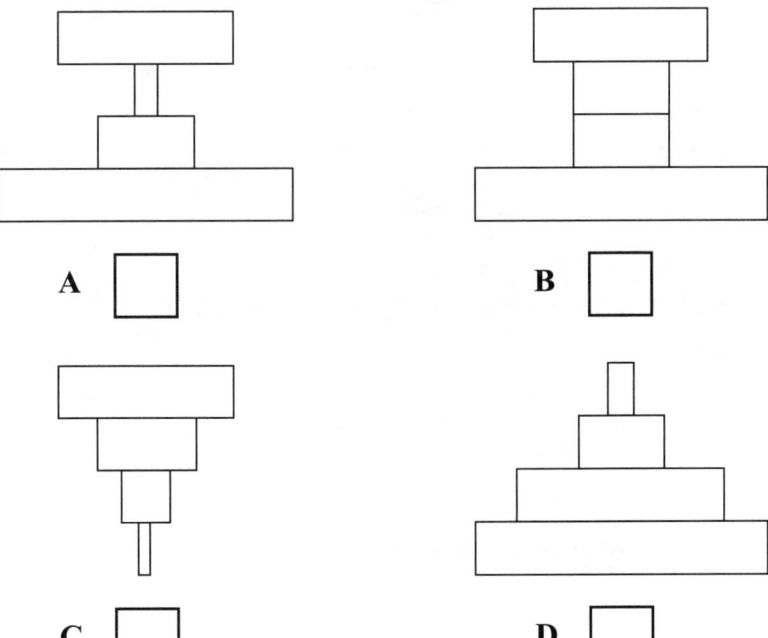

**A** ☐            **B** ☐

**C** ☐            **D** ☐

*(1 mark)*

9

**Turn over➤**

© 2007 CGP

**5**   The diagram below shows the carbon cycle.

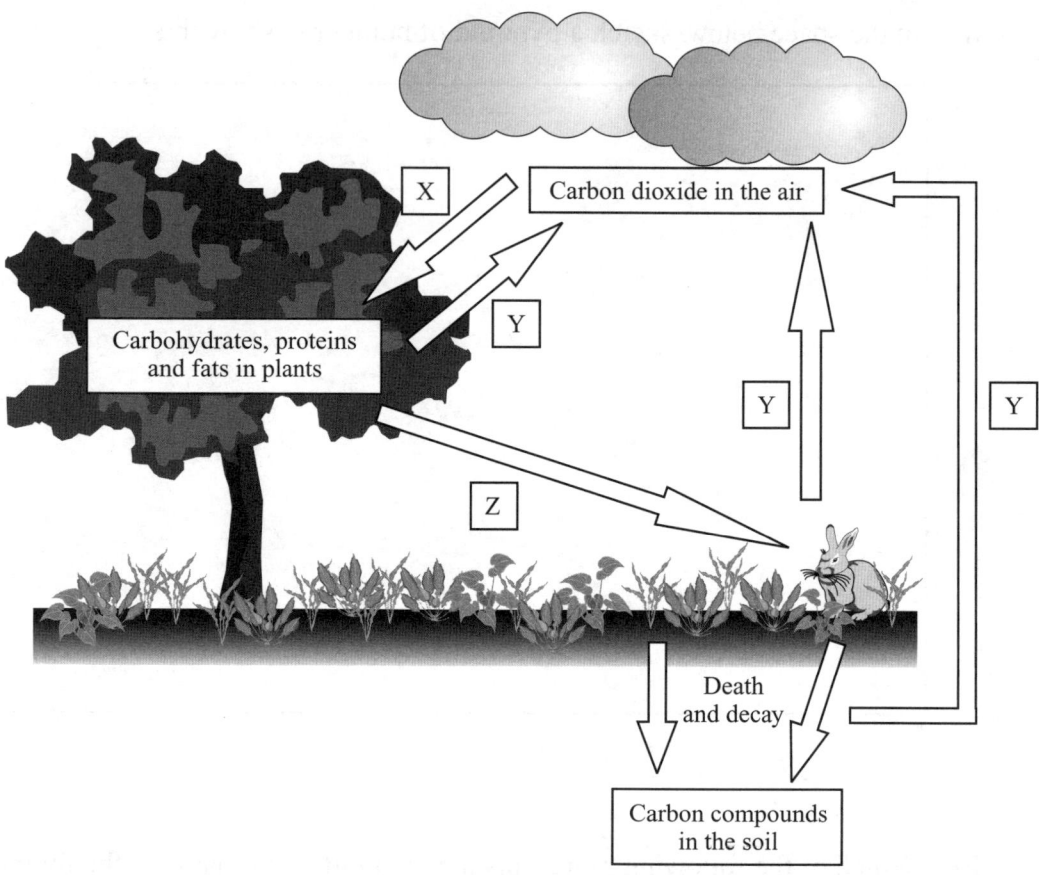

**a)**   Name the processes occurring at points X and Y in the cycle.

X ......................................................................................................................

Y ......................................................................................................................

*(2 marks)*

**b)**   Describe what is happening at point Z in the cycle.

........................................................................................................................

*(1 mark)*

**c)**   How are microorganisms involved in the carbon cycle?

........................................................................................................................

........................................................................................................................

........................................................................................................................

*(2 marks)*

10

**d)** The level of carbon dioxide ($CO_2$) in the atmosphere has increased rapidly over the past 100 years. Suggest one reason why the level of $CO_2$ has increased over this time.

.................................................................................................................................................

.................................................................................................................................................

*(1 mark)*

6

**Turn over for the next question**

**6** Read this extract from a report by a lifeboat crew member, then answer the questions that follow.

> "We were very concerned when we received news of a man lost overboard tonight because the sea is extremely cold at this time of year. Fortunately, we found him quickly and were able to rescue him before he suffered any serious ill effects. His skin was very cold when we picked him up, but his core body temperature was normal."

**a)** What is the normal core body temperature of a human?

.................................................................................................................................................

*(1 mark)*

**b)** Describe how the brain obtains information about the body's core temperature and skin temperature.

.................................................................................................................................................

.................................................................................................................................................

.................................................................................................................................................

*(3 marks)*

**c)** Give two ways in which the man's body may have helped prevent his core temperature from falling whilst he was in the sea.

.................................................................................................................................................

.................................................................................................................................................

.................................................................................................................................................

*(2 marks)*

6

**7**   Amylase is an enzyme that breaks down starch into simple sugars.

Asif did an experiment on the effect of temperature on the action of amylase.

The method Asif used is shown below.

> 1. Add a set quantity of starch solution to a test tube and the same quantity of amylase solution to another.
> 2. Place the test tubes in a water bath at 10 °C.
> 3. Allow the starch and amylase solutions to reach the temperature of the water bath, then mix them together and return the mixture to the water bath.
> 4. Take a small sample of the mixture every minute and test for starch.
> 5. Stop the experiment when starch is no longer present in the sample, or after 30 minutes (whichever is sooner).
> 6. Repeat the experiment at different temperatures.

**a)**   What are enzymes?

...........................................................................................................................................................................

*(1 mark)*

The graph below shows Asif's results.

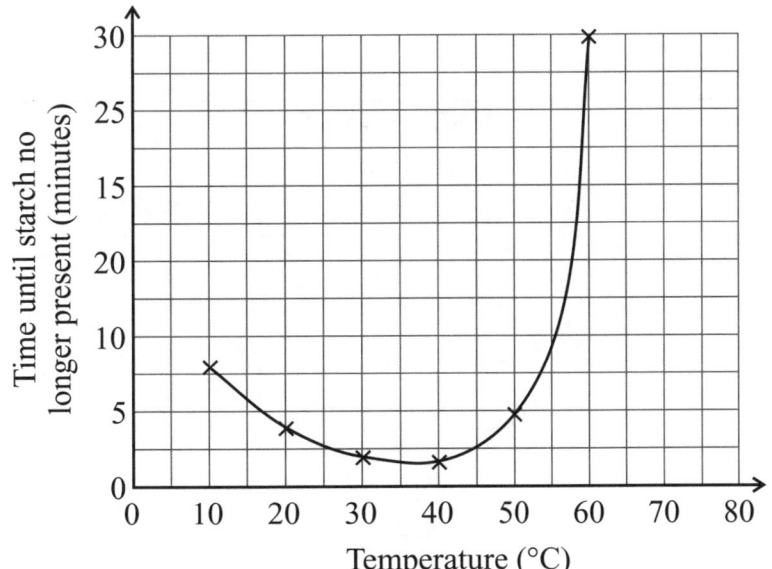

**b)**   Use the graph to estimate the optimum temperature for this enzyme.

...........................................................................................................................................................................

*(1 mark)*

© 2007 CGP

**c)** Explain the results between 50 °C and 60 °C.

..........................................................................................................................................

..........................................................................................................................................

..........................................................................................................................................
*(2 marks)*

**d)** Explain why it is important that the pH of the solution is constant throughout Asif's experiments.

..........................................................................................................................................

..........................................................................................................................................
*(1 mark)*

**e)** Suggest a reason why amylase can break down starch into simple sugars but would not be suitable for breaking down proteins into amino acids.

..........................................................................................................................................

..........................................................................................................................................
*(1 mark)*

6

---

**END OF TEST**

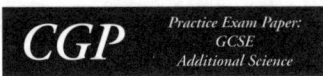

**General Certificate of Secondary Education**

# GCSE Additional Science

## BIOLOGY
## Paper 2

## Higher Tier

**Time allowed**: 45 minutes.

| Centre name | | | | |
|---|---|---|---|---|
| Centre number | | | | |
| Candidate number | | | | |

| Surname | |
|---|---|
| Other names | |
| Candidate signature | |

**Instructions to candidates**
- Write your name and other details in the spaces provided above.
- Answer all questions in the spaces provided.
- Do all rough work on this question paper.
- Write your answers in black or blue ink or ball-point pen.

**Information for candidates**
- The marks available are given in brackets at the end of each question or part-question.
- In calculations show clearly how you worked out your answers.
- You may use a calculator.
- There are 7 questions in this paper.
- The maximum mark for this paper is 45.

**Advice to candidates**
- Work steadily through the paper.
- Don't spend too long on one question.
- If you have time at the end, go back and check your answers.

### For examiner's use

| Q | Attempt Nº | | | Q | Attempt Nº | | |
|---|---|---|---|---|---|---|---|
| | 1 | 2 | 3 | | 1 | 2 | 3 |
| 1 | | | | 5 | | | |
| 2 | | | | 6 | | | |
| 3 | | | | 7 | | | |
| 4 | | | | | | | |
| | | | | Total 45 | | | |

[BLANK PAGE]

**1**    Jenny is carrying out an experiment to investigate osmosis.

   **a)**   What is osmosis?

   .................................................................................................................................

   .................................................................................................................................

   *(1 mark)*

Jenny cut cylinders out of potatoes and has placed them into different concentrations of sugar solution, as shown in the diagram below.

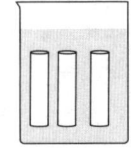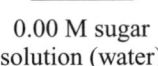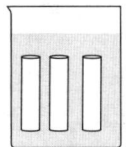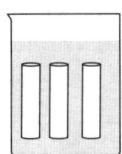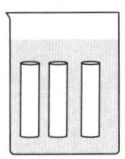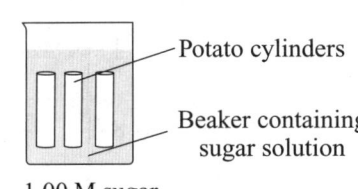

Potato cylinders

Beaker containing sugar solution

| 0.00 M sugar solution (water) | 0.25 M sugar solution | 0.50 M sugar solution | 0.75 M sugar solution | 1.00 M sugar solution |

She measured the mass of the cylinders of potato before and after they had been placed in different concentrations of sugar solution for 20 minutes.  Her results are shown below.

| Concentration of sugar solution (molarity) | Experiment | Mass at start (g) | Mass at end (g) | Change in mass (g) | Average change in mass (g) |
|---|---|---|---|---|---|
| 0.00 | 1 | 1.9 | 2.57 | + 0.67 | + 0.67 |
|  | 2 | 1.9 | 2.55 | + 0.65 |  |
|  | 3 | 1.9 | 2.59 | + 0.69 |  |
| 0.25 | 1 | 1.9 | 2.15 | + 0.25 | + 0.23 |
|  | 2 | 1.9 | 2.11 | + 0.21 |  |
|  | 3 | 1.9 | 2.12 | + 0.22 |  |
| 0.50 | 1 | 1.9 | 1.72 | − 0.18 | − 0.16 |
|  | 2 | 1.9 | 1.79 | − 0.11 |  |
|  | 3 | 1.9 | 1.7 | − 0.2 |  |
| 0.75 | 1 | 1.9 | 1.51 | − 0.39 |  |
|  | 2 | 1.9 | 1.45 | − 0.45 |  |
|  | 3 | 1.9 | 1.49 | − 0.41 |  |
| 1.00 | 1 | 1.9 | 1.19 | − 0.71 | − 0.69 |
|  | 2 | 1.9 | 1.25 | − 0.65 |  |
|  | 3 | 1.9 | 1.18 |  |  |

**Turn over➤**

**b) i)** Calculate the change in mass for the potato cylinder, experiment number 3, in the 1 M sugar solution.

...............................................................................................................................................

*(1 mark)*

**ii)** Calculate the average change in mass for the potato cylinders in the 0.75 M sugar solution.

...............................................................................................................................................

*(1 mark)*

**c)** Draw a graph of the concentration of sugar solution against the average change in mass on the grid below.

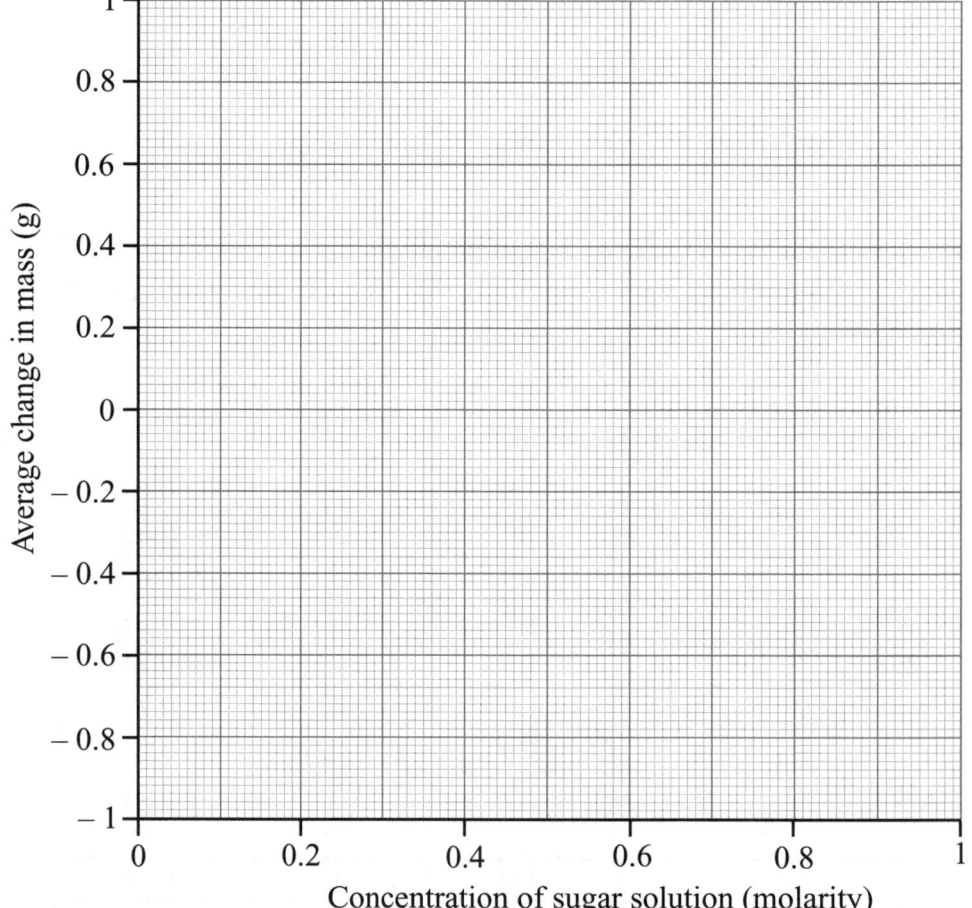

*(2 marks)*

**d)** Use the graph to estimate the concentration of sugar inside the original potatoes. Explain your answer.

.......................................................................................................................................

.......................................................................................................................................

.......................................................................................................................................

*(2 marks)*

**e)** Suggest why Jenny repeated the experiment and took an average of the results.

.......................................................................................................................................

*(1 mark)*

8

**Turn over for the next question**

**2**  A large proportion of food in the UK is produced using intensive farming practices. Intensive farming often involves growing crops by monoculture. Animals can also be intensively farmed, e.g. fish in fish farms.

**a)**  Monoculture is where the same type of crop is grown in a field year after year. Suggest how monoculture can lead to nutrient deficiencies in the soil.

.......................................................................................................................................

.......................................................................................................................................

*(1 mark)*

**b)**  Explain how intensive fish farming methods can reduce the energy lost from the fish in order to increase growth.

.......................................................................................................................................

.......................................................................................................................................

.......................................................................................................................................

*(2 marks)*

**c)**  Intensive farming methods are efficient, however some people disagree with them. Give two arguments against the use of intensive farming methods.

.......................................................................................................................................

.......................................................................................................................................

.......................................................................................................................................

*(2 marks)*

5

**3**    The diagram below shows a single celled organism called *Euglena*, found in pond water.
When it was first discovered, scientists disagreed over whether it was a plant or
an animal.

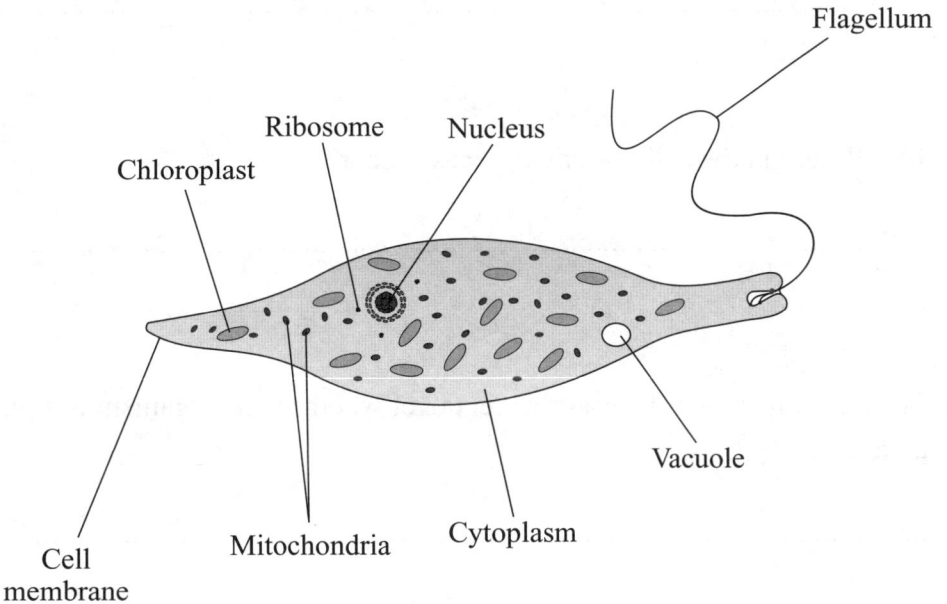

**a)**   Give the function of each of the following parts of the cell.

  **i)**   cytoplasm

.................................................................................................................................
*(1 mark)*

  **ii)**   nucleus

.................................................................................................................................
*(1 mark)*

  **iii)**   cell membrane

.................................................................................................................................
*(1 mark)*

**Question 3 continues on the next page**

**Turn over➤**

© 2007 CGP

**b)** The cell moves through the water by moving its flagellum, which requires energy.

    **i)** Name the process by which the cell obtains energy from glucose.

.................................................................................................................................

*(1 mark)*

    **ii)** Where in the cell does this process occur?

.................................................................................................................................

*(1 mark)*

**c)** Suggest why there was disagreement over whether this organism is a plant or an animal.

.................................................................................................................................

.................................................................................................................................

*(2 marks)*

7

**4**    The rate of photosynthesis in an evergreen plant on a sunny day in summer and the rate of photosynthesis in the same evergreen plant on a sunny day in winter was measured.

The graph of the results is shown below.

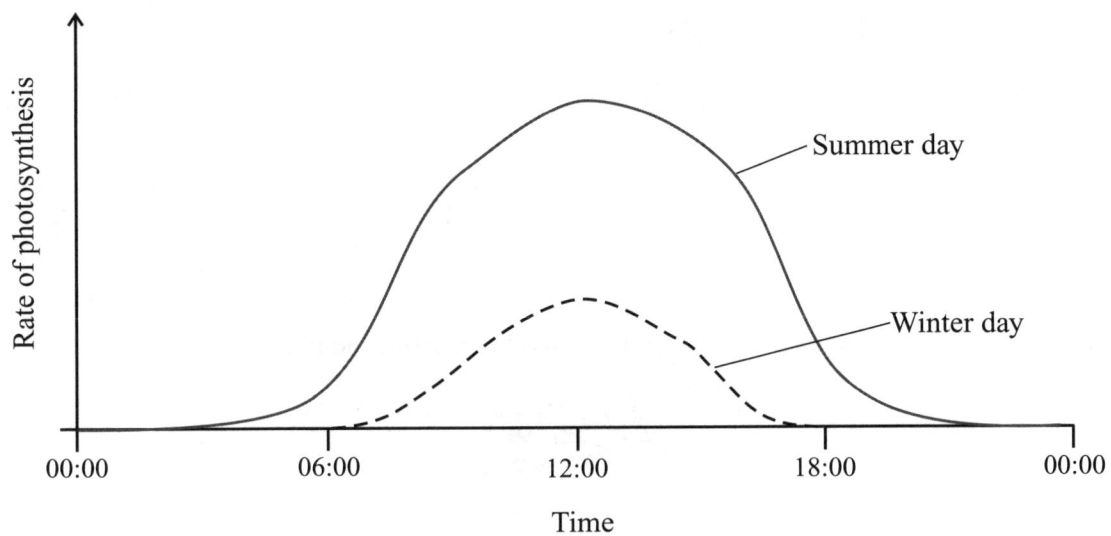

a)    i)    At what time was the rate of photosynthesis greatest on the summer day?

..................................................................................................................................................................
*(1 mark)*

ii)    Suggest an explanation for this.

..................................................................................................................................................................
*(1 mark)*

b)    Suggest a reason why the rate of photosynthesis is lower in the winter than in the summer.

..................................................................................................................................................................
*(1 mark)*

**Question 4 continues on the next page**

**Turn over**➤

**c)** Suggest how growing the plant in a greenhouse could increase the rate of photosynthesis.

.......................................................................................................................................................

.......................................................................................................................................................

.......................................................................................................................................................

*(2 marks)*

**d)** The diagram below shows a leaf palisade cell from the plant.

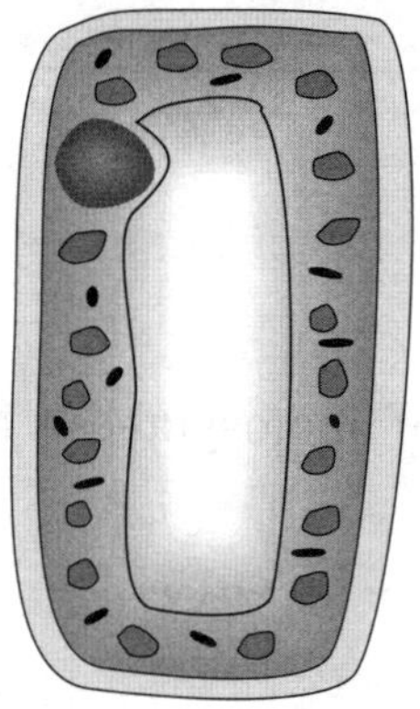

Give two ways palisade leaf cells are adapted for photosynthesis.

.......................................................................................................................................................

.......................................................................................................................................................

.......................................................................................................................................................

.......................................................................................................................................................

*(2 marks)*

**e)** Complete the word equation for photosynthesis.

........................................ + water $\longrightarrow$ ........................................ + oxygen

*(2 marks)*

9

**5** All living organisms contain materials taken from their surrounding environment. These materials are eventually recycled back into the environment. Some gardeners try to speed up this recycling process by placing their waste plant material in a compost bin like the one shown below.

**a)** Describe, in as much detail as you can, how materials in living organisms are recycled back to the environment.

..............................................................................................................................................

..............................................................................................................................................

..............................................................................................................................................

..............................................................................................................................................
*(3 marks)*

**b)** Suggest two conditions that make a compost bin a suitable environment for the decay of materials.

..............................................................................................................................................

..............................................................................................................................................
*(2 marks)*

5

**6** Stem cell research has been widely debated over the past few years. Adult stem cells have already been used to cure disorders, and it is thought that embryonic stem cells have the potential to treat many more disorders.

a) What are stem cells?

.......................................................................................................................

.......................................................................................................................
*(2 marks)*

b) Explain why embryonic stem cells have the potential to treat more disorders than adult stem cells.

.......................................................................................................................

.......................................................................................................................
*(1 mark)*

c) Suggest one way stem cells could be used to treat disorders.

.......................................................................................................................

.......................................................................................................................
*(1 mark)*

**d)** Some people are opposed to using embryos to produce embryonic stem cells and want the government to ban this. Give one argument for and one argument against the use of embryos to create stem cells for research.

For ....................................................................................................................................

........................................................................................................................................

Against ..............................................................................................................................

........................................................................................................................................

*(2 marks)*

6

**Turn over for the next question**

**7**   DNA is the instructions for the production of proteins in a cell.

**a)**   What name is used to describe the shape of a DNA molecule?

..............................................................................................................................
*(1 mark)*

**b)**   What is a gene?

..............................................................................................................................
*(1 mark)*

**c)**   Name the molecules that proteins are made up of.

..............................................................................................................................
*(1 mark)*

**d)**   Describe the role of DNA in the production of proteins.

..............................................................................................................................

..............................................................................................................................

..............................................................................................................................
*(1 mark)*

**e)**   Where in the cell are proteins produced?

..............................................................................................................................
*(1 mark)*

5

_____

**END OF TEST**

**General Certificate of Secondary Education**

# GCSE Additional Science

## CHEMISTRY
## Paper 1

## Higher Tier

**Time allowed**: 45 minutes.

| Centre name | | | | | |
|---|---|---|---|---|---|
| Centre number | | | | | |
| Candidate number | | | | | |

| Surname | |
|---|---|
| Other names | |
| Candidate signature | |

### Instructions to candidates
- Write your name and other details in the spaces provided above.
- Answer all questions in the spaces provided.
- Do all rough work on this question paper.
- Write your answers in black or blue ink or ball-point pen.

### Information for candidates
- The marks available are given in brackets at the end of each question or part-question.
- In calculations show clearly how you worked out your answers.
- You may use a calculator.
- There are 7 questions in this paper.
- The maximum mark for this paper is 45.

### Advice to candidates
- Work steadily through the paper.
- Don't spend too long on one question.
- If you have time at the end, go back and check your answers.

| | **For examiner's use** | | | | | | |
|---|---|---|---|---|---|---|---|
| Q | Attempt Nº | | | Q | Attempt Nº | | |
| | 1 | 2 | 3 | | 1 | 2 | 3 |
| 1 | | | | 5 | | | |
| 2 | | | | 6 | | | |
| 3 | | | | 7 | | | |
| 4 | | | | | | | |
| | | | | Total 45 | | | |

**[BLANK PAGE]**

**1** Buckminsterfullerene and carbon nanotubes are nanoparticles made of carbon atoms.
The diagram shows the structure of buckminsterfullerene.

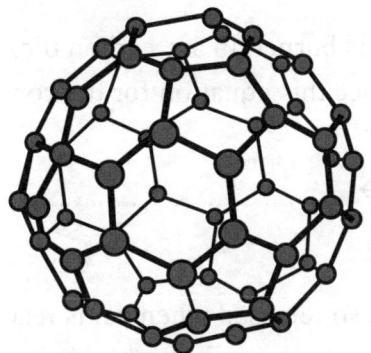

**a)** What is the molecular formula of buckminsterfullerene?

......................................................................................................................................................
*(1 mark)*

**b)** Explain how nanotubes could be used to improve the properties of industrial catalysts.

......................................................................................................................................................

......................................................................................................................................................

......................................................................................................................................................
*(2 marks)*

**c)** The diagram below shows the structure of graphite, another form of carbon.

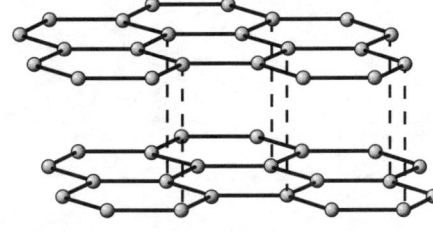

Describe how the structure of graphite enables it to conduct electricity.

......................................................................................................................................................

......................................................................................................................................................
*(1 mark)*

**Turn over➤**

3

**d)** Carbon is present in the gases carbon dioxide, $CO_2$, and methane, $CH_4$.

    **i)** What would be observed if methane gas were bubbled through bromine water?

..............................................................................................................................................

        *(1 mark)*

    **ii)** When methane gas is burned in air, carbon dioxide is released.
Complete and balance this equation for the complete combustion of methane.

$$CH_4 + 2O_2 \rightarrow \text{..................} + \text{..................}$$

        *(1 mark)*

    **iii)** Carbon dioxide is also released when acids react with metal carbonates.
Balance the following equation for the reaction between sodium carbonate, $Na_2CO_3$, and hydrochloric acid, HCl.

$$Na_2CO_3 + \text{......}HCl \rightarrow \text{......}NaCl + H_2O + \text{......}CO_2$$

        *(1 mark)*

$\boxed{\dfrac{}{7}}$

**2**    Potassium bromide can be electrolysed if it is in solution.

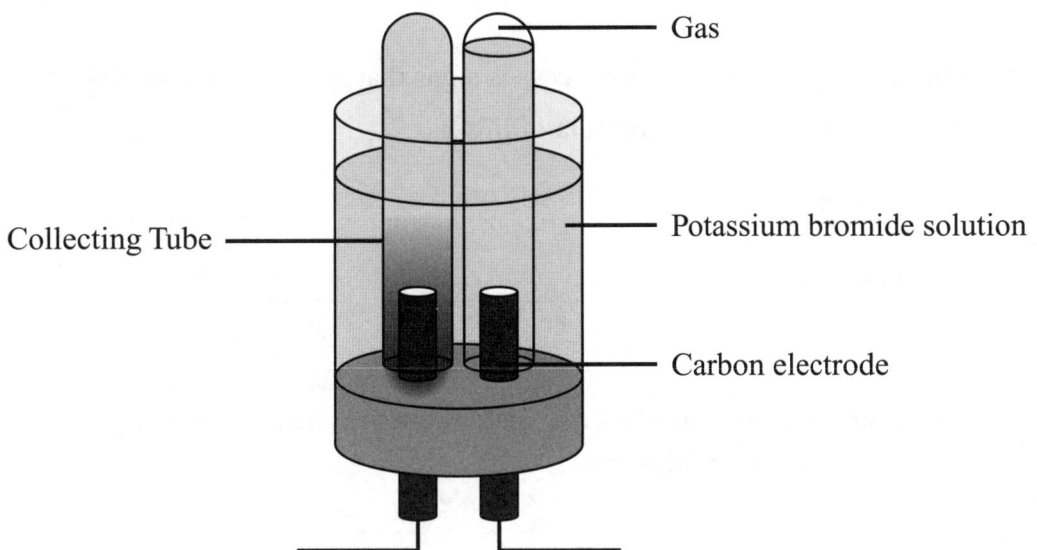

**a)**    Explain why potassium bromide cannot be electrolysed when solid.

...........................................................................................................................................

...........................................................................................................................................
*(1 mark)*

**b)  i)**    The bromide ions are attracted to which electrode, the positive or the negative?

...........................................................................................................................................
*(1 mark)*

**ii)**    Are the bromide ions oxidised or reduced at the electrode named in part **i)**?

...........................................................................................................................................
*(1 mark)*

**Question 2 continues on the next page**

**c)** Name the positive ion left in the solution at the end of the process.

...........................................................................................................................................
*(1 mark)*

**d)** One of the products of this process is a gas that ignites with a squeaky pop.

    **i)** Give the name and formula of this gas.

        Name: ..........................................................................................................

        Formula: ......................................................................................................
        *(1 mark)*

    **ii)** This gas is an important raw material in the chemical industry.
        Give two uses of this gas.

        1. ..............................................................................................................

        2. ..............................................................................................................
        *(2 marks)*

7

**3**   The Haber process is an industrial method of producing ammonia.
The conditions used are designed to make ammonia as quickly and cheaply as possible.

Look at the graph below and answer the questions.

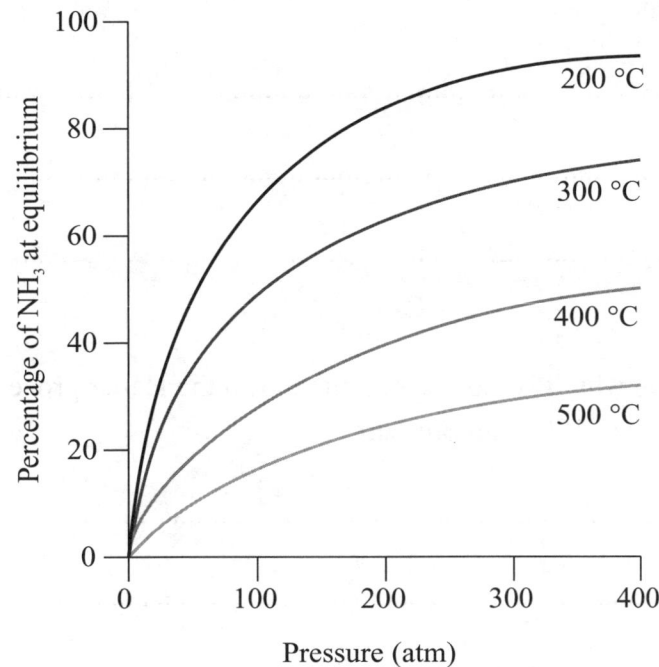

**a)**   What effect does decreasing the temperature have on the yield of ammonia?

......................................................................................................................................................
*(1 mark)*

**b)**   The Haber process is usually carried out at around 450 °C.
Explain why this is a compromise.

......................................................................................................................................................

......................................................................................................................................................

......................................................................................................................................................
*(2 marks)*

**Question 3 continues on the next page**

**Turn over➤**

**c)** The equation for the reaction in the Haber process is:

$$N_2 + 3H_2 \rightleftharpoons 2NH_3$$

Explain, in terms of equilibrium, why an increase in pressure increases the yield of the reaction.

..................................................................................................................................

..................................................................................................................................

..................................................................................................................................

*(2 marks)*

**d) i)** Explain why it is more economic to run the Haber process at 200 atm pressure rather than 1000 atm pressure.

..................................................................................................................................

..................................................................................................................................

*(1 mark)*

**ii)** Other than changing the temperature, suggest one way a high yield could be obtained at a lower pressure.

..................................................................................................................................

*(1 mark)*

**4** Soils can become acidic due to acid rain and the use of some fertilisers. Most crops grow best in a fairly neutral soil, so acidic soils are often improved by adding lime (calcium hydroxide).

**a)** A sample of calcium hydroxide was found to contain, by mass, 54.1% calcium, 43.2% oxygen and 2.7% hydrogen.

Calculate the empirical formula of the calcium hydroxide.
**You must show your working.**

.............................................................................................................................

.............................................................................................................................

.............................................................................................................................
*(2 marks)*

**b)** Water is formed when an acid is mixed with an alkali.

**i)** Write an equation to show how the ions in the acid and those in the alkali form water.

.............................................................................................................................
*(1 mark)*

**ii)** What other product is formed?

.............................................................................................................................
*(1 mark)*

**iii)** In the laboratory, what can be used to show that the acid and alkali have completely reacted?

.............................................................................................................................
*(1 mark)*

**Turn over➤**

**5** Four substances, A-D, were analysed.  The results are shown in the table.

| Substance | Melting point (°C) | Boiling point (°C) | Electrical conductivity when molten | Electrical conductivity in solution | Type of bonding |
|-----------|-----------|-----------|-----------|-----------|-----------|
| A | 1610 | 2230 | ✘ | insoluble | .........................<br>......................... |
| B | 645 | 1295 | ✔ | ✔ | .........................<br>......................... |
| C | −183 | −89 | ✘ | insoluble | .........................<br>......................... |
| D | 3422 | 5555 | ✔ | insoluble | .........................<br>......................... |

**a)** Complete the final column of the table to show the type of bonding in each substance.

Use the following words:

**ionic**

**simple molecular**

**metallic**

**giant covalent**

*(3 marks)*

**b)** Give the name of one substance with a giant covalent structure.

..................................................................................................................................................

*(1 mark)*

4

**Turn over for the next question**

**Turn over➤**

© 2007 CGP

**6**   Methane and oxygen are both gases.  Methane ($CH_4$) is a simple molecular substance with a boiling point of $-164$ °C.  Oxygen difluoride ($OF_2$) is a dangerous substance with a boiling point of $-145$ °C and a similar structure to water.

**a)**   Draw a diagram to show the bonding in a molecule of methane, using dots and crosses to represent electrons.  Show only outer shell electrons.

*(1 mark)*

**b)  i)**   Draw a dot and cross diagram of a molecule of oxygen difluoride. Show only outer shell electrons.

*(2 marks)*

12

**ii)** Calculate the relative formula mass of oxygen difluoride using the relative atomic masses given below.

$$O = 16 \qquad F = 19$$

.........................................................................................................................................................

.........................................................................................................................................................
*(1 mark)*

**iii)** What is the mass of one mole of oxygen difluoride?

.........................................................................................................................................................
*(1 mark)*

**c)** Oxygen difluoride reacts very slowly with water to form hydrofluoric acid and oxygen.

$$OF_2(aq) + H_2O(l) \rightarrow 2HF(aq) + O_2(g)$$

What mass of water is needed to react completely with 108 g of oxygen difluoride? The relative atomic mass of hydrogen is 1.

.........................................................................................................................................................

.........................................................................................................................................................
*(2 marks)*

7

**Turn over for the next question**

**Turn over➤**

**7**     Hydrazine ($N_2H_4$) is a chemical compound used as rocket fuel.

It is formed from a reaction between ammonia and sodium chlorate(I), which has the formula NaClO.  Hydrazine, sodium chloride and water are produced in the reaction.

**a)**     Use the information above to write a balanced symbol equation for the production of hydrazine.

......................................................................................................................................

*(2 marks)*

**b)**     What mass of ammonia is needed to make 16 g of hydrazine?

Use the relative atomic masses given below.

$$H = 1 \qquad N = 14$$

......................................................................................................................................

......................................................................................................................................

*(2 marks)*

**c)**     In a hydrazine-propelled engine, hydrazine is passed over a catalyst.
A common catalyst for this reaction is molybdenum nitride on aluminium oxide.

The hydrazine decomposes according to the equation below.

$$2N_2H_4 \rightarrow 2NH_3 + N_2 + H_2$$

**i)**     What is a catalyst?

......................................................................................................................................

......................................................................................................................................

*(1 mark)*

**ii)** Explain why spreading the catalyst over the surface of unreactive aluminium oxide is better than using solid lumps of molybdenum nitride.

..........................................................................................................................................

..........................................................................................................................................

*(1 mark)*

**iii)** Explain, as fully as you can, how catalysts help to reduce costs in industrial processes.

..........................................................................................................................................

..........................................................................................................................................

..........................................................................................................................................

..........................................................................................................................................

*(2 marks)*

$\dfrac{}{8}$

___

**END OF TEST**

SSHB4U

**General Certificate of Secondary Education**

# GCSE Additional Science

## CHEMISTRY
## Paper 2

## Higher Tier

**Time allowed**: 45 minutes.

| Centre name | | | | | |
|---|---|---|---|---|---|
| Centre number | | | | | |
| Candidate number | | | | | |

| Surname | |
|---|---|
| Other names | |
| Candidate signature | |

**Instructions to candidates**
- Write your name and other details in the spaces provided above.
- Answer all questions in the spaces provided.
- Do all rough work on this question paper.
- Write your answers in black or blue ink or ball-point pen.

**Information for candidates**
- The marks available are given in brackets at the end of each question or part-question.
- In calculations show clearly how you worked out your answers.
- You may use a calculator.
- There are 7 questions in this paper.
- The maximum mark for this paper is 45.

**Advice to candidates**
- Work steadily through the paper.
- Don't spend too long on one question.
- If you have time at the end, go back and check your answers.

<table>
<tr><th colspan="8">For examiner's use</th></tr>
<tr><th rowspan="2">Q</th><th colspan="3">Attempt Nº</th><th rowspan="2">Q</th><th colspan="3">Attempt Nº</th></tr>
<tr><th>1</th><th>2</th><th>3</th><th>1</th><th>2</th><th>3</th></tr>
<tr><td>1</td><td></td><td></td><td></td><td>5</td><td></td><td></td><td></td></tr>
<tr><td>2</td><td></td><td></td><td></td><td>6</td><td></td><td></td><td></td></tr>
<tr><td>3</td><td></td><td></td><td></td><td>7</td><td></td><td></td><td></td></tr>
<tr><td>4</td><td></td><td></td><td></td><td colspan="4"></td></tr>
<tr><td colspan="4"></td><td>Total<br>45</td><td></td><td></td><td></td></tr>
</table>

**[BLANK PAGE]**

1    Two students, David and Joanna, are investigating the speed at which hydrogen peroxide decomposes.  David mixes a solution of hydrogen peroxide with a catalyst and records the volume of oxygen produced every 50 seconds, using the apparatus shown below.

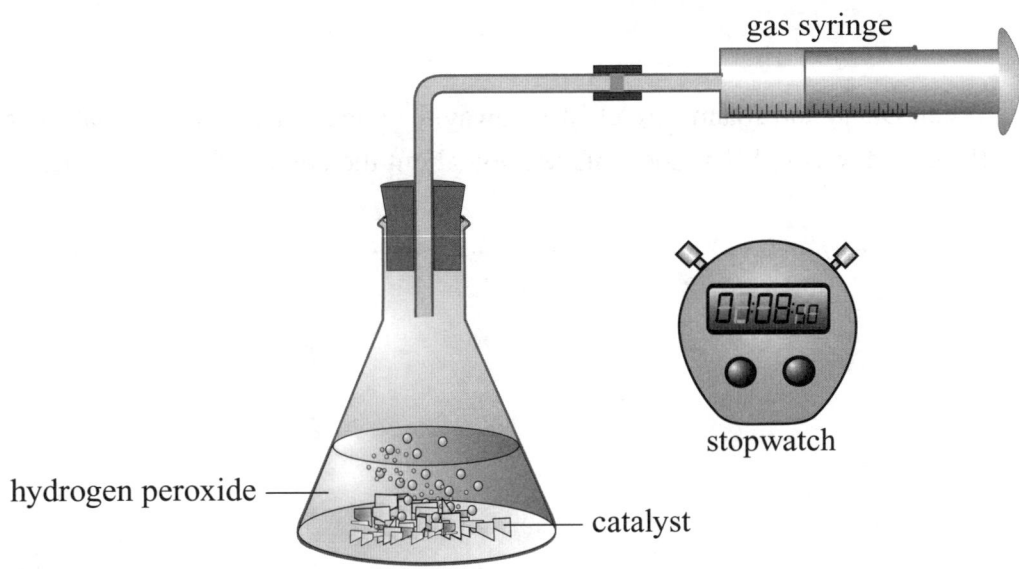

The results are shown in the table below.

| Time (s) | 0 | 50 | 100 | 150 | 200 | 250 | 300 | 350 |
|---|---|---|---|---|---|---|---|---|
| Volume $O_2$ (cm$^3$) | 0 | 110 | 210 | 290 | 340 | 370 | 385 | 385 |

a)   Plot the points on the graph.  Connect the points by drawing a smooth curve.

Volume $O_2$
    (cm$^3$)

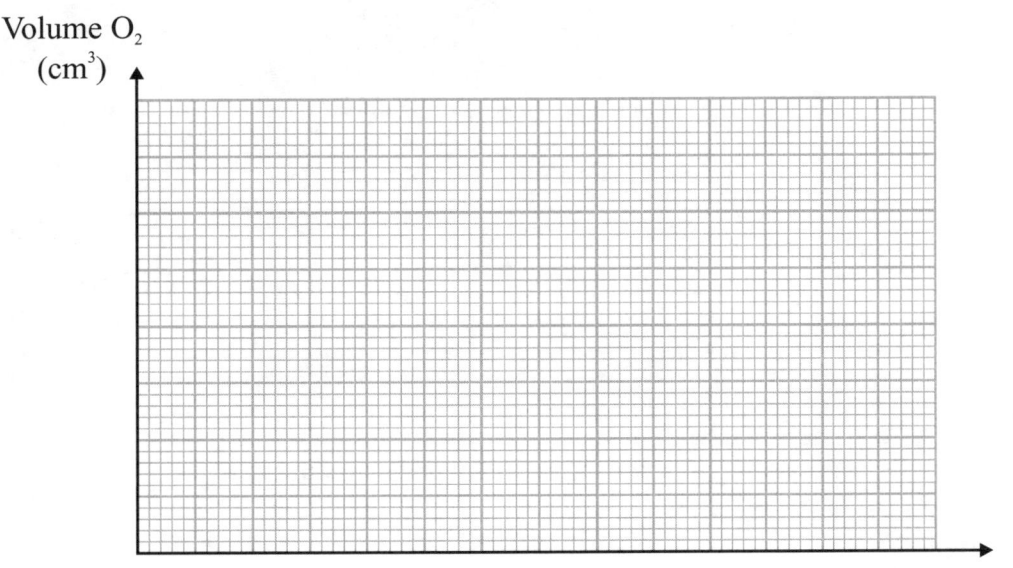

Time (s)

*(3 marks)*

**Turn over➤**

© 2007 CGP

Joanna uses the same apparatus and the same amount of hydrogen peroxide as David, but adds a different catalyst to the mixture.

**b)** After 350 seconds, Joanna has only collected 200 cm³ of oxygen.
Sketch a graph on the same axes as David's results to show how you would expect her reaction to have progressed.

*(2 marks)*

**c)** When David and Joanna are clearing away the apparatus, they find that the reaction flasks are warm. What does this tell you about the nature of the reaction?

.............................................................................................................................................

*(1 mark)*

6

**2** Read the information in the box and answer the questions that follow.

---

Ammonium nitrate ($NH_4NO_3$) is a soluble salt.

It can be produced by reacting an acid with an alkali in an aqueous solution.

Relative atomic masses: hydrogen = 1, nitrogen = 14, oxygen = 16.

---

**a)** Name the acid and alkali that can be used to make ammonium nitrate.

..............................................................................................................................................................
*(1 mark)*

**b)** Describe how a solid sample of ammonium nitrate can be obtained from the solution produced.

..............................................................................................................................................................

..............................................................................................................................................................
*(1 mark)*

**c)** Calculate the relative formula mass of ammonium nitrate.

..............................................................................................................................................................

..............................................................................................................................................................
*(2 marks)*

**Question 2 continues on the next page**

**d)** Calculate the percentage of nitrogen in ammonium nitrate.

.......................................................................................................................................

.......................................................................................................................................

(1 mark)

**e)** Give a use of ammonium nitrate.

.......................................................................................................................................

(1 mark)

6

**3**   The Haber process is an industrial method of producing ammonia ($NH_3$).

a)   The word equation for the reaction that occurs in the Haber process is:

nitrogen + hydrogen $\rightleftharpoons$ ammonia

   i)   Write a balanced symbol equation, including state symbols, for the reaction.

........................................................................................................................................

*(2 marks)*

   ii)   Calculate the maximum theoretical yield of ammonia when 280 g of nitrogen is reacted with 60 g of hydrogen.

........................................................................................................................................

........................................................................................................................................

*(1 mark)*

   iii)   Calculate the percentage yield of ammonia, if the actual yield is 58.5 g.

........................................................................................................................................

........................................................................................................................................

*(1 mark)*

b)   When the reaction is carried out in a closed system, it progresses to equilibrium. What is meant by the term 'equilibrium'?

........................................................................................................................................

........................................................................................................................................

*(1 mark)*

**Question 3 continues on the next page**

**c)** The decomposition of ammonia is endothermic.

Explain the effect of an increase in temperature on:

**i)** the yield of ammonia.

..............................................................................................................................

..............................................................................................................................

..............................................................................................................................

*(1 mark)*

**ii)** the rate of the reaction.

..............................................................................................................................

..............................................................................................................................

..............................................................................................................................

*(1 mark)*

$\dfrac{}{7}$

**4**    Silver is a metallic element that occurs naturally as two isotopes, Ag-107 and Ag-109.

**a)**    The relative atomic mass of silver is 108.
Explain, as fully as you can, what is meant by the term 'relative atomic mass'.

.................................................................................................................................................

.................................................................................................................................................

.................................................................................................................................................

*(2 marks)*

**b)**    All metallic elements have a similar structure that is determined by the way the atoms bond.  Draw a labelled diagram to represent the bonding within silver.

*(1 mark)*

**Question 4 continues on the next page**

**Turn over➤**

**c)** How does the structure of silver explain the following properties?

    **i)** Its high thermal and electrical conductivity.

    .......................................................................................................................

    .......................................................................................................................
*(1 mark)*

    **ii)** Its ability to be bent and shaped.

    .......................................................................................................................

    .......................................................................................................................
*(1 mark)*

**d)** Silver nanoparticles have been found to have an antibacterial action.
What are nanoparticles?

.......................................................................................................................
*(1 mark)*

6

**5** Tiffany is doing an experiment to investigate the electrolysis of sodium chloride.

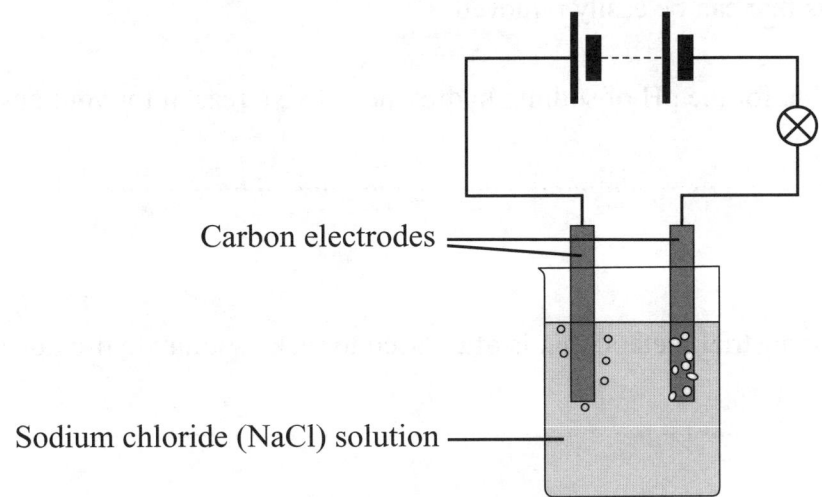

Carbon electrodes

Sodium chloride (NaCl) solution

a) The reaction at each electrode can be described by a half equation.
Complete the half equations for the reaction occurring at each electrode.

anode      .......... $Cl^- \rightarrow Cl_2 + $ ..........

cathode      .......... $H^+ + $ .......... $\rightarrow H_2$

*(2 marks)*

b) The sodium chloride solution used in this experiment has a known concentration.
Give the units for concentration.

.................................................................................................................................
*(1 mark)*

c) If Tiffany repeated the experiment using molten sodium chloride rather than a solution, what would be produced at the cathode?

.................................................................................................................................
*(1 mark)*

4

**6** Oven cleaners often contain an aqueous solution of sodium hydroxide (NaOH). The sodium hydroxide reacts with dirt and grease inside the oven to produce water-soluble salts that can be easily removed.

**a)** Suggest a value for the pH of sodium hydroxide. Give a reason for your answer.

.......................................................................................................................................................
*(1 mark)*

**b)** Describe an industrial method that is often used to make sodium hydroxide solution.

.......................................................................................................................................................

.......................................................................................................................................................
*(1 mark)*

**c)** Sodium hydroxide solution must be carefully disposed of because it is corrosive. It can be neutralised by the addition of aqueous hydrochloric acid. Complete the balanced symbol equation, including state symbols, for this reaction.

$$NaOH_{(........)} + HCl_{(........)} \rightarrow .................._{(........)} + .................._{(........)}$$
*(2 marks)*

**d)** Calculate the mass of hydrochloric acid needed to neutralise 1 g of sodium hydroxide.

Relative atomic mass: sodium = 22, oxygen = 16, hydrogen = 1, chlorine = 35.5

.......................................................................................................................................................

.......................................................................................................................................................

.......................................................................................................................................................

mass of hydrochloric acid = ................................ g
*(3 marks)*

7

**7**   Sulfuric acid is made on an industrial scale using a series of reactions called the Contact process. The information below describes the steps involved in the process.

1. Sulfur is burned in air at a temperature of 350 °C to produce sulfur dioxide:
$$S(s) + O_2(g) \rightarrow SO_2(g).$$

2. Sulfur dioxide is converted to sulfur trioxide.
The reaction is carried out at 450 °C, using a catalyst:
$$2SO_2(g) + O_2(g) \rightleftharpoons 2SO_3(g).$$

3. Sulfur trioxide is dissolved in sulfuric acid to make a chemical called oleum:
$$SO_3(g) + H_2SO_4(l) \rightarrow H_2S_2O_7(l).$$

4. Water is added to the oleum to make concentrated sulfuric acid:
$$H_2S_2O_7(l) + H_2O(l) \rightarrow 2H_2SO_4(l).$$

Stage 2 of the process, the formation of sulfur trioxide, is exothermic.
The energy produced is used to heat more sulfur dioxide and oxygen in stage 1.

**a)** Explain why recycling energy in this way is important.

...........................................................................................................................................

...........................................................................................................................................
*(1 mark)*

**b)** Explain why there is no net energy transfer from the stage 2 reaction at equilibrium.

...........................................................................................................................................

...........................................................................................................................................

...........................................................................................................................................

...........................................................................................................................................
*(2 marks)*

**Question 7 continues on the next page**

**Turn over➤**

**c)** At stage 2, using a temperature higher than 450 °C would increase the rate of the reaction. Suggest two reasons why a higher temperature is **not** used.

..............................................................................................................................................................

..............................................................................................................................................................

..............................................................................................................................................................

..............................................................................................................................................................

*(2 marks)*

**d)** Stages 1 and 2 are both carried out at atmospheric pressure using 1 mole of oxygen. Explain why the **volume** of oxygen gas would not be the same in the two reactions.

..............................................................................................................................................................

..............................................................................................................................................................

*(1 mark)*

The table below shows the reactants and products at each stage of the process, and their relative masses.

| Stage | Reactants | Relative mass of reactants | Useful product | Relative mass of useful product |
|---|---|---|---|---|
| 1 | $S + O_2$ | 64 | $SO_2$ | 64 |
| 2 | $2SO_2 + O_2$ | 160 | $2SO_3$ | 160 |
| 3 | $SO_3 + H_2SO_4$ | | $H_2S_2O_7$ | |
| 4 | $H_2S_2O_7 + H_2O$ | | $2H_2SO_4$ | |

**e)** Complete the missing entries in the table using the following information.

Relative atomic mass: sulfur = 32, oxygen = 16, hydrogen = 1

*(2 marks)*

**f)** What is the overall atom economy of the Contact process?

.......................................................................................................................
*(1 mark)*

9

**END OF TEST**

**General Certificate of Secondary Education**

# GCSE Additional Science

## PHYSICS
## Paper 1

## Higher Tier

| Centre name | | | | |
|---|---|---|---|---|
| Centre number | | | | |
| Candidate number | | | | |

**Time allowed**: 45 minutes.

| Surname | |
|---|---|
| Other names | |
| Candidate signature | |

## Instructions to candidates
- Write your name and other details in the spaces provided above.
- Answer all questions in the spaces provided.
- Do all rough work on this question paper.
- Write your answers in black or blue ink or ball-point pen.

## Information for candidates
- The marks available are given in brackets at the end of each question or part-question.
- In calculations show clearly how you worked out your answers.
- You may use a calculator.
- There are 7 questions in this paper.
- The maximum mark for this paper is 45.

## Advice to candidates
- Work steadily through the paper.
- Don't spend too long on one question.
- If you have time at the end, go back and check your answers.

| For examiner's use | | | | | | |
|---|---|---|---|---|---|---|
| Q | Attempt Nº | | | Q | Attempt Nº | |
| | 1 | 2 | 3 | | 1 | 2 | 3 |
| 1 | | | | 5 | | | |
| 2 | | | | 6 | | | |
| 3 | | | | 7 | | | |
| 4 | | | | Total 45 | | | |

**[BLANK PAGE]**

**1**   Jo drives a petrol tanker, delivering petrol to filling stations around the country.

**a)**   Explain why a build-up of static electricity on the petrol tanker could be dangerous when the fuel is being unloaded.

.............................................................................................................................................

.............................................................................................................................................
*(1 mark)*

**b)**   What can Jo do to make unloading the tanker safer?

.............................................................................................................................................
*(1 mark)*

**c)**   Write down one other situation in which a build-up of static electricity could be dangerous.

.............................................................................................................................................
*(1 mark)*

**Turn over for the next question**

**Turn over**➤

**2**    Nuclear reactors in power stations and submarines release energy through nuclear fission.

**a)**    What is meant by nuclear fission?

.................................................................................................................................

.................................................................................................................................
*(1 mark)*

**b)**    Name one substance that is commonly used as fuel in nuclear reactors.

.................................................................................................................................
*(1 mark)*

Scientists are trying to develop reactors in which energy is released through nuclear fusion.

**c)**    What is meant by nuclear fusion?

.................................................................................................................................

.................................................................................................................................
*(1 mark)*

**d)**    Where does nuclear fusion occur naturally?

.................................................................................................................................
*(1 mark)*

4

**3**    Rachel sets up the electric circuit shown below.

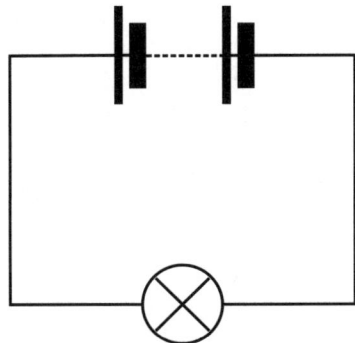

**a)**    Redraw the circuit to show how a voltmeter and an ammeter can be positioned to find the potential difference across the lamp and the current flowing through it.

*(2 marks)*

**Question 3 continues on the next page**

Rachel adds the following components to the circuit.

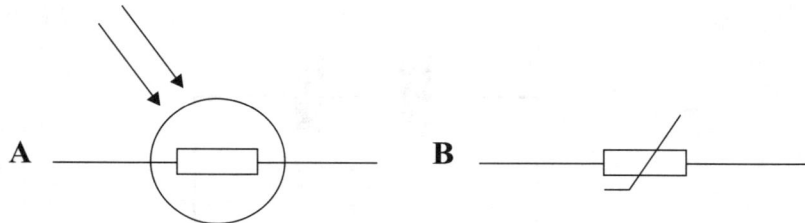

A               B

**b)** **i)** What are these components?

A ..............................................................................................................

B ..............................................................................................................

*(2 marks)*

**ii)** What happens to the resistance of component A as the intensity of the light that falls on it increases?

....................................................................................................................

*(1 mark)*

**iii)** Suggest one use for component B.

....................................................................................................................

*(1 mark)*

6

**4** The stopping distance of a vehicle is made up of the thinking distance and the braking distance.

Thinking Distance          Braking Distance

←———————— Stopping Distance ————————→

**a)** What is meant by 'thinking distance'?

.................................................................................................................................

.................................................................................................................................

*(1 mark)*

**b)** The graph below shows thinking distances at certain speeds.

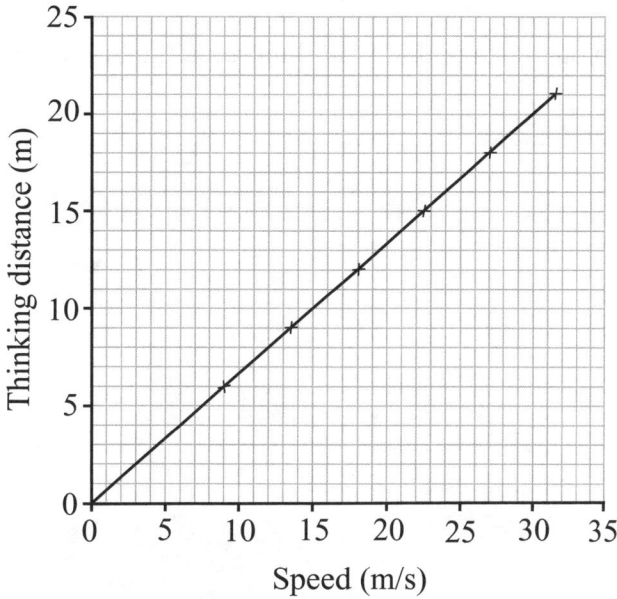

Describe the relationship between thinking distance and speed.

.................................................................................................................................

.................................................................................................................................

*(1 mark)*

**Question 4 continues on the next page**

**Turn over➤**

7

**c)** **i)** Using information from the graph, calculate a driver's reaction time.

speed = distance ÷ time

...................................................................................................................................

...................................................................................................................................

time = ...................................................................s

*(2 marks)*

**ii)** Write down one factor that can affect a driver's reaction time.

...................................................................................................................................

*(1 mark)*

**d)** Write down one change that would increase the braking distance of a vehicle.

...................................................................................................................................

*(1 mark)*

**5**   Patrick is a skydiver. He jumps from an aeroplane and his motion is recorded. After his jump he looks at this velocity-time graph of his fall.

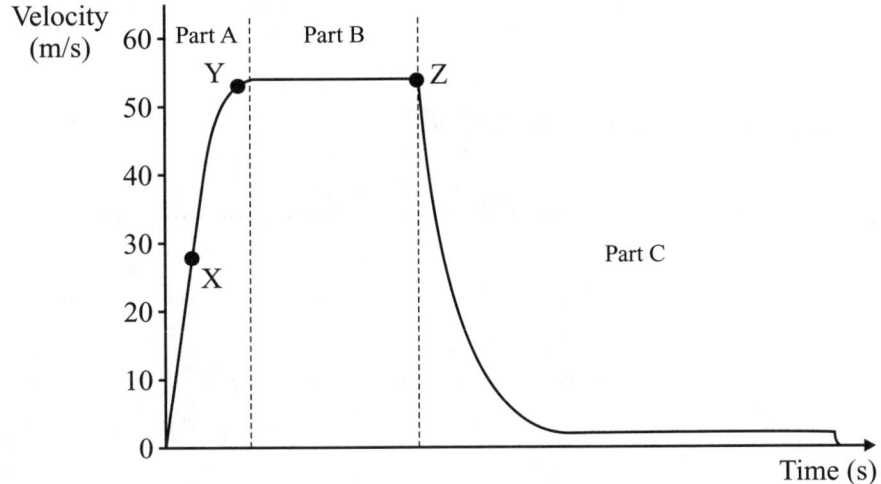

**a)**  Is Patrick's acceleration greater at point X or point Y?
Explain how you can tell this from the graph.

.......................................................................................................................................................

.......................................................................................................................................................

*(1 mark)*

**b)**  Part B of the graph is flat, showing that Patrick's velocity stayed constant for a time.
Explain why his velocity stayed constant during this time.

.......................................................................................................................................................

.......................................................................................................................................................

*(1 mark)*

**Question 5 continues on the next page**

**Turn over➤**

**c)** After point Z, Patrick decelerated, then maintained a constant velocity for most of his fall.

    **i)**    What happened at point Z ?

............................................................................................................................................................
*(1 mark)*

    **ii)**    Explain why Patrick decelerated.

............................................................................................................................................................

............................................................................................................................................................

............................................................................................................................................................
*(2 marks)*

**d)**  **i)**    Write out the equation that links mass, force and acceleration.

............................................................................................................................................................
*(1 mark)*

    **ii)**    Patrick's mass is 83 kg.  Calculate his weight.

$$\text{acceleration due to gravity} = 10 \text{ m/s}^2$$

............................................................................................................................................................

weight = ................................................ N
*(1 mark)*

**e)** When Patrick lands he bends his knees.  Explain, in terms of force and change in momentum, why this helps him avoid injury.

............................................................................................................................................................

............................................................................................................................................................

............................................................................................................................................................

............................................................................................................................................................
*(3 marks)*

10

**6**   A 200 kg car on a roller coaster is hauled to the top of the ride by an electric motor.

**a)**   The car weighs 2000 N and the top of the ride is 9 m above ground.
Calculate the work done by the motor in lifting the car.

...................................................................................................................................................

...................................................................................................................................................

Work done = ............................................. J

*(2 marks)*

**b)**   The motor works at 240 V and 10 A, and in total converts an amount of energy, E.

Use the formula $t = E \div IV$ to calculate how long it takes the motor to lift the car to the top of the ride.  (Assume that no energy is wasted.)

...................................................................................................................................................

...................................................................................................................................................

*(2 marks)*

**Question 6 continues on the next page**

**c)** At the bottom of the first dip in the tracks, the car is 2 m above ground.

**i)** What is the kinetic energy of the car at this point?
(Assume there are no forces due to friction or air resistance).

.......................................................................................................................................

.......................................................................................................................................

kinetic energy = .................................................... J

*(2 marks)*

**ii)** Calculate the velocity of the car at this point in the ride.

$$\text{kinetic energy} = \frac{1}{2} \times \text{mass} \times \text{velocity}^2$$

.......................................................................................................................................

.......................................................................................................................................

.......................................................................................................................................

velocity = .................................................... m/s

*(2 marks)*

8

**7**    Suzi studies the motion of her dad's car as it moves away from a set of traffic lights. Using the speedometer and her watch she collects the following data:

| Velocity (m/s) | 0 | 3 | 6 | 9 | 12 | 12 | 12 |
|---|---|---|---|---|---|---|---|
| Time (s) | 0 | 1 | 2 | 3 | 4 | 5 | 6 |

**a)**    Draw a velocity-time graph for this data on the axes below.

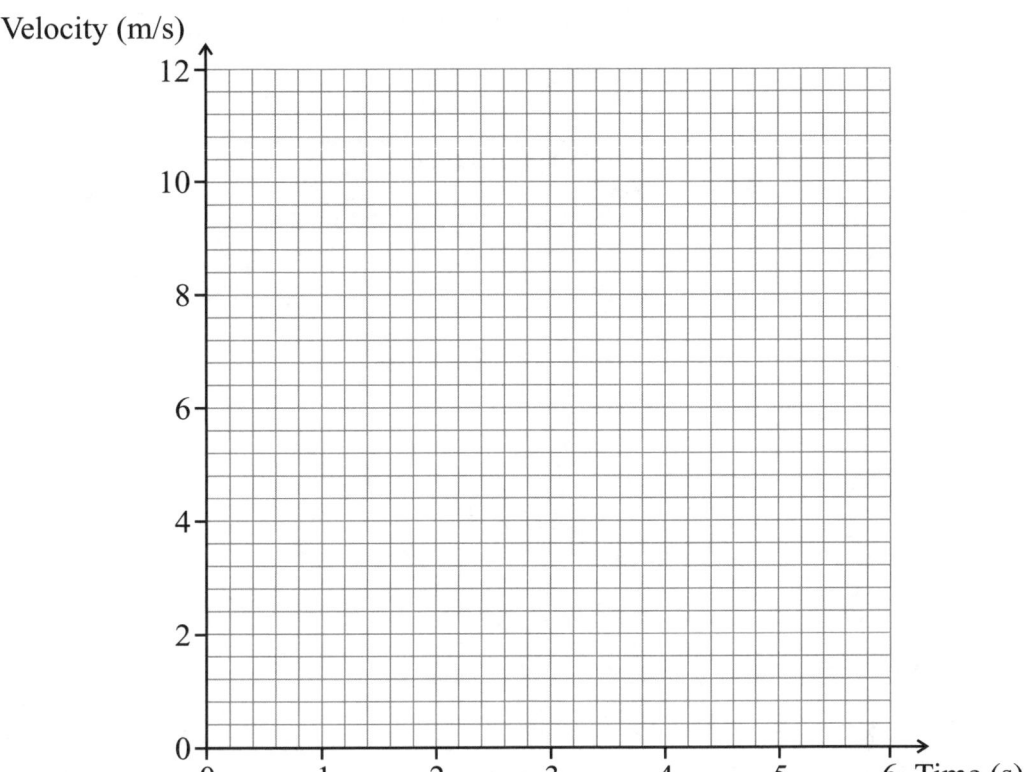

*(2 marks)*

**b)**    Using the graph, calculate the car's acceleration over the first 4 s.  Show clearly how you used the graph to calculate the acceleration.  Give the correct unit.

...................................................................................................................................................

...................................................................................................................................................

acceleration = ......................................................................

*(3 marks)*

**Turn over➤**

© 2007 CGP

**c)** Use the graph to calculate the total distance travelled by the car in the 6 seconds for which Suzi collected data.

.............................................................................................................................................

.............................................................................................................................................

.............................................................................................................................................

Distance travelled = .............................................................

*(3 marks)*

8

**END OF TEST**

**General Certificate of Secondary Education**

# GCSE Additional Science

## PHYSICS
## Paper 2

## Higher Tier

| Centre name | | | | |
|---|---|---|---|---|
| Centre number | | | | |
| Candidate number | | | | |

**Time allowed**: 45 minutes.

| Surname | |
|---|---|
| Other names | |
| Candidate signature | |

## Instructions to candidates
- Write your name and other details in the spaces provided above.
- Answer all questions in the spaces provided.
- Do all rough work on this question paper.
- Write your answers in black or blue ink or ball-point pen.

## Information for candidates
- The marks available are given in brackets at the end of each question or part-question.
- In calculations show clearly how you worked out your answers.
- You may use a calculator.
- There are 7 questions in this paper.
- The maximum mark for this paper is 45.

## Advice to candidates
- Work steadily through the paper.
- Don't spend too long on one question.
- If you have time at the end, go back and check your answers.

| For examiner's use | | | | | | |
|---|---|---|---|---|---|---|
| Q | Attempt Nº | | | Q | Attempt Nº | |
| | 1 | 2 | 3 | | 1 | 2 | 3 |
| 1 | | | | 5 | | | |
| 2 | | | | 6 | | | |
| 3 | | | | 7 | | | |
| 4 | | | | | | | |
| | | | | Total 45 | | | |

**[BLANK PAGE]**

**1** Jon has just bought a new iron and sees this plate on its handle:

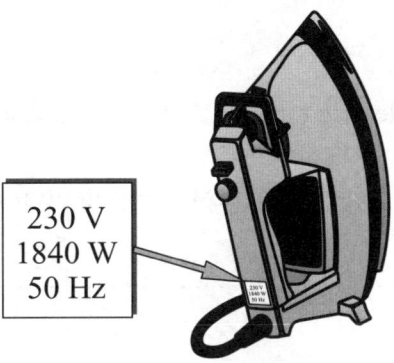

230 V
1840 W
50 Hz

**a)** If Jon irons a shirt for 10 s, how much energy will the iron transform?

energy transformed = power × time

.......................................................................................................................................................

.......................................................................................................................................................

energy transformed = ............................... J

*(1 mark)*

**b)** Jon can tell from the plate that the iron can operate using the mains supply.
Explain how he can tell this.

.......................................................................................................................................................

.......................................................................................................................................................

*(1 mark)*

**Question 1 continues on the next page**

**c)** **i)** What is the definition of electric current?

................................................................................................................

................................................................................................................
*(1 mark)*

**ii)** Calculate the electric current that the iron draws when it is in use.

current = power ÷ potential difference

................................................................................................................

current = ............................ A
*(1 mark)*

**d)** The iron came with a 13 A fuse in its plug.

**i)** How does a fuse protect the iron and its users from damage if a fault develops and a very large current flows?

................................................................................................................
*(1 mark)*

**ii)** Explain why a 5 A fuse would not be suitable for this iron.

................................................................................................................

................................................................................................................

................................................................................................................
*(2 marks)*

7

**2**   Paul and Kath are at the funfair driving dodgem cars, as shown in the diagram.

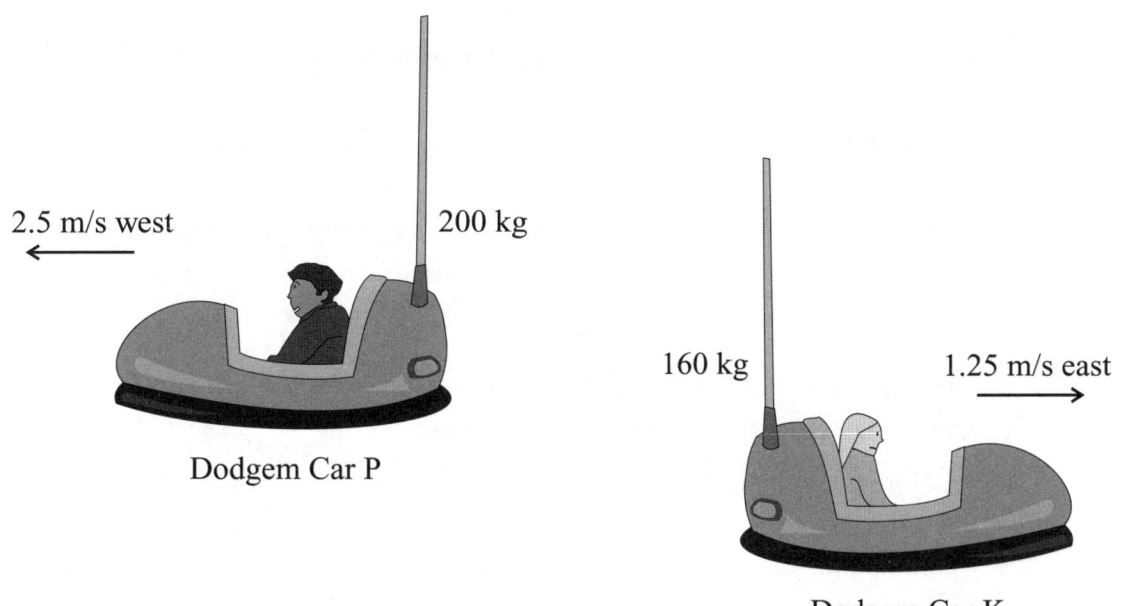

2.5 m/s west   200 kg

Dodgem Car P

160 kg   1.25 m/s east

Dodgem Car K

**a)**   Write down the equation that links momentum, mass and velocity.

.......................................................................................................................................
*(1 mark)*

**b)**   Calculate the magnitude of the momentum of each car.

    **i)**   Dodgem Car P

    .......................................................................................................................

            momentum = ............................... kg m/s
*(1 mark)*

    **ii)**   Dodgem Car K

    .......................................................................................................................

            momentum = ............................... kg m/s
*(1 mark)*

**Question 2 continues on the next page**

**Turn over➤**

Paul keeps his speed constant, but turns his car (P) so that he is now driving east, directly towards Kath's car (K).

**c)** Does this change his momentum?  Give a reason for your answer.

.......................................................................................................................................

.......................................................................................................................................
*(1 mark)*

**d)** The two dodgem cars collide when Paul drives into the back of Kath's car. Calculate the total momentum of the two cars:

**i)** before the collision.

.................................................................................................................................

momentum = ............................. kg m/s to the east
*(1 mark)*

**ii)** immediately after the collision.  Include units and a direction in your answer.

momentum = ...............................................................................................
*(1 mark)*

**e)** Immediately after the collision, Paul's dodgem car travels at a velocity of 1 m/s east. What is its momentum now?

.................................................................................................................................

momentum = ............................. kg m/s to the east
*(1 mark)*

**f)** Using your answer to part e), calculate the velocity of Kath's dodgem car after the collision.

.................................................................................................................................

.................................................................................................................................

velocity = ............................. m/s to the east
*(2 marks)*

9

**3**    Jason used a Geiger-Müller tube to measure the activity of a source of beta radiation.
The count rate was 10 counts per second.

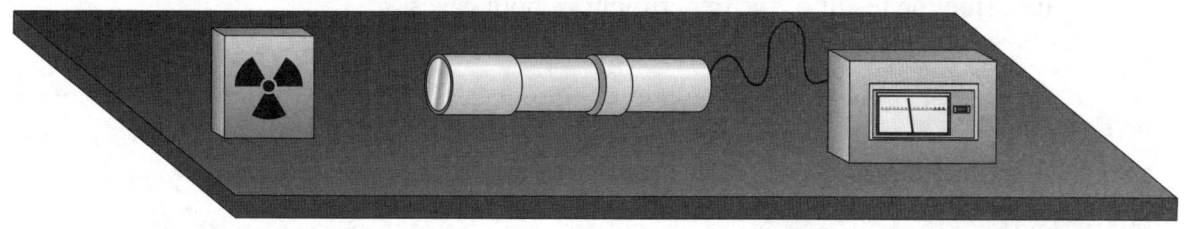

a)   What is a beta particle?

   .......................................................................................................................................

*(1 mark)*

b)   If Jason re-measures the activity of the source in a year's time, will the count rate be
the same?  Explain your answer.

   .......................................................................................................................................

   .......................................................................................................................................

*(1 mark)*

**Question 3 continues on the next page**

**c)** Jason is given a radiation source by his teacher and told that it emits either beta or alpha radiation.

Describe how Jason could find out which type of radiation the source emits, and describe the result of the experiment in both cases.

........................................................................................................................................

........................................................................................................................................

........................................................................................................................................

........................................................................................................................................

........................................................................................................................................

........................................................................................................................................

*(2 marks)*

**d)** When Jason finished his experiment, he put the sources away. He then noticed that the Geiger-Müller tube was still detecting radiation.

   **i)** What is the name of this radiation?

........................................................................................................................................

*(1 mark)*

   **ii)** Write down one source of this radiation.

........................................................................................................................................

........................................................................................................................................

*(1 mark)*

6

**4**    Terence is driving at 15 m/s along a flat, straight road.

He maintains the car's speed for 285 m before the traffic lights ahead turn to red.

Terence then decelerates at a constant rate before coming to a standstill 7 s later at the traffic lights. He waits at the traffic lights for 12 s.

**a)**    How long did it take Terence to cover the initial 285 m?

.............................................................................................................................................

time = ............................. s

*(2 marks)*

**b)**   **i)**    Sketch a velocity-time graph of Terence's motion on the axes below (including the time Terence waits at the traffic lights).

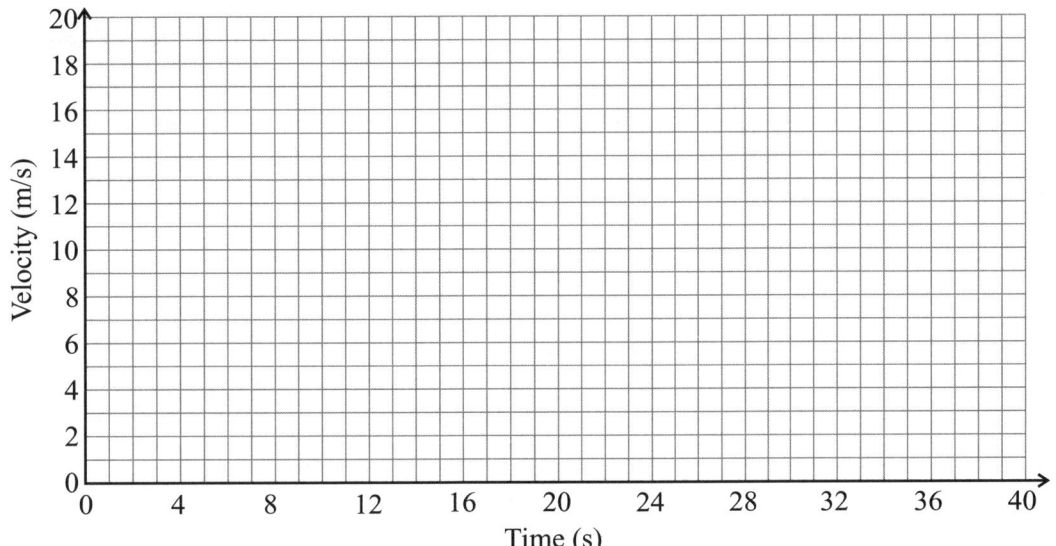

*(2 marks)*

     **ii)**    Use the graph to calculate Terence's acceleration.

.............................................................................................................................................

.............................................................................................................................................

acceleration = ............................. m/s²

*(2 marks)*

**Question 4 continues on the next page**

**Turn over➤**

© 2007 CGP

**c)** The total mass of Terence's car is 2650 kg.

    **i)** Calculate the car's kinetic energy when it was travelling at 15 m/s.

$$\text{kinetic energy} = \frac{1}{2} \times \text{mass} \times \text{velocity}^2$$

.............................................................................................................................................

.............................................................................................................................................

kinetic energy = ............................... J

*(1 mark)*

    **ii)** When Terence is waiting at the traffic lights, the car has zero kinetic energy. What has happened to the kinetic energy lost while braking?

.............................................................................................................................................

.............................................................................................................................................

*(1 mark)*

$\dfrac{}{8}$

**5** Barry is experimenting with electric circuits. The first one he tests is shown below. The three filament lamps in the circuit are identical.

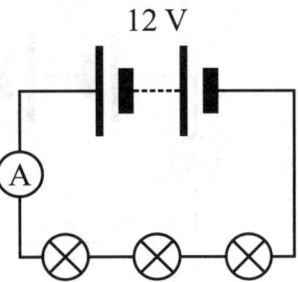

12 V

A

**a)** Barry measures the potential difference across each lamp using a voltmeter. What readings would he obtain?

.......................................................................................................................

.......................................................................................................................

potential difference = .......................... V

*(1 mark)*

**b)** The reading on the ammeter is 0.5 A. Calculate the resistance of each filament lamp. Show clearly how you worked out your answer and give the unit.

.......................................................................................................................

.......................................................................................................................

resistance = ....................................

*(2 marks)*

**Question 5 continues on the next page**

**Turn over**➤

Barry now sets up a new circuit using the same components as before.

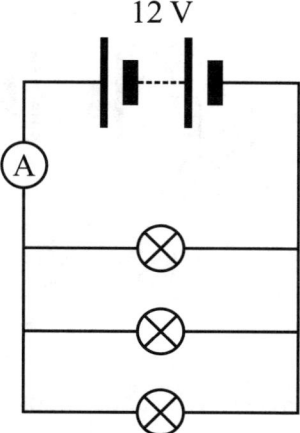

12 V

**c)** Calculate the current flowing through each lamp.

...........................................................................................................................................

...........................................................................................................................................

current = ............................ A

*(2 marks)*

**d)** What is the reading on the ammeter?

...........................................................................................................................................

*(1 mark)*

6

**6** Claire is taking part in a demonstration of the effects of static electricity.
When the band rotates, static charge builds up on the metal dome.
When Claire touches the dome, some of the charge is transferred to her,
and makes her hair stand on end.

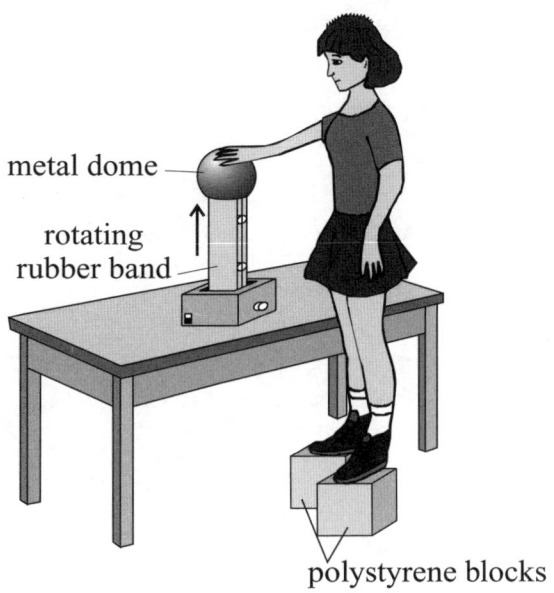

metal dome
rotating
rubber band
polystyrene blocks

**a)** When Claire's friend Lillian moves her hand near to her, she feels a small electric
shock and Claire's hair returns to normal.
Explain what happened when Lillian went to touch Claire.

.......................................................................................................................................

.......................................................................................................................................

.......................................................................................................................................
*(2 marks)*

**Question 6 continues on the next page**

**b)** Describe how static electricity is used in a smoke precipitator.

..................................................................................................................................................................

..................................................................................................................................................................

..................................................................................................................................................................

*(2 marks)*

**7** The diagram shows a nuclear power station fuelled using uranium.

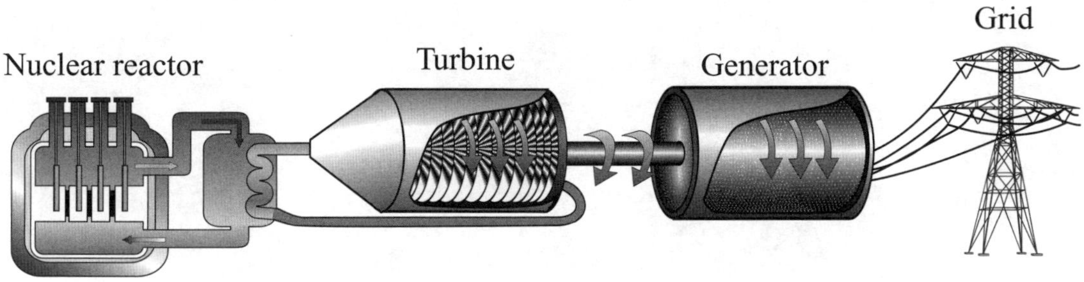

Nuclear reactor    Turbine    Generator    Grid

**a)** Describe the chain reaction that occurs in the nuclear reactor and how it is controlled.

..................................................................................................................................

..................................................................................................................................

..................................................................................................................................

..................................................................................................................................

..................................................................................................................................

*(4 marks)*

**b)** Write down one long-term problem of generating electricity using nuclear power.

..................................................................................................................................

..................................................................................................................................

*(1 mark)*

$\dfrac{\phantom{xx}}{5}$

**END OF TEST**

# GCSE
## Additional Science

## Practice Exam Papers
## Answer Book

Higher Tier

# These practice papers won't make you better at science

... but they will show you what you **can** do, and what you **can't** do.

These are GCSE papers, just like you'll get in your exams — so they'll tell you what you need to **work at** if you want to do **better** on the day.

Do an exam, **mark it** and look at what you **got wrong**.
**That's** the stuff you need to learn.

**Go away**, **learn** those tricky bits, then **do the same exam again**. If you're **still** getting questions wrong, you'll have to do even **more practice** and **keep testing** yourself until you keep getting **all** the questions right.

It doesn't sound like a lot of **fun**, but it **really will help**.

# The three big ways to improve your score

1) **Answer all these exams**

   These practice papers contain all the types of question that have come up year after year in GCSE exams. If you can do all these, you should be able to do all the questions in your exams.

2) **Keep practising the things you get wrong**

   The whole point of a practice exam is to find out what you don't know[*]. So every time you get a question wrong, revise that subject then have another crack at it.

   [*] Use the mark scheme in this booklet to help you see where you dropped your marks.

3) **Don't throw away easy marks**

   Always answer the question the way it's asked — if it's worth three marks, give three points in your answer. Always double-check your answer and don't make silly mistakes — obvious really.

*Contributors: Michael Aicken, Mike Bossart, James Foster,*
*John Myers, Adrian Schmit, Pat Szczesniak.*

*Stopping distance information from the Highway Code.*
*Reproduced under the terms of the Click-Use Licence.*

# Working out your Grade

- Do one Biology, one Chemistry and one Physics paper.
  (We've given you two sets of papers (paper 1s and paper 2s) to give you twice the practice.)

- Use the answers and mark scheme in this booklet to mark it.
  The marks are all out of 45, so divide your score by 45 and multiply by 100 to get a percentage.

- Find your average percentage for the whole exam (all three papers).

- Look it up in this table to see what grade you got. If you're borderline, don't push yourself up a grade — the real examiners won't.

| Average % | 85+ | 74 - 84 | 61 - 73 | 47 - 60 | 37 - 46 | 30 - 36 | Under 30 |
|-----------|-----|---------|---------|---------|---------|---------|----------|
| Grade | A* | A | B | C | D | E | U |

## Stick your marks in here so you can see how you're doing

| | | Physics | Chemistry | Biology | Average % | Grade |
|---|---|---|---|---|---|---|
| Paper 1 | First go | | | | | |
| | Second go | | | | | |
| | Third go | | | | | |
| Paper 2 | First go | | | | | |
| | Second go | | | | | |
| | Third go | | | | | |

## Important!

Any grade you get on one of these practice papers is **no guarantee** of getting that in the real exam — **but** it's a pretty good guide.

# Paper 1

## Biology

**1**   **a)**   To make chlorophyll *[1 mark]*.

   **b)**   For the synthesis of amino acids/proteins *[1 mark]*.

   **c)**   *Any two of,* e.g. the amount of light shining on each beaker / the level of other substances in the mineral solution / the size of the beakers / the amount of air available / the amount of water available *[1 mark for each correct answer]*.

   **d)**   E.g. plants grow at a faster rate with both magnesium and nitrates in high concentrations *[1 mark]*.

---

**2**   **a)**   **i)**   mitosis *[1 mark]*

   **ii)**   meiosis *[1 mark]*

   **b)**   meiosis *[1 mark]*

   *Don't forget that in meiosis one cell will divide to produce four haploid cells.*

   **c)**   The cell's DNA is copied and forms X-shaped chromosomes *[1 mark]*. The chromosomes line up at the centre of the cell and are pulled apart *[1 mark]*. Membranes form around each of the sets of chromosomes before the cytoplasm divides to form two new cells *[1 mark]*.

---

**3**   **a)**   **i)**   Diffusion is the passive movement of particles from an area of high concentration to an area of low concentration *[1 mark]*.

   **ii)**   *Any two of,* e.g. the distance substances have to diffuse across. / The concentration difference/ gradient. / The surface area available for molecules to diffuse across *[1 mark for each correct answer]*.

   **b)**   **i)**   A *[1 mark]*

   **ii)**   B *[1 mark]*

   **c)**   glucose *[1 mark]*, water *[1 mark]*

---

**4**   **a)**   The Sun *[1 mark]*.

   **b)**   $(130 \div 1100) \times 100\% = 11.8\%$ *[2 marks for correct answer, otherwise 1 mark for correct working]*

   *It's always a good idea to show your working — if you don't get the right answer you could still pick up some marks if you were on the right tracks.*

   **c)**   *Any two of,* e.g. energy is used for respiration/movement/growth / energy is lost in waste materials / energy is lost as heat. *[1 mark for each correct answer]*

   **d)**   Energy is lost at each level of a food chain *[1 mark]*. After about five levels the amount of energy being passed on is not sufficient to support another level of organisms *[1 mark]*.

**e) i)** Not to scale:

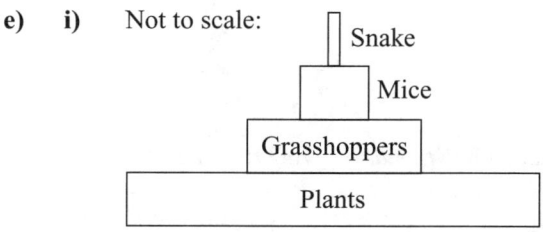

*[1 mark for correct shape]*

**ii)** D *[1 mark]*

---

**5 a)** X — photosynthesis *[1 mark]*
Y — respiration *[1 mark]*

**b)** The carbon compounds in plants are transferred to animals *[1 mark]*

**c)** Microorganisms breakdown waste products and dead organisms *[1 mark]* and release carbon dioxide into the atmosphere as they respire/cause decay *[1 mark]*.

**d)** *Any one of*, e.g. the number of cars on the roads has increased / society has become more industrialised / the level of deforestation has increased / the amount of fossil fuels being burned has increased *[1 mark]*.

---

**6 a)** 37 °C *[1 mark]*

**b)** The thermoregulatory centre of the brain *[1 mark]* receives information from receptors that monitor the temperature of blood flowing past them *[1 mark]*. It also receives information from temperature receptors in the skin *[1 mark]*.

**c)** Blood vessels close to the surface of the skin would have constricted (to reduce the amount of heat lost from the skin) *[1 mark]*. His muscles would also have contracted causing shivering (which generates heat) *[1 mark]*.

---

**7 a)** Enzymes are biological catalysts / proteins that speed up a chemical reaction *[1 mark]*.

**b)** Approximately 37 °C (accept values between 35 °C and 40 °C) *[1 mark]*.
*This graph looks a bit unusual — make sure you understand the values given on the axis first.*

**c)** The increasing temperature causes the enzyme to change shape/denature *[1 mark]*. This means that it no longer matches the shape of the starch, so cannot catalyse its breakdown, so the time taken for the reaction to be complete increases *[1 mark]*.

**d)** The pH must be kept constant to ensure it is a fair test, because the rate at which the enzyme works also depends on the pH of the solution *[1 mark]*.

**e)** Enzymes are specific, only one type of substance can fit into the active site *[1 mark]*.

---

# Chemistry

1  a)    $C_{60}$ *[1 mark]*

   b)    Catalyst particles can be attached to the nanotubes *[1 mark]* giving the catalyst a very large
         surface area *[1 mark]*.

   c)    Graphite has spare electrons because only three of the four electrons in each carbon's outer shell
         are used in bonds. *[1 mark]*

   d) i)   There would be no change / the bromine water would remain brown. *[1 mark]*

      ii)  $CH_4 + 2O_2 \rightarrow CO_2 + 2H_2O$ *[1 mark]*

      iii) $Na_2CO_3 + 2HCl \rightarrow 2NaCl + H_2O + (1)CO_2$ *[1 mark]*

---

2  a)    When solid, potassium bromide has no free ions/charge carriers and so cannot conduct electricity.
         *[1 mark]*

   b) i)   the positive *[1 mark]*

         *The bromide ion has a negative charge, so it will be attracted to the positive electrode.*

      ii)  oxidised *[1 mark]*

         *The bromide ions have lost electrons — this is oxidation.*

   c)    potassium ions ($K^+$) *[1 mark]*

   d) i)   hydrogen, $H_2$ *[1 mark if the name and formula are both provided]*

      ii)  *Any two of*, e.g. the Haber process/production of ammonia / the production of fats from oils for
           margarine / the manufacture of hydrochloric acid *[1 mark for each, maximum of 2 marks]*

---

3  a)    The yield of ammonia is increased. *[1 mark]*

         *Make sure you get the hang of reading information off graphs before the exam — questions like these can
         give you some really easy marks.*

   b)    This temperature will give a lower yield than could be obtained *[1 mark]*, but at a reasonably
         fast rate *[1 mark]*.

   c)    There are fewer molecules on the right hand side of the equation *[1 mark]*. An increase in
         pressure will favour the reaction that produces the least number of molecules *[1 mark]*.

         *Looking at the equation, there are four molecules on the left and two on the right.*

   d) i)   Although the higher pressure gives a greater yield of ammonia, the cost of building the plant is
           much greater. *[1 mark]*

      ii)  using a catalyst *[1 mark]*

---

4  a)
| Ca | O | H |
|---|---|---|
| $54.1 \div 40$ | $43.2 \div 16$ | $2.7 \div 1$ |
| $= 1.35$ | $= 2.7$ | $= 2.7$ |
| $= 1.35 \div 1.35$ | $= 2.7 \div 1.35$ | $= 2.7 \div 1.35$ |
| $= 1$ | $= 2$ | $= 2$ |

         So the empirical formula is, *either* $CaO_2H_2$, *or*, $Ca(OH)_2$
         *[1 mark for using relative atomic masses to find the ratio 1.35 : 2.7 : 2.7 and 1 mark for a correct
         final answer. No marks without working]*

   b) i)   $H^+ + OH^- \rightarrow H_2O$ *[1 mark]*

         *Don't forget — acids always contain $H^+$ ions and alkalis always contain $OH^-$ ions.*

6

**ii)** salt *[1 mark]*

**iii)** e.g. an indicator *[1 mark]*

**5**  **a)**

| Substance | Melting Point (°C) | Boiling Point (°C) | Electrical conductivity when molten | Electrical conductivity in solution | Type of bonding |
|---|---|---|---|---|---|
| A | 1610 | 2230 | ✗ | insoluble | giant covalent |
| B | 645 | 1295 | ✔ | ✔ | ionic |
| C | −183 | −89 | ✗ | insoluble | simple molecular |
| D | 3422 | 5555 | ✔ | insoluble | metallic |

*[3 marks for all correct, otherwise 1 mark for one correct, 2 marks for two correct]*

**b)** *Any one of,* e.g. silicon dioxide / diamond / graphite *[1 mark].*

**6**  **a)**

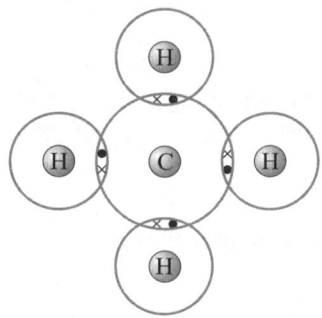

*[1 mark]*

**b)**  **i)**

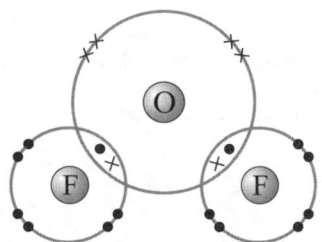

*[1 mark for two covalent bonds each containing two electrons, 1 further mark for fluorine atoms with the correct number of electrons]*

**ii)** $16 + (2 \times 19) = 54$ *[1 mark]*

**iii)** 54 g *[1 mark]*

**c)** 108 g of $OF_2$ = 2 moles
Two moles of water will react with two moles of $OF_2$, and two moles of water has a mass of
$2 \times (16 + 1 + 1) = 36$ g
*[2 marks for correct answer, otherwise 1 mark for calculating the number of moles of $OF_2$]*

**7**  **a)**   $2NH_3 + NaClO \rightarrow N_2H_4 + NaCl + H_2O$ *[1 mark for correct formulas, 1 further mark for balancing]*

*Once you've written out your equation, don't forget to balance it — you need to do the whole job to get all the marks.*

**b)**

| $2NH_3$ | $\rightarrow$ | $N_2H_4$ |
|---|---|---|
| 34 g | $\rightarrow$ | 32 g |
| 17 g | $\rightarrow$ | 16 g |

*[2 marks for correct answer, otherwise 1 mark for correct substitution]*

**c)**  **i)**   A catalyst is a substance that will increase/change the rate of a reaction without being changed or used up in the reaction *[both points needed for 1 mark]*.

*It's really important to give full answers to questions like these — it's one thing to mention the increase in reaction rate, but it's equally important to state that catalysts don't get used up in a reaction.*

**ii)**   Spreading out the catalyst increases the surface area, so more reacting particles can collide with the particles of the catalyst/molybdenum nitride. *[1 mark]*

**iii)**   E.g. catalysts increase the rate of reaction, meaning that the plant does not need to operate for as long to produce the same amount of product, therefore saving money *[1 mark]*. Catalysts allow the reaction to work at a much lower temperature, reducing the energy needed, which in turn reduces costs *[1 mark]*.

---

# Physics

**1**  **a)**   Petrol is highly flammable, so a spark resulting from the build-up of static electricity could cause an explosion / a fire *[1 mark]*.

**b)**   Earth the tanker before unloading *[1 mark]*.

**c)**   E.g. in an operating theatre where there is a high concentration of oxygen *[1 mark]*.
*[Other answers possible]*

---

**2**  **a)**   The splitting of atomic nuclei *[1 mark]*.

**b)**   uranium-235 / plutonium-239 *[1 mark]*

*The atoms in both these fuels are unstable and can be split using slow moving neutrons.*

**c)**   The joining together of light nuclei to form larger/heavier ones *[1 mark]*.

**d)**   in stars/the Sun *[1 mark]*

---

**3**  **a)**   *Ammeter in series with the lamp [1 mark], voltmeter in parallel with the lamp [1 mark], e.g.*

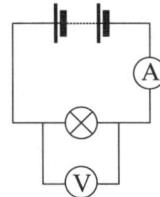

*Remember a voltmeter always measures the voltage across a component.*

**b)** **i)** A — LDR / light dependent resistor *[1 mark]*
B — thermistor *[1 mark]*

**ii)** it decreases *[1 mark]*

**iii)** E.g. a temperature detector *[1 mark]*

---

**4** **a)** E.g. the distance travelled between a driver spotting a hazard and applying the brakes *[1 mark]*.

**b)** *Any one of*, e.g. thinking distance is directly proportional to speed / they show a positive correlation / as speed increases, thinking distance increases *[1 mark]*.

*The quantities plotted to form a straight line graph must be proportional to each other.*

**c)** **i)** time = distance ÷ speed = 21 ÷ 31.5 = 0.67 s (to 2 s.f.) *[2 marks for correct answer, otherwise 1 mark for correct method using the graph.]*

**ii)** *Any one of*, e.g. tiredness / drug use / alcohol use / level of concentration *[1 mark]*.

**d)** *Any one of*, e.g. increased speed / poorer tyre condition / poorer brake condition / wetter conditions / increasing the load the vehicle is carrying *[1 mark]*.

---

**5** **a)** Point X — the slope of the graph is steeper there *[1 mark]*.

**b)** *Any one of*, the forces acting on him were balanced / he had reached terminal velocity / the resultant force acting on him was zero *[1 mark]*.

**c)** **i)** Patrick opened his parachute *[1 mark]*.

**ii)** The open parachute provided increased air resistance *[1 mark]* so the vertical forces on Patrick were no longer balanced / the upwards force on Patrick was greater than the downwards force *[1 mark]*.

**d)** **i)** Force = mass × acceleration / F = ma *[1 mark]*

**ii)** Weight = 83 kg × 10 m/s² = 830 N *[1 mark]*

**e)** It increases the time taken for his body to stop moving completely *[1 mark]* and as force = change in momentum ÷ time *[1 mark]* increasing the time taken to change momentum will decrease the force, reducing the chances of injury *[1 mark]*.

---

**6** **a)** Work done = force × distance moved
= 2000 N × 9 m
= 18 000 J
*[2 marks for the correct answer, otherwise 1 mark for 2000 × 9]*

**b)** t = E ÷ IV
= 18 000 J ÷ (10 A × 240 V)
= 7.5 seconds
*[2 marks for the correct answer (allowing follow through), otherwise 1 mark for correct substitution]*

*In reality, friction would mean that some energy was wasted as heat, so the motor would take a bit longer than 7.5 seconds, depending on its efficiency.*

**c)** **i)** Kinetic energy gained = potential energy lost. The car has fallen 7 m, so will have converted $2000 \times 7 = 14\,000$ J of gravitational potential energy into kinetic energy.

*[2 marks for correct answer, otherwise 1 mark for answer including conservation of energy.]*

**ii)** kinetic energy $= \dfrac{1}{2} \times \text{mass} \times \text{velocity}^2$

velocity $= \sqrt{\dfrac{2 \times \text{K.E}}{\text{m}}} = \sqrt{\dfrac{2 \times 14\,000}{200}} = \sqrt{140} = 11.8$ m/s

*[2 marks for correct answer, otherwise 1 mark for correct substitution.]*

**7** **a)**

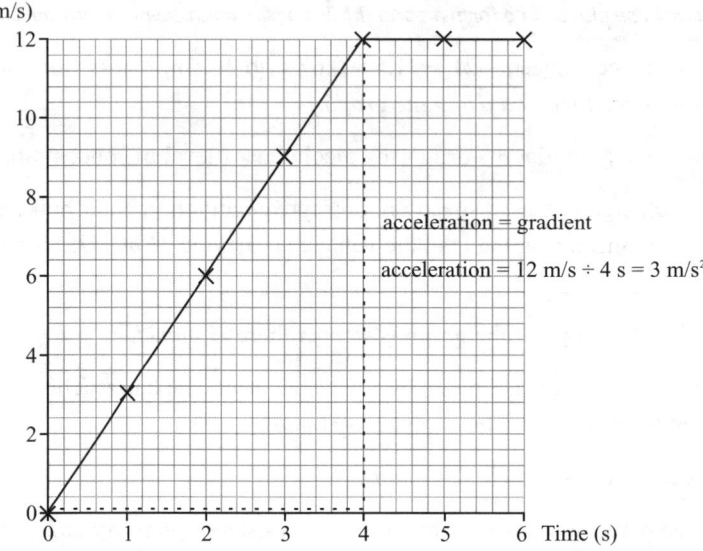

*[1 mark for correctly plotted points, 1 mark for a line as shown.]*

**b)** *Indication on graph of how gradient was found [1 mark].*
Acceleration $= 12$ m/s $\div 4$ s $= 3$ m/s$^2$
*[2 marks for correct value with unit, otherwise 1 mark for correct value.]*

**c)** Distance travelled in first 4 seconds $= \dfrac{1}{2} \times 4 \times 12 = 24$ m *[1 mark]*

Distance travelled between 4 and 6 seconds $= 2 \times 12 = 24$ m *[1 mark]*

Total distance $= 24 + 24 = 48$ m *[1 mark]*

# Paper 2

## Biology

**1** **a)** Osmosis is the movement of water molecules across a partially permeable membrane from a region of high water concentration to a region of low water concentration *[1 mark]*.

**b)** **i)** 1.18 − 1.9 = −0.72 g *[1 mark]*

**ii)** (−0.39 + −0.45 + −0.41) ÷ 3 = −0.42 g *[1 mark]*

**c)**

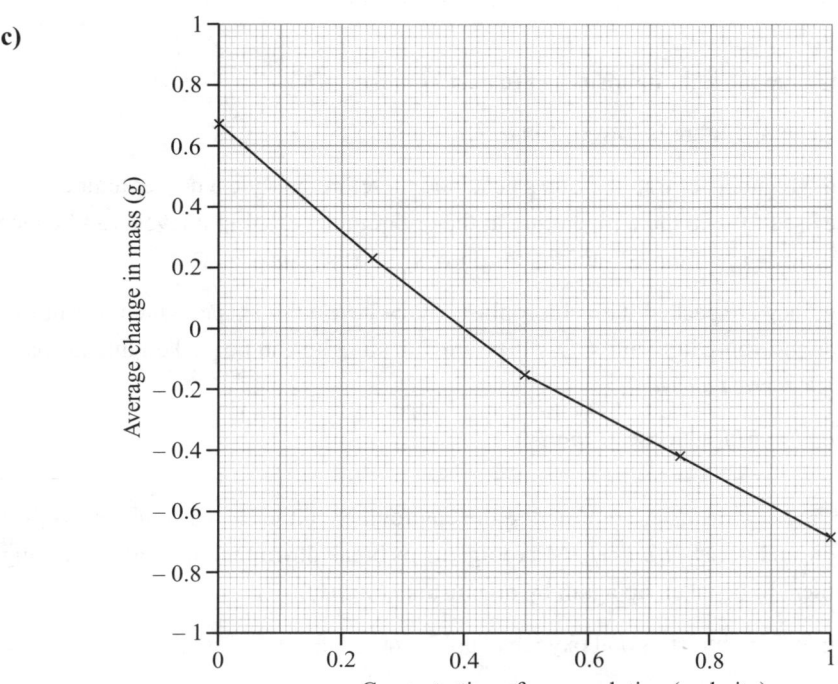

*[1 mark for points plotted correctly, 1 mark for line]*.

**d)** The concentration of sugar inside the original potatoes was approximately 0.4 M *[1 mark]*. This is the point where there was no change in weight of the potato cylinders, therefore no net movement of water, because the concentrations on both sides of the (partially permeable) membrane are the same *[1 mark]*.

**e)** To give more reliable results *[1 mark]*.

*Repeating an experiment also means that you should be able to spot any glaring errors — like reading the balance wrongly in the experiment above.*

---

**2** **a)** All of the plants need the same minerals, so the soil becomes deficient in the minerals which that crop uses a lot of *[1 mark]*.

**b)** *Any two of*, e.g. fish are kept close together in small cages to reduce their movement so they waste less energy. / They are fed on a diet of food pellets that is carefully controlled so the fish don't waste energy finding their own food. / Pest control is used to reduce the energy lost to parasites *[1 mark for each correct answer]*.

**c)** *Any two of*, e.g. forcing animals to live in unnatural and uncomfortable conditions is cruel. / The conditions can create a favourable environment for the spread of disease. / Animals are often given antibiotics, which allows microbes to develop resistance to antibiotics / It can cause environmental damage. / A large amount of energy is used. *[1 mark for each correct answer]*.

---

3    **a)**    **i)**    Contains enzymes that control the cell's chemical reactions *[1 mark]*.

            **ii)**    Controls the cells activities / contains genetic material *[1 mark]*.

            **iii)**    Controls what enters and leaves the cell *[1 mark]*.

   **b)**    **i)**    respiration *[1 mark]*

            **ii)**    In the mitochondria *[1 mark]*.

   **c)**    It has features in common with both plants and animals, e.g. chloroplasts, like a plant cell *[1 mark]* but no cell wall, like an animal cell *[1 mark]*.

---

4    **a)**    **i)**    12:00 *[1 mark]*

            **ii)**    Because at this time the light intensity is greatest *[1 mark]*.

   **b)**    E.g. because the temperature is lower *[1 mark]*.

   **c)**    *Any two of,* e.g. greenhouses trap the Sun's heat, and therefore provide a higher temperature. / Heaters can be used to keep the temperature at the optimum level. / Light levels can be increased artificially to provide optimum conditions for photosynthesis *[2 marks]*.

   **d)**    *Any two of,* e.g. they are packed with chloroplasts / they have a tall shape, which maximises the surface area for absorbing light and $CO_2$ / they are thin so more can be packed into a small space *[1 mark for each correct answer]*.

   **e)**    carbon dioxide *[1 mark]*, glucose *[1 mark]*

---

5    **a)**    Materials in living organisms are returned to the environment either in waste materials *[1 mark]* or when they die and decay *[1 mark]*. Microorganisms break down the materials, returning them to the environment to be taken up again by organisms *[1 mark]*.

   **b)**    *Any two of,* e.g. warm / moist / good oxygen supply / lots of decomposers *[1 mark for each correct answer]*.

---

6    **a)**    They are undifferentiated cells *[1 mark]* that can develop into different types of cells/specialised cells *[1 mark]*.

   **b)**    *Any one of,* embryonic stems cells have the potential to develop into any kind of cell, adult stem cells can only develop into certain types of cell / embryonic stem cells are more versatile than adult stem cells *[1 mark]*.

   **c)**    *Any one of,* e.g. stem cells can be used to replace faulty cells / stem cells can be used to grow a new organ to replace a faulty one *[1 mark]*.

   **d)**    For, e.g. curing patients who are suffering is more important than the rights of an embryo *[1 mark]*.

Against, e.g. they feel that embryos shouldn't be used for experiments since each one is a potential life / it is not ethical that one person should benefit from another persons suffering *[1 mark]*.

*This is another place where you need to make sure that you know about both sides of the argument.*

---

**7** **a)** double helix *[1 mark]*

**b)** A gene is a short section of DNA *[1 mark]*

**c)** amino acids *[1 mark]*.

**d)** Proteins are made by stringing amino acids together in a particular order. DNA tells the cells what order the amino acids should be put together *[1 mark]*.

**e)** ribosomes *[1 mark]*

# Chemistry

**1** **a)**

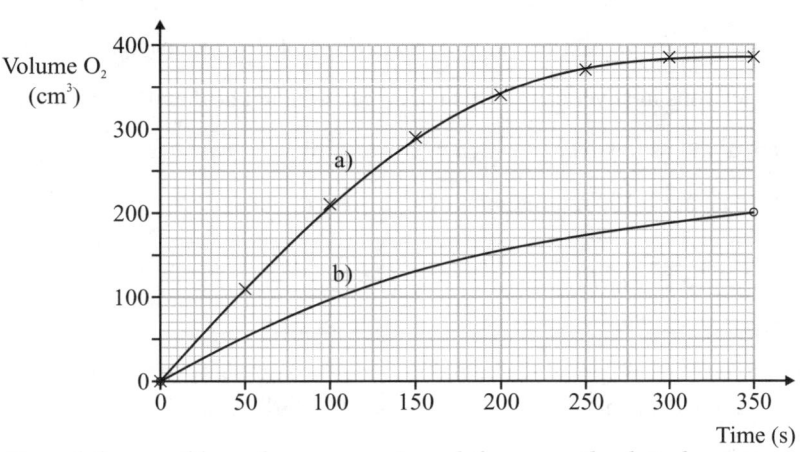

*[1 mark for sensible scales on axes, 1 mark for correctly plotted points, 1 mark for smooth curve through the points]*

**b)** See diagram in part a). The line should be a smooth curve with a shallower gradient than the original graph *[1 mark]* and should pass through the origin and the point (350, 200). *[1 mark]*

*Make sure you use all the information in the question. You've been given a data point, so your graph has to go through that point.*

**c)** It is exothermic. *[1 mark]*

**2** **a)** Ammonia and nitric acid *[1 mark]*

**b)** By evaporating the liquid from the solution, allowing the salt to crystallise. *[1 mark]*

**c)** $14 + (1 \times 4) + 14 + (16 \times 3) = 80$ *[2 marks for correct answer, otherwise 1 mark for correct substitution]*

**d)** $[(14 + 14) \div 80] \times 100 = 35\%$ *[1 mark]*

**e)** E.g. as a fertiliser *[1 mark]*

**3** **a)** **i)** $N_2(g) + 3H_2(g) \rightleftharpoons 2NH_3(g)$ *[1 mark for correct substances with state symbols, 1 mark for correct balancing]*

**ii)** $280 + 60 = 340$ g *[1 mark]*

**iii)** $(58.5 \div 340) \times 100 = 17\%$ *[1 mark]*

**b)** The point at which the forward and reverse reactions occur at exactly the same rate. *[1 mark]*

**c)** **i)** Increasing the temperature decreases the yield of ammonia because the endothermic reaction is favoured. *[1 mark]*

**ii)** Increasing the temperature increases the rate of the reaction because it increases the speed of the reacting particles, so that they collide more frequently and energetically. *[1 mark]*

---

**4    a)**   The relative atomic mass of an element is the mass of one atom of that element compared with an atom of carbon-12. *[1 mark]* It is an average value for the isotopes of that element. *[1 mark]*

**b)**   E.g.

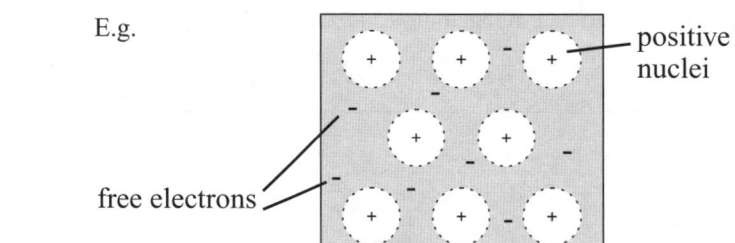

*The question asks for a labelled diagram, so if you don't label it, you don't get the mark.*

**c)    i)**   The free electrons in silver can move, and so can conduct heat and electricity well. *[1 mark]*

**ii)**   The layers of atoms in silver can slide over each other. *[1 mark]*

**d)**   Structures that are 1-100 nm (nanometres) in size. *[1 mark]*

---

**5    a)**   $2Cl^- \rightarrow Cl_2 + 2e^-$ *[1 mark]*
$2H^+ + 2e^- \rightarrow H_2$ *[1 mark]*

**b)**   *Any one of, e.g.* moles per cubic decimetre ($mol/dm^3$) / moles per litre (mol/l) / grams per cubic decimetre ($g/dm^3$) / grams per litre (g/l) *[1 mark]*

**c)**   sodium *[1 mark]*

---

**6    a)**   Value given must be greater than 7 (actual value between 13 and 14) because it contains hydroxide ($OH^-$) ions. *[1 mark]*

**b)**   E.g. the electrolysis of sodium chloride solution. *[1 mark]*

**c)**   $NaOH_{(aq)} + HCl_{(aq)} \rightarrow NaCl_{(aq)} + H_2O_{(l)}$ *[1 mark for correct substances, 1 mark for state symbols]*

**d)**   Calculate the mass of 1 mole of, NaOH: 23 + 16 + 1 = 40 g,  HCl: 1 + 35.5 = 36.5 g
The equation shows that 1 mole of HCl neutralises 1 mole of NaOH, so the ratio is 36.5 g : 40 g
Divide both sides by 40 to get the ratio 1 g of NaOH : 0.9125 g of HCl, so 0.9125 g of HCl are needed. *[3 marks for correct answer, otherwise 1 mark for calculating molar masses and 1 mark for setting up a ratio]*

---

**7    a)**   Because it saves money and energy, which is important for sustainable development. *[1 mark]*

**b)**   The forward reaction is exothermic, so the backward reaction must be endothermic by the same amount. *[1 mark]* At equilibrium the two reactions occur at the same rate, so the amount of energy taken in and given out is equal. *[1 mark]*

*Be careful with questions like this — there's no energy transfer because the forward and reverse reactions are happening at the same rate. They haven't stopped.*

**c)**   Because the forward reaction is exothermic using higher temperature would give a lower yield of sulfur trioxide at equilibrium *[1 mark]*.   Because a higher temperature would require more energy / would cost more *[1 mark]*.

**d)**   Because the reactions are carried out at different temperatures. *[1 mark]*

14

**e)**

| Stage | Reactants | Relative mass of reactants | Useful product | Relative mass of useful product |
|---|---|---|---|---|
| 1 | $S + O_2$ | 64 | $SO_2$ | 64 |
| 2 | $2SO_2 + O_2$ | 160 | $2SO_3$ | 160 |
| 3 | $SO_3 + H_2SO_4$ | **178** | $H_2S_2O_7$ | **178** |
| 4 | $H_2S_2O_7 + H_2O$ | **196** | $2H_2SO_4$ | **196** |

*[1 mark for each correctly completed row]*

**f)**  100% *[1 mark]*

---

# Physics

**1  a)**  energy transformed = power × time = $1840 \times 10 = 18\ 400$ J *[1 mark]*

**b)**  The mains supply is 230 V and alternates at 50 Hz, which is the same as the specifications given on the plate *[1 mark]*.

**c)  i)**  Current is the rate of flow of electrical charge *[1 mark]*.

**ii)**  current = power ÷ potential difference = $1840 \div 230 = 8$ A *[1 mark]*

**d)  i)**  It melts, breaking the circuit *[1 mark]*

**ii)**  The iron's normal operating current is higher than 5 A *[1 mark]*, so the wire in a 5 A fuse would melt as soon as the iron was switched on *[1 mark]*.

*Ideally you should use a fuse which blows at a current just above the current that normally flows.*

---

**2  a)**  momentum = mass × velocity *[1 mark]*

**b)  i)**  $200 \times 2.5 = 500$ kg m/s *[1 mark]*

**ii)**  $160 \times 1.25 = 200$ kg m/s *[1 mark]*

**c)**  Yes, because its direction has changed / because momentum is a vector quantity, so is dependent on direction *[1 mark]*.

**d)  i)**  total momentum = 500 kg m/s + 200 kg m/s = 700 kg m/s to the east *[1 mark]*

**ii)**  700 kg m/s to the east *[1 mark — must include units and direction]*

**e)**  $200 \times 1 = 200$ kg m/s to the east *[1 mark]*

**f)**  Momentum of Kath's car is 700 – 200 = 500 kg m/s
Velocity = momentum ÷ mass = $500 \div 160 = 3.125$ m/s *[2 marks for correct answer, otherwise 1 mark for calculating the momentum of Kath's car]*

---

**3  a)**  A fast moving electron (that comes from the nucleus of a radioactive atom) *[1 mark]*.

**b)**  No — it will be lower, as the number of unstable nuclei will be reduced / some of the original unstable nuclei will have already decayed *[1 mark]*.

**c)**  E.g. place a sheet of paper then a thin sheet of metal between the source and a Geiger-Müller tube and record the count rate with each material in place *[1 mark]*. Alpha radiation will be stopped from reaching the Geiger-Müller tube by the sheet of paper. Beta radiation will pass through paper but be blocked by the metal *[1 mark]*.

**d)  i)**  background radiation *[1 mark]*

15

**ii)** *Any one of*, e.g. radon gas / cosmic rays / granite / certain types of rock *[1 mark]*.

---

**4** **a)** time = distance ÷ speed = 285 ÷ 15 = 19 s *[2 marks for correct answer, otherwise 1 mark for correct formula or substitution]*

**b)** **i)**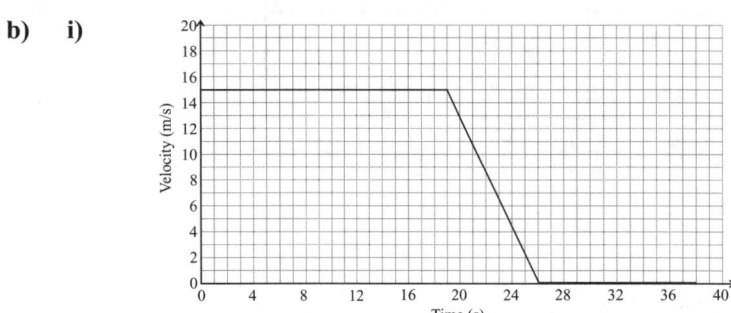

*[1 mark for correct shape of graph, 1 mark for velocity changes at correct times]*

**ii)** acceleration = gradient of line = $-15 ÷ 7 = -2.14$ m/s$^2$ (to 2 d.p.) *[2 marks for correct answer, otherwise 1 mark for correct method]*

**c)** **i)** kinetic energy = $\frac{1}{2} ×$ mass × velocity$^2$ = $0.5 × 2650 × 15^2 = 298\ 125$ J *[1 mark]*

**ii)** It has been transformed to heat *[1 mark]*.

*Friction causes some of the car's kinetic energy to be converted into heat energy.*

---

**5** **a)** 12 V ÷ 3 = 4 V *[1 mark]*

**b)** resistance = potential difference ÷ current = 4 ÷ 0.5 = 8 Ω
*[2 marks for correct answer, otherwise 1 mark for correct equation (allow for error carried through).]*

**c)** current = potential difference ÷ resistance = 12 ÷ 8 = 1.5 A *[2 marks for correct answer (allow for error carried through), otherwise 1 mark for correctly rearranging the equation.]*

**d)** total current = sum of currents through all branches = 1.5 + 1.5 + 1.5 = 4.5 A
*[1 mark (allow for error carried through).]*

*The circuit is parallel and each branch has an equal resistance, so the current splits equally between the branches.*

---

**6** **a)** The build-up of static charge meant there was a potential difference between Claire and earth *[1 mark]*. When Lillian came close to Claire, the charge transferred to her and moved through her to earth *[1 mark]*.

**b)** E.g. smoke particles reaching the bottom of the chimney meet a wire grid with a high negative charge, which gives the particles a negative charge *[1 mark]*. The particles are then attracted to positively charged metal plates, where they stick together to form larger particles that can be easily removed *[1 mark]*.

---

**7** **a)** A uranium nucleus absorbs a neutron *[1 mark]*, which makes it very unstable and causes the nucleus to split *[1 mark]*. Several neutrons are also produced, which then go on to make further nuclei undergo fission *[1 mark]*. This reaction is controlled using control rods, which absorb some of the neutrons in the reactor (but leave enough for the reaction to continue) *[1 mark]*.

**b)** E.g. highly radioactive waste (with a long half-life) is produced *[1 mark]*.

---